中華書局

徐偉新　劉德福　著

落日的輝煌

17、18世紀全球變局中的「康乾盛世」

修訂版

目錄

長夜無歌

馬克思、恩格斯及西方思想家對 17、18 世紀中國的評述

附錄

導語

從 17 世紀 40 年代起到 20 世紀第一個十年止，精確地說是從 1644 年到 1911 年的 268 年間為清朝統治時期。這是中國悠久歷史上最後一個封建君主制王朝。在這 268 年間，自康熙（1662—1722 年）經雍正（1723—1735 年）至乾隆（1736—1795 年）的 130 多年，形成了中華民族歷史上又一個輝煌盛世，史稱康乾盛世。這一時期，中國社會的各個方面在原有的體系框架下達到極致。乾隆末年，中國經濟總量佔世界第一位，人口佔世界 1/3，對外貿易長期出超，以致英國遲遲不能扭轉對華貿易逆差。

然而，正是在同一時期，在地球的另一端，尤其是在英國，一種新的文明——挑戰全球的工業文明正在萌發；一場偉大的革命——最終改造了整個舊世界的資產階級革命正在進行；一個新的運動——沖決中世紀封建神學桎梏束縛的思想啟蒙運動正在蓬勃發展。由此以降僅 100 多年的歷史，就徹底地改變了中國在世界格局中的地位，中國由一個洋洋自得的天朝大國急劇地墜入落後捱打的境地而一蹶不振。

康乾盛世前後 100 多年魔術般的變化，令全世界的思想家、政治家以及有識之士們大為震驚。

馬克思稱之為「奇異的悲歌」:「一個人口幾乎佔人類三分之一的大帝國，不顧時勢，安於現狀，人為地隔絕於世並因此竭力以天朝盡善盡美的幻想自欺。這樣一個帝國注定最後要在一場殊死的決鬥中被打垮: 在這場決鬥中，陳腐世界的代表是激於道義，而最現代的社會的代表卻是為了獲得賤買貴賣的特權——這真是任何詩人想也不敢想的一種奇異的對聯式悲歌。」[1]

鄧小平指出:「如果從明朝中葉算起，到鴉片戰爭，有三百多年的閉關自守，如果從康熙算起，也有近二百年。長期閉關自守，把中國搞得貧窮落後，愚昧無知。」[2]

這段歷史太值得後人警醒——康、雍、乾三代君主，英明有為，但是面對世界範圍工業革命歷史性大變動、大轉折，卻茫然無知，毫無準備，甚至採取錯誤的對策，把門關上，最終導致中國的長期落後。今天，當我們面對一個更加激烈的綜合國力競爭國際環境的時候，把康乾盛世放入一個世界性的範圍來看，尤為發人深省。

盛世輝煌

中華民族經過秦漢以來兩千多年的發展，至康乾盛世，其經濟取得了有史以來的最高成就。她的農業、手工業、貿易、城市發展等，都曾達到世界先進水平。

從農業來看，不論是當時的人口數量，還是耕地面積，都遠遠超過了以往的歷史時期。據統計，康熙二十四年（1685 年）全國共

1 《馬克思恩格斯選集》第 1 卷，人民出版社 2012 年版，第 804 頁。

2 《鄧小平文選》第 3 卷，人民出版社 1993 年版，第 90 頁。

有耕地六億畝，到乾隆終年（1795 年），全國耕地約為 10.5 億畝，糧食產量則迅速增至2040億斤[1]。當時隨馬戛爾尼使團來中國的巴羅估計，中國的糧食收穫率高出於英國。「麥子的收穫率為 15：1，而在歐洲居首位的英國為 10：1。」[2]中國農作物的總產量佔世界第一位。人口從 1700 年前後的約 1.5 億人增加到 1794 年（乾隆五十九年）的約 3.13 億人，佔全世界 9 億人口的 1/3。

從手工業來看，也有了相當程度的提高。生產規模擴大，手工作坊、手工業逐漸增多。如廣東的冶煉業、京西的採煤業、江南的紡織業、雲南的銅礦業等。手工勞動的分工進一步精細，如江蘇松江棉布染色業作坊，按照產品種類，分為藍坊、紅坊、漂色坊、雜色坊。市場也有了一定的發育。糧食、布疋、棉花、絲、綢緞、茶、鹽成為主要商品，其流通值為 3.5 億銀兩[3]。如果加上煙、酒、糖、油、煤、鐵、瓷器、木材，不少於 4.5 億銀兩，以當時人口三億人計，人均商品流通值為銀 1.5 兩。

對外貿易急劇增長。主要出口商品有茶、絲、土布，尤以茶葉佔第一位。18 世紀末，英國東印度公司每年平均從中國購買茶葉值銀 400 萬兩。而英國商人運到中國來銷售的主要商品（毛織品、金屬、棉花）的總值，尚不足以抵消從中國運出的茶葉一項。為了平衡貿易收支，英國商人必須運送大量白銀到中國。康熙年間，清朝徵收的關稅正額有銀 4.3 萬兩，實際上關稅收入大大超過「正額」。

---

1 參見戴逸：《乾隆帝及其時代》，中國人民大學出版社 1992 年版，第 286—296 頁。

2 張芝聯、成崇德主編：《中英通使二百周年學術討論會論文集》，中國社會科學出版社 1996 年版，第 188 頁。

3 參見許滌新、吳承明主編：《中國資本主義發展史》第 1 卷，人民出版社 2003 年版，第 284 頁。

乾隆末年，每年「盈餘」(即超額部分)已達銀85萬兩，超過康熙年間所定關稅定額的20多倍。正是為了平衡對華貿易逆差，英國把大量鴉片運進中國，並發動了罪惡的鴉片戰爭。

18世紀初，在康熙帝主持下，清廷從事兩項巨大的科學工程。一項是《律曆淵源》，介紹了中國和西方音樂各種理論、樂器製造、天文曆法以及西方的數學與中國的算學；另一項是用近代科學方法繪製了第一幅詳細的中國地圖。

中國的城市也有很大發展。到19世紀初，全世界有十個擁有50萬人以上居民的城市，中國就有六個[1]，即北京、南京(江寧)、揚州、蘇州、杭州、廣州。城市以下的墟市集鎮的數量也大大增加。如南京是著名的絲織品產地，有絲織工人數萬人，「城裏幾十條大街，幾百條小巷，都是人煙湊集，金粉樓台」(吳敬梓:《儒林外史》)。山東濟寧為「百貨聚集之地，客商貨物，必投行家」(《乾隆濟寧直隸州志》，卷二《風俗》)。

法國啟蒙學者伏爾泰稱讚中國是世界上最優美、最古老、最廣大、人口最多而且治理最好的國家。

法國《百科全書》的主編狄德羅在該書《中國》條目中，盛讚中華民族，其歷史之悠久，文化、藝術、智慧、政治、哲學的趣味，無不在所有民族之上。

德國的萊布尼茨認為歐洲較之中國優越之處，在思維和思辨的科學方面，但一轉到實踐哲學方面，即生活、倫理、政治實踐，歐洲人便難以和中國人相抗衡。

---

1 參見〔美〕吉爾伯特·羅茲曼主編，陶驊等譯:《中國的現代化》，上海人民出版社1989年版，第205頁。

全球變局

幾乎是同一個時期，當康乾君主謹慎地牽引中國社會這艘古老的大船，沿着原有的航線進行再一輪衝刺的時候，「諸歐治定功成，其新政新法新學新器，絕出前古，橫被全球」[1]，西方社會爆發了一系列改天換地的偉大革命，迅速地脱離傳統的發展路線而突然加速前進，躍上了世界文明進程的制高點。

英國 1640 年開始了資產階級革命；美國 1775 年進行了獨立戰爭；法國 1789 年爆發了大革命；意大利從 1859 年資產階級奪取政權；俄國從 1861 年廢除農奴制；日本從 1868 年明治維新，都不約而同地走上資本主義發展的道路。這些革命，不論勝利與否，徹底與否，其結果都加速了封建專制統治的滅亡，推動了民主政體的建立，為資本主義發展掃清了道路。

17 世紀以後，科學革命席捲了歐洲。歐洲科學革命的先驅哥白尼於 1543 年發表《天體運行論》，闡述了以太陽為中心的天文學説。伽利略研究了自由落體和鐘擺運動，發明了望遠鏡等科學儀器，大大改進了科學觀測手段。特別是在 17、18 世紀之交，牛頓發現了運動三大定律和萬有引力，闡述了經典力學理論。繼牛頓之後，大批科學家、技術家、實驗家湧現，大批科學成果誕生，大批科學研究機構成立，研究自然科學在歐洲蔚然成風。一個科學、技術、實驗三者鼎立、互相牽引、彼此促進的互動新機制形成，為生產力的發展注入強盛的動力。

英國從 18 世紀 60 年代起，率先開始了工業革命。

---

1 湯志鈞編：《康有為政論集》上冊，中華書局 1981 年版，第 298 頁。

在棉紡織業，1733 年凱伊發明飛梭，大大提高了織布的效率。1764 年織工哈格里夫斯發明了手搖紡織機，即著名的「珍妮機」。機器的使用，使編織效率提高了 40 倍以上。

在動力機器方面，1769 年瓦特發明了單動式蒸汽機，1782 年又製成了複式蒸汽機。1785 年英國的棉紡工廠開始用蒸汽作動力。1769 年法國人柯格諾特製成了第一輛蒸汽推動的三輪汽車；1807 年美國人富爾頓製造了第一艘輪船；1814 年英國人斯蒂芬遜發明了蒸汽機車。蒸汽機的普遍應用使工業擺脫了對自然能源的依賴，使勞動生產率幾倍幾十倍地提高。

在冶金方面，18 世紀 30 年代發明了用焦煤煉鐵的新技術，改變了傳統的以木材為燃料進行冶鐵的落後工藝。18 世紀 60 年代出現了巨大的熔鐵爐，此後又研究出了精煉法。煉鐵技術的革新，不僅推動了冶金工業的進步，同時也有力地促進了煤炭工業的發展。

工業革命使英國經濟出現了騰飛。據統計，英國 1776 年至 1800 年棉紡織品出口從 670 萬英鎊增加到 4143 萬英鎊，24 年間增長 5.18 倍。毛織品在 1788 年生產 7.5 萬疋，1817 年則達到 49 萬疋，增長 5.53 倍。煤的年產量，1700 年為 500 萬噸，1795 年增至 1000 萬噸，增長一倍。生鐵產量，1740 年僅為 17350 噸，1806 年則猛增至 258000 噸，增長 13.87 倍。工業的發展導致諸如曼徹斯特、伯明翰等一批新興工業城市的出現，人口大量流向城市。18 世紀 70 年代時，英國城市人口已佔全國總人口的 1/2。

「在經濟發展全面加速的 18 世紀，交易的一切工具都合乎邏輯地使用起來了。」在工業發展、商業繁榮的基礎上，歐洲國家的市場進入了更高層次。證券交易、信貸已很活躍，證券交易所拓展了他們的活動，「倫敦模仿阿姆斯特丹並試圖取而代之，阿姆斯特丹此時趨向專業化發展，欲成國際貸款之要地，日內瓦和熱那亞參與這些危險的遊戲，巴黎摩拳擦掌，開始亦步亦趨，這樣一來，錢款與信貸便起來自如地從一處流到另一處」[1]。形形色色的信貸證券，大大便利了商品批發和國際支付業務，整個市場被活躍的信貸和貼現所推動。

這時，西方國家向全世界擴張的步伐也驟然加快。他們紛紛走出國門，建造大艦巨舶，組織商船隊和貿易公司，進行航海探險，致力於海外貿易，到世界各地尋找商業機會，掠奪金錢、土地和人口，進行原始積累。貪婪的西方商人，確信自己的好運在遠方，行走於全世界並把商品帶到世界各地，追逐豐厚的利潤；炮艦和軍隊用刀和劍在各個殖民地上建立起統治；外交使節和傳教士到處奔忙，把政令和聖經傳播到各個角落，並熱衷於蒐集情報，了解各地的情況。美國《獨立條約》的墨跡未乾，當其還處於英國的威脅之下時，「海商就已遊弋七大洋，去尋求貿易」。到達中國的第三隻船「實驗號」只有 84 噸，乃至被認為是近海帆船，充分展現了願意為可能獲得的利潤冒最大危險的精神。據估算，英國在 1757—1857 年的 100 年中，僅從印度運回本國的貨物和貨幣總值達 120 億金盧布；1701—1810 年從西部非洲販運 200 萬名黑奴，進行貿易。

紡織工序的逐步機械化、焦炭煉鋼、蒸汽機的應用、工廠制的出現，農業的發展、農村購買力的增加，市場的興旺、商人的活躍，航海的進展、殖民地的開拓、交通運輸的改革，等等，許多舉措、許多事件的相互聯繫，相互促進，推移演變，推動英國率先完成了

1 〔法〕費爾南．布羅代爾著，楊起譯：《資本主義的動力》，生活．讀書．新知三聯書店 1997 年版，第 18 頁。

工業化，跨進了「近代社會」[1]。一個生產力如地下泉水噴湧迸射的人類新時代全面展開。

一潭死水

在變化了的世界面前，康、雍、乾三代英明君主卻表現出驚人的麻木和極度的愚昧：妄自尊大、拒絕開放，囿於傳統、反對變革，滿足現狀、故步自封，特別是限制工商業、蔑視科學技術、閉關鎖國、加強集權、禁錮思想的做法，愈加嚴重地制約着社會的進步。

與西歐國家不遺餘力地保護工商業發展的做法相反，清王朝對工商業控制、壓抑、打擊，把工商視為「末業」，認為興商既不合祖宗成法，也對國家無利。雍正說：「農為天下之本務，而工賈皆其末也。今若欲於器用服玩之物，爭尚華巧，必將多用工匠。市肆之中多一工作之人，即田畝之中少一耕稼之人。且愚民見工匠之利，多於力田，必群趨而為工，則物之製造者必多，物多則售賣不易，必至壅滯而價賤。是逐末之人多，不但有害於農，而並有害於工也。小民含輕利而逐重利，故逐末易而務本難。苟遽然繩之以法，必非其情之所願，而勢所難行。惟在平日留心勸導，使民知本業之為貴，崇尚樸實，不為華巧。如此日積月累，遂成風俗。雖不必使為工者盡歸於農，然可免為農者相率而趨於工矣」（《清世宗實錄》，卷五七）。有些官吏主張在廣東招商開礦，雍正表示堅決反對，「今若舉開採之事，聚集多人，其中良頑不一，難以稽查約束，恐為閭閻之擾累。況本地有司，現在勸民開墾，彼謀生務本之良民，正可用力於南畝，

1 戴逸：《18 世紀的中國與世界》（導言卷），遼海出版社 1999 年版，第 34 頁。

何必為此僥倖貪得之計，以長喧囂爭競之風」(《東華錄》雍正朝，卷二六，十三年四月)。在這種思想指導下，朝廷對民間手工業在經濟上實行高額徵稅，低價收購，無償攤派；在政治上或則限制其開設，或則控制其流通，或則嚴格約束工人，或則指定特許的商人，對工商業的發展千方百計地壓抑阻撓。封建官僚濫施淫威，而工商業者沒有公開進行對抗的力量，只能匍匐在政權的腳下，任其蹂躪[1]。因之，雖然當時中國六個大城市的人口都超過世界最先進的倫敦，但是西方城市以工商業為本位，商人和手工業主在政治上起着重大作用，參與城市管理、審查預算的情況，在中國從來沒有出現。中國的城市首先是政治和軍事中心，大多數城市的繁榮依靠官吏、地主、軍隊及其附屬者的消費，而主要不是依靠工業製造與遠程貿易。

在儒家思想的統治下，終清一朝，彌漫着輕視和蔑視科技之風，把科技知識視為「形而下」，把發明創造稱為「奇技淫巧」。清初戴梓發明火器「連珠銃」，一次可填發 28 發子彈，又造出蟠腸槍和威遠將軍炮，然而清統治者抱着「騎射乃滿洲根本」，不僅不採用，反而聽信讒言，將戴梓充軍關外。1792 年，英特使馬戛爾尼送給乾隆 80 壽辰的禮物中，有天球儀、地球儀、西瓜大炮、銅炮、各種自來火炮、西洋船模型、望遠鏡等 29 種，清廷只是將之作為「貢品」「玩好」收藏，予以玩賞或鄙薄，根本未想到這裏的科技含量及其中的軍事價值。馬戛爾尼曾邀請清軍將領福康安檢閱英國使團衛隊演習新式武器操練，福康安竟拒絕說：「看亦可，不看亦可。這火器操作，諒來沒有什麼稀奇。」康熙帝對自然科學懷有濃厚的興趣，宮廷中羅織了許多懂科學的耶穌會傳教士，聘請了一批數學家研究天

1　戴逸：《18 世紀的中國與世界》(導言卷)，遼海出版社 1999 年版，第 61 頁。

文數學。但是西方科學未跨出宮廷一步，只供皇帝個人欣賞。雍正、乾隆兩位皇帝對自然科學均無愛好，加以康熙末年由於禮儀之爭，羅馬教廷與清朝的關係破裂，清朝採取閉關鎖國的政策徹底阻滯了西方科學技術知識的傳入和交流。

閉關鎖國、拒絕交流是清廷對外關係的基本政策。康乾時期，是人類歷史從分散走向整體的時代，是經濟國際化趨勢日漸明顯的時代。中國在對外關係上卻採取了逆時代大潮的封閉國策。對外政策的着眼點是懷柔遠人，外夷歸附，宣揚恩德以保持國內秩序的穩定。至於航海探險、遠洋貿易、對外擴張，這一切既缺少實行的手段、能力，也沒有試探的興趣。他們不重視對外貿易的經濟利益，只把通商當作懷柔的手段。當英國商人給清朝的文書中要求擴大通商，聲稱中英通商「與天朝有益」時，乾隆皇帝諭令兩廣總督蘇昌，「國家四海之大，何所不有？所以准通洋船者，特係懷柔遠人之道。乃該夷來文內，有與天朝有益之語。該督等不但當行文籠統駁飭，並宜明切曉諭，使知來廣貿易實為夷眾有益起見，天朝並不藉此些微遠物也」（《清高宗實錄》卷六四九）。他在給英王喬治三世的一封信中講：「天朝物產豐盈，無所不有，原不藉外夷貨物以通有無」（《粵海關志》卷二三，第8頁）。清王朝的對外政策就是建立在這種「天朝上邦」意識和傳統的自然經濟觀念以及諸如「不寶遠物，則遠人格」之類的儒家經典之上的。因而，貿易變成了「懷柔遐方、加惠四夷」的政治行為，而並非將其視為經濟發展的需要。它盲目堅持「天朝」體制，以四夷之共主的面貌出現，在國際關係中，既不考慮交往的平等性，拘泥於三跪九叩之類禮儀末節；也不考慮經濟利益，用朝貢代替國際貿易。

對外關係的着眼點決定了對外交往的排斥態度。當西方竭力尋找新航線，拓展海外殖民地，大力發展海外貿易之際，清統治者正在為海岸線的不寧而焦躁不安。對於遠道涉洋而來的西方國家，莫不以「夷狄」視之，把構築一道堅實而綿密的藩籬，將最危險的西洋人隔絕於國門之外視為基本國策。康熙初年一度開放海禁，允許沿海居民出海貿易，但是，又決定不准外國人來華貿易。按傳統做法，只有在外國人對華「朝貢期」內允許貿易，期限一過，即停其貿易，貢使便打道回國。外國人在貢期外從事貿易，康熙初年只有兩次。康熙五年時宣佈：下不為例，永行停止。康熙的這項政策，影響了清朝100多年，後世子孫頑固地堅持不准外國人來華貿易，貽誤了中國的發展。清朝嚴厲限制對外交流，首先就對出口商品有嚴格限制。軍器、火藥、硝炭、銅鐵可以製造武器，均在嚴禁之列，米麥、雜糧、馬匹因內地缺少，亦禁出口。書籍則可能泄露中國狀況，也不允許運往國外。中國本來能製造巨大的帆船，出航遠洋。到康乾時期，世界各國的航海業突飛猛進，船隻越造越大，而清廷卻規定：「如有打造雙桅五百石以上違式船隻出海者，不論官兵民人，俱發邊衞充軍」(《大清會典事例》卷七七六，康熙二十三年)。對於出洋的水手、客商，防範極嚴，「各給腰牌，刻明姓名、面貌、籍貫，庶巡哨官兵易於稽查」(《清朝文獻通考》卷三三)。中國人到外國開展貿易，立定年限回國，如逾期不歸，永遠不許返回，即使三世居於外國的華僑，也要設法召回治罪並株連其家屬。這種以天朝大國自居，採取不與西方通商的閉關鎖國政策，完全堵塞了可能給中國近代科學技術和經濟發展提供外部刺激的渠道。

當歐美國家紛紛走上實行民主政體的道路，消除專制制度的時候，康乾盛世的三位帝王卻在一步步收緊權力之網上的綱繩，把封建皇權推上空前集權的巔峰。這種體制避免了歷代王朝經常發生的宰相、外戚、宦官擅權和武將跋扈、文官植黨以及士人非政的現象，但更加缺少約束和監督機制。官吏以權謀私，權錢交易，貪污腐化，賄賂行私，層出不窮，最終不僅導致中國傳統社會的發展陷於停滯，而且嚴重阻滯了中國由傳統向現代的變革之路。加以國際大勢劇變，中華民族已瀕於西方列強宰割的絕境。

同政治體制相適應，清廷在文化上把儒學提高到無以復加的地步，尤其用力提倡程朱理學。清廷一方面引導知識分子只鑽研儒家經典，科舉、考試，要以朱子的注釋作為準則，「言不合朱子，率鳴鼓而攻之」；另一方面採取高壓政策，「文字獄」盛行。知識分子只好潛心古籍、埋頭注疏和考據。禁錮思想實際上是禁錮人的創造性。當人類由傳統走向現代，最需要睜開眼睛看世界的時候，主導未來的傳統意識形態和價值觀念體系，卻如一潭死水般的沉寂。在這種「沉寂」中，國家不可能不成為時代的落伍者。

長夜無歌

清廷自恃「天朝物產豐富，無所不有」而拒絕開放、拒斥變革，其結果烈火烹油，夕陽西下，100 多年的盛世之後中國社會驟然下跌。極端的閉關，把中國與西方之間的距離大大拉開了。

以中國最為自豪的農業為例。到 1840 年，千年前的耕作方式基本沒有變化，全國人均糧食僅 200 公斤。而在英國，每個農場都有一部蒸汽機；在美國，人均糧食已接近 1000 公斤。

在工業方面，中國工業人口已相當龐大，如景德鎮有工匠十萬人。荊州到重慶間有縴伕十多萬人，蘇杭織工達三四萬人，佛山織工近五萬人，在雲南礦區和一些老林中謀生的人不下百萬人之多，廣州靠在洋船上謀生的也有幾十萬人之眾。但這個數字與全國人口之比仍微乎其微。而且，這些工人，要麼是手工業者，要麼是純粹的苦力，近代式的機器工人幾難一見。而在歐美，蒸汽動力已普遍應用，如英國，1800 年僅 321 台蒸汽機共 5210 馬力，到 1815 年就達到 15000 台共 375000 馬力，到 1840 年，英國工業革命就基本完成了。在這段時間，中國年產鐵約兩萬噸，不及法國的 1/10，不及英國的 1/40。中國的第一座煉鋼平爐建於 1890 年，比西方晚了近 30 年；第一艘汽船造於 1865 年，比西方晚了 60 年。在中國，紡紗女日產棉紗五六兩，高的達到十兩，也有連日帶夜紡出十二兩的。在美國，1825 年每個工人看管 200 個錠子，日產 1000 絞棉紗。鐵路更顯示西方發展之快，1825 年英國建造了世界上第一條鐵路，到 1840 年，全世界的鐵路總里程達 9000 公里，而中國這時還不知鐵路為何物。中國的機器工業出現在 19 世紀末期，比英法美等國的工業革命完成的時間還要晚幾十年。

軍事上，明末清初已引進並使用西方大炮。但後來，為了使八旗騎兵弓馬的「技術特長」不致失傳，廢用大炮等熱兵器，恢復大刀長矛弓箭等冷兵器，水兵仍是帆船。以致西方的長槍大炮到這時被看成了妖術，軍艦則被視為怪物，廣州守將對付英國人的是「驅邪」的馬桶、穢物等。

科學方面的差距尤為明顯。明朝之前中國是當時世界上經濟、科學最發達的國家。迄時世界上重要的發明創造和重大科學成就大約 300 項，其中中國 175 項，佔 58%。總體上說，到明朝中晚期，中西方之間仍是互有短長。經過清朝 200 多年，中國的科學技術已全面落後於西方。在數學、物理學、化學、天文學、生物學等方面，中國比西方晚了幾乎兩個世紀，直到 19 世紀下半葉，這些西方的先進科學知識才緩慢地被介紹到中國。

馬克思、恩格斯在《共產黨宣言》中說：「資產階級在它的不到一百年的階級統治中所創造的生產力，比過去一切世代創造的全部生產力還要多，還要大。」[1]生產力的巨大發展把西方社會迅速地推進到一個更高的歷史發展階段，相形之下中國則在封建主義的遲暮中步履蹣跚。落日雖然輝煌，接踵而來的卻是長夜無歌。在走向現代化的今天，反省我們民族的這段歷史，最要緊的，是獲得一分警醒、一分自覺：對當前以及未來世界歷史大變動、大發展、大轉折要有清醒的認識，對我們的國情、長短及走向要有充分的把握，要以更博大的胸懷面對世界、走向世界。

1 馬克思、恩格斯：《共產黨宣言》，人民出版社 2018 年版，第 32 頁。

盛世輝煌

「康乾盛世」時期，中華民族的經濟發展取得了有史以來的最高成就。這一時期，我們國家的農業、手工業、對外貿易、科學工程、城市發展等，都取得了輝煌的成就，達到了當時世界的先進水平。

一　清代農業

（一）清代農業生產的發展

明末清初，由於連年戰亂，農業生產的基本條件遭到破壞，耕地面積大量減少。明萬曆八年（1580 年）全國耕地面積為七億畝，清順治十八年（1661 年），耕地面積恢復到 5.5 億畝，康雍乾時期，耕地面積逐年擴大。據《大清會典》《戶部則例》等資料統計，康熙二十四年（1685 年）耕地面積恢復到六億畝，雍正二年（1724 年）耕地面積恢復到 7.2 億畝，超過了萬曆八年的水平，乾隆末年（1795 年）達到 7.8 億畝。農業的發展不僅表現為耕地面積的擴大，還表現在農業生產技術的提高和新作物的引進。清代的農業生產工具同前代相比並沒有本質上的進步，但農業生產技術卻有了明顯的提高。雙季稻在長江以南亞熱帶地區的推廣大大提高了單位面積產量。唐代以來江南一年兩收制主要是水稻與小麥的雙季生產，水稻

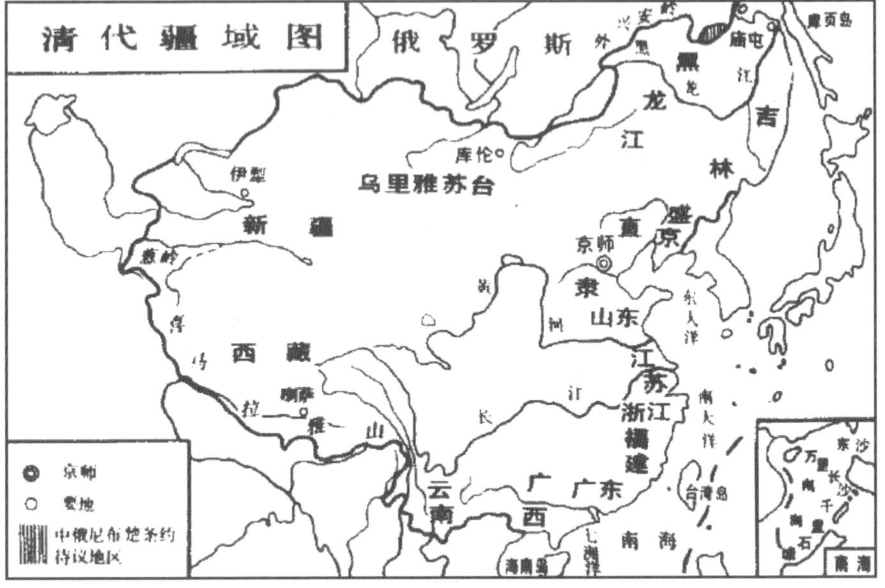

清代疆域圖

畝產在肥田沃土地帶約為四石五斗，小麥畝產為五斗至一石。雙季稻取代小麥，肥田沃土地帶畝產總計可達六石五斗左右，畝產量提高 18%~20%。同時，高產作物水稻向北方推廣。明萬曆年間京津地區曾試種水稻，收效不大。康熙年間，水稻在京西玉泉山一帶、天津府寶坻縣、豐潤縣一帶試植成功，為水稻在北方的大面積推廣積累了成功的經驗。雍正五年（1727 年），天津地區的水稻獲得大豐收，從根本上改變了京津一帶糧食品種結構。一些新作物的引進對農業生產的發展也起到了重要作用。番薯是明末從南洋引進到福建的新作物品種，具有耐旱、高產、生產周期短、適合貧瘠土地生長的特點。清代番薯在全國廣泛推廣，對於提高貧瘠地區糧食單產起到重要作用。在推廣番薯的同時，玉米的引進也獲得成功並得到推廣。玉米的特點是耐寒、高產、適合薄田生長，清代玉米在長城以北推廣，使北方高寒地區有了耐寒高產作物，對於塞北土地開發和移民的湧入創造了物質條件。由於玉米的引進，南方山區也有了可供山區耕作的高產作物，促進了山區農業經濟的開發。

除糧食作物之外，桑、棉、麻、茶、靛、蔗、煙七大經濟作物的種植得到發展。其中桑、棉、麻三類作物是農本經濟的重要內容，歷來受到統治者的扶植。明初朱元璋規劃的農家經濟模式是，每一農戶種田若干，種桑、棉、麻若干，形成以家庭為單位各類基本生

佈秧

活資料無所不產的模式。他提倡的種植桑、棉、麻不過是加強農家的經濟自給性。清代桑、棉、麻的生產則出現了高度商品化的特點。江南地區的桑蠶舉世聞名，形成以杭州、嘉興、湖州為中心的包括蘇州、常州、松江、鎮江、江寧各府在內的江南八府桑蠶飼養區。廣東珠江三角洲地區形成桑蠶魚塘的立體經營模式，桑蠶業的發展引人注目。此外，在北方和西南地區柞蠶飼養成功，特別是貴州北部地區的柞蠶業與四川盆地的桑蠶業互相促進，形成西南地區的蠶

灌溉

絲業中心。棉花的種植更是遍佈黃河上下、大江兩岸、湖湘閩廣，形成了以松江府為中心的東南產棉區，直隸、山東、河南的北方產棉區，湖北、湖南、江西中南部產棉區，閩廣的南方產棉區。麻的主要品種是苧麻，作為生產原料的苧麻深受市場歡迎。集中產地分佈在湖南、江西、粵北、閩西一帶山區丘陵地帶。茶、靛、蔗、煙四大作物從其興起之日就具有濃厚商品特點。清代取消茶的專賣，茶葉種植和採集迅速發展，最重要的產區是福建武夷山，浙江、蘇南、豫南、安徽、四川、湖北、湖南、江西、廣東、廣西、雲南都有名品出產，產量亦不少。靛藍用為染料是隨着棉布商品化而廣泛出現的商品。從直隸（今河北）到兩廣，從江浙到川貴，可以説無地不有，而集中的產區則在靠近棉布產區的蘇南、浙東、閩北、贛東北一帶，有些地方出現連片的靛草種植。收穫之後，稍事加工成靛，即變成遠銷的商品。甘蔗作為製糖原料分佈在四川、廣東、廣西、福建、湖南、江西、浙江、台灣一帶，而以四川、廣東、台灣為集中產區。煙草是明代引進、清代推廣的主要經濟作物之一。其大面積種植始於福建，閩西的永定是最早的煙草種植基地，其後向湖南、江西發展，湖南的衡陽、江西的玉山都是重要產煙區。乾隆年間更推廣到全國，北起黑龍江，南至欽州灣，東起江浙沿海，西至雲貴川隴，許多農民甚至棄五穀而種煙草，改良田為煙地。[1]

（二）英國使團巴羅對中國農業的認識

約翰・巴羅（John Barrow，1764—1848 年）英國外交官、作家。

1　參見史仲文、胡曉林主編：《中國全史》第 17 卷《中國清代政治史》，人民出版社 1994 年版，第 102—105 頁。

1792 年隨英使馬戛爾尼伯爵來華，任使團參贊。利用這個機會，他學習漢語，並研究中國文學與科學，著有《中國遊記》（1804）和《馬戛爾尼伯爵的一些故事及其未刊文稿選》等書。

約翰·巴羅評述中國農業的情況時說：

中國人用來脫粒的機器，埃及人現在也用，只不過後者是用牛來帶動機器，前者是用水來帶動機器……中國人用來耕地的犁，埃及人現在還在使用，這種工具受到法國學會會員的肯定，認為它是兩千年前使用的著名工具。中國政府的強大和民族特性，早在古時就證明了她與後來的國家是同樣偉大的。用水的流動帶動輪子的轉動，從而帶動機器，在古埃及就廣為使用。正如我以前所提到的，接着就傳到了敘利亞，然後又傳到了波斯，在歐洲被稱為波斯人的輪子。中國每個農民手中幾乎都拿過的鏈泵，就是照着埃及耕地使用的工具做的。

關於中國人在農業中的勞動技能，在歐洲有個觀點廣為關注。從某一個角度來說，中國人是勤勞的這點無可否認，但是他們付出的勞動沒有得到公正的評價，最主要的是他們沒有最大地發揮出耕地工具的優勢，他們將土地開墾四英吋深，然後日復一日，年復一年，在同一片土地上耕來耕去，埋掉舊的，填上新的，沒有去開墾新的土地。試想他們即使用最好的犁地工具，我們也想不出他們的騾和驢以及老年婦女能總是適應這種艱苦勞動。[1]

1 據〔英〕約翰·巴羅《中國遊記》英文本節譯。

登場

二　清代手工業

中國古代的手工業，種類繁多，產品精美，歷史悠久，技術和工藝水平居於世界的先進行列。明末清初，經過長期戰亂，許多重要城鎮被燒搶洗劫。明代發展起來的一些手工業基地受到嚴重破壞。

康熙中期以後，封建社會秩序相對穩定，經濟得到恢復發展，手工業工人的生活有了一定的保障，各個手工業部門與明末比較，也有進步和發展。

（一）冶鐵業

採鐵、冶鐵既供應人民生產和生活用具，又供應製造兵器的原料，這是國民經濟中極重要的部門。封建官府的資金並沒有滲入鐵礦業內，而一概由商民自行開採、冶煉。全國各地有不少規模較大的採鐵、冶鐵工場。如廣東佛山「炒鐵之爐數十，鑄鐵之爐百餘，晝夜烹煉，火光燭天」（《乾隆佛山忠義鄉志》卷六，《鄉俗志》），「計炒鐵之肆有數十，人有數千，一肆有數十砧，一砧有十餘人，是為小爐」（屈大均：《廣東新語》）。雍正時，「粵省鐵爐不下五六十座，煤山木工，開挖亦多，傭工者不下數萬人」（《皇朝經世文編》卷五十五，鄂爾達：《請開礦採鑄疏》）。湖北漢口，嘉慶時「有鐵行十三家，鐵匠五千餘名……派買鐵行之鐵，督各匠晝夜趕造農器數十萬事，約工價五萬」。安徽蕪湖也是著名的冶鐵煉鋼中心，「惟鐵工為異於他縣。居於廛治負者數十家，每日須工作不啻數百人」。浙江桐鄉爐頭鎮「居民以冶鐵為業，釜甑鼎鼒之制，大江南北，咸仰賴焉」。福建政和縣的鐵爐「每爐一座，做工者必須數十百人，有鑿礦者、有燒炭者、有煽爐者，其餘巡爐、運炭、運礦、販米、販酒等役亦各數十人，是以一爐常聚數百人」。陝西省冶鐵也很發達，「供給一爐，所用人伕，須百數十人。如有六七爐，則匠作傭工，不下千人。鐵既成板，或就近作鍋、作農器。匠作搬運之又必千數百人。故鐵爐川等稍大廠分，常川有二三千人，小廠分三四爐，亦必有千人數百人。利之所在，小民趨之如鶩」。在採鐵冶鐵業中，有的是攜重金以經營採冶的工場主人，有的是受雇傭的採礦冶鐵的工人，開始形成兩種社會力量，如佛山鎮，「四方之貧民亦萃於斯，投資以賈者什一，

冶鐵圖

徒手而求食者則什九也」[1]。

（二）採煤業

清代的採煤業也極為普遍，各地有許多煤窯。政府除按照一般田賦則例外，沒有特殊的煤礦稅，管制比銅鐵礦更加寬鬆。河北、山西是主要的產煤區，特別是北京城戶口眾多，燃煤的需要量很大，郊區煤窯林立。據乾隆二十七年（1762 年）工部衙門的報告，

1　戴逸主編：《簡明清史》第 1 冊，人民出版社 1984 年版，第 385—387 頁。

南方挖煤

北京西山和宛平、房山兩縣，共有舊煤窯750座，在採的煤窯有273座，可見其數目之多。所謂「京師百萬戶，皆仰給於西山之煤數百年於茲，未嘗有匱乏之虞」(《清代抄檔》，工部尚書哈達哈等題，乾隆五年十一月初九)。其他各地，如直隸磁州「向有產煤炭窯口，俱係小民自備工本開採」(《清代抄檔》，工部尚書哈達哈等題，乾隆五年十一月初九)；山西井陘「卑縣產煤地方，歷來聽民間自行開採，以供炊爨」(《清代抄檔》，工部尚書哈達哈等題，乾隆五年十一月初九)；熱河承德「所屬地方，原係產煤之處，前已詳蒙督院題明，檄飭召商開採在案」(《清代抄檔》，工部尚書哈達哈等題，乾隆五年十一月初九)；陝西白水「西南兩鄉有煤井四十眼，挖煤攬煤人工，約計三五百人」(盧坤:《秦疆治略》，第20頁)；河南鞏縣「鞏邑產煤，開窯鑿井，千百為群」(《乾隆鞏縣志》卷七)。

山東煤礦也很多，如嶧縣開採規模較大，不受官府干涉，出現了擁有巨額資本的煤礦主。據記載，嶧縣「煤礦最盛，嶺阜處處有之。人採取者，任自經理，不復關諸官吏。方乾嘉時，縣當午道，商賈輻輳，炭窯時有增置。而漕運數千艘，連檣北上，載煤動數百萬石，由是礦業大興。而縣諸大族，若梁氏、崔氏、宋氏以炭故皆起家，與王侯埒富。間以其羨遺諸官吏，是為窯規，風靡金錢無算，然未嘗有稅也」(《光緒嶧縣志》卷七)。

以北京門頭溝煤礦為例，這裏的煤窯資本多採取分股合夥的制度。民窯內部初步具備了資本主義關係，一方面有「自備工本，赴窯開採」的「窯戶」，有協助「窯戶」管理窯務的「掌櫃」和「管賬」；另一方面有大批受雇傭的「窯夫」以及擔任技術指導的「作頭」。採出的煤作為商品，在市場上自由出售，各煤窯相互之間進行競爭，有時幾個煤窯也聯合經營。煤窯之間、股東之間定有規章，違者處罰。經過長期發展，出現了焦姓、閻姓等大窯主，到乾隆時就看到大窯主有「壟斷」「鯨吞」的現象，併吞了許多小民窯，資本顯示一定程度積累和集中的趨勢。[1]

（三）江南紡織業

江南地區的絲織業比棉紡織業更加集中，更加專業化，除了大規模的官營織造以及停留在「家杼軸而戶纂組」的家庭的手工業，還出現了機戶開設的手工工場。康熙前期，清政府為了限制民間絲織業工場的發展，規定「機戶不得逾百張，張納稅當五十金」。後來江寧織造曹寅奏免額稅，民間的織機大大增加，「至道光間，遂有開五六百張機者」。這類絲織業手工工場雇傭着大量工人，在資本的指揮下進行生產，「蘇城機戶，類多雇人工織，機戶出（資）經營，機匠計工受值……至於工價，按件而計，視貨物之高下，人工之巧拙

---

1 參見戴逸主編：《簡明清史》第 1 冊，人民出版社 1984 年版，第 387—389 頁。

為增減」(《江蘇省明清以來碑刻資料選集》，第6頁，《奉各憲永禁機匠叫歇碑記》)。如當時江寧著名的機戶李扁擔、陳草包、李東陽、焦洪興等，「咸各四五百張」織機。這些機戶，除自行設機督織外，大都以經緯交與織工，各就職工居處，雇匠織造。有的人自己不開設作坊，只是「散放絲經，給予機戶，按綢疋計工資」(《申報》光緒十二年二月初六)。由此可見，江南一帶的絲織業，除了被織造局控制的一部分外，也有少數帶有資本主義性質的工場手工業。有些民間小戶，雖

織錦

然本身資金不多，織機甚少，但為工場手工業的資本所控制，為他們加工訂貨，成為大作坊的「場外部分」了。

工場手工業聳立在廣大的自然經濟的基礎上，既是它的點綴品；又緩慢地分解着、衝擊着封建的經濟和政治，成為它的對立物。「在工場手工業中，也和在協作中一樣，執行職能的勞動體是資本的一種存在形式。因此，由各種勞動的結合所產生的生產力也就表現為資本的生產力」[1]。工場手工業的進一步擴大發展，必將與封建主義產生嚴重的衝突，導致封建制度的崩解。[2]

（四）雲南銅礦業

資本雄厚、產量很高、生產規模最大的是雲南的銅礦。當時，投資開採銅礦的有來自四方的地主豪商，從事採礦的勞動者，一部分是不領固定工資而按一定比例分取產品的「親身弟兄」，有比較濃厚的人身依附關係；另一部分則是常年受雇傭的「月活」，有固定工資，保持着人身自由，「按月支給工價，去留隨其自便」，這是具有資本主義性質的雇傭勞動。銅礦的生產分工很細，組織嚴密，生產的基本單位是「硐」，每個硐又分路開採，稱為「尖」，負責冶煉的單位是「爐」。「硐」「尖」「爐」集中在一個地區，形成一個大礦廠。礦廠除官府派來的官役以外，場務由場民推舉出來的「七長」（客長、課長、爐長、鍋頭、硐長、鑲長、炭長）主持。爐長、鍋頭都是投資銅礦的商人，而硐長、鑲長則是工程技術人員。

雲南銅礦雖然規模很大，組織形式較完備，但是它的發展適應

1 《馬克思恩格斯全集》第 21 卷，人民出版社 2003 年版，第 412 頁。

2 參見戴逸主編：《簡明清史》第 1 冊，人民出版社 1984 年版，第 380—382 頁。

了清政府鑄造貨幣的需要，並且得到了政府的大力扶植。當康熙平定「三藩」、收復雲南之後，就鼓勵採銅，實行「聽民開採」的政策，最初只抽取 20% 的礦稅，後來由於鑄幣需要大量銅本，又實行「放本收銅」政策，政府每年撥款銀 100 萬兩，作為預借銅本，發給各廠，所採之銅，由政府收購。由於清政府投入巨額資金，銅礦發展很快，產量迅速上升，最高時年產量達一千數百萬斤。[1]

（五）市場交易

清代手工業的恢復、發展，還表現在產品市場的擴大，銷路遍及全國，有些產品還銷往國外。如南京的綢緞，「北趨京師，東並遼沈，南北走晉絳，南越五嶺、湖湘、豫章、七閩，溯淮泗，道汝洛」，「商賈載之遍天下」，並且輸往日本、南洋和歐洲。廣東的鐵器也有廣大市場，所謂「佛山之冶遍天下」，「鍋販於吳越荊楚而已，鐵線則無處不需，四方賈客各輦運而轉鬻之」。景德鎮的瓷器是傳統的出口商品，「景德鎮陶器，行於九域，施及外洋，於豪商大賈，咸聚於斯」，所以有「工匠來八方，器成天下走」之譽。織布業雖然是分散的家庭手工業，19 世紀前期卻大量出口，質量壓倒了稱雄於資本主義國家的英國布疋。每年出口平均 20 萬疋以上，當時，有外國人評論說，「中國織造的南京土布在顏色和質地方面仍然保持其超過英國布疋的優越地位。價格每百疋為六十至九十元不等」。[2]

此外，鎮江在康熙年間，「四方商賈，群萃而錯處，轉移百物

1 參見戴逸主編：《簡明清史》第 1 冊，人民出版社 1984 年版，第 383—385 頁。

2 參見戴逸主編：《簡明清史》第 1 冊，人民出版社 1984 年版，第 374—375 頁。

以通有無」。蕪湖在嘉慶年間，「附河距麓，舟車之多，貨殖之富，衣冠文物之盛，殆與州郡埒。今城中外，市廛鱗次，百物翔集，文採布帛魚鹽，襁至而輻輳，市聲若潮，至夕不得休」（《蕪湖縣志》卷一）。江西景德鎮，「列肆受廛，延袤十數里，煙火近十萬家，窯戶與舖戶當十之七（八）；土著十至二三」（《浮梁縣志》卷一）。湖南郴州，「南通交廣，北達湖湘，為往來經商撥運之所。沿河一帶設立大店，棧戶十數間。客貨自北至者，為撥伕、為雇騾；由南而至者為雇舡。他如鹽販運鹽而來，廣客買麻而去。六七月間收焉，九十月間取茶桐油。行旅客商，絡繹不絕。誠楚南一大衝會也」。山東濟寧，「百貨聚集之地。客商貨物必投行家，或時值情滯，豈能悉得現銀交易，不得不把貨物轉發舖戶」。河北宣化，「市中賈店鱗比，各有名稱。如雲南京羅緞舖、蘇杭羅緞舖、潞州綢舖、澤州帕舖、臨清布帛舖、絨線舖、雜貨舖。各行交易鋪，沿河長四五里許，賈皆爭居之」。福建廈門，「人民商賈，番船輳集，等諸郡縣。市井繁華，鄉村繡錯，不減通都大邑之風」。以上這些地方，已經是商品經濟相當發達的中等城市了。

廣東佛山原來是廣州附近的一個小市鎮。到宋代，已發展成為我國著名的四大市鎮之一。到清代前期，佛山是「嶺南一大都會」「四方之估走如鶩」[1]，工商業發展十分繁盛。

城市工商業的發展，促進了經濟作物種植面積的擴大和商品量的提高。康、雍、乾時期，棉花的種植更加盛行。原來與農業牢固結合在一起的「自種、自紡、自織、自用」的家庭手工業，這時由於商品經濟的發展，社會分工的擴大，有些地方已經從家庭副業中

1　參見戴逸主編：《簡明清史》第1冊，人民出版社1984年版，第412—413、407頁。

分離出來，成為一種專門的行業，這就更加促進了棉花種植面積的擴大。

種桑養蠶，抽絲織綢，在我國有着十分悠久的歷史。到清代，在江南一帶，種桑樹、賣桑葉，也成為農業商品生產的一個重要部門。

煙葉的商品生產也很發達。這些棉花、桑蠶、煙葉等經濟作物的發展，促進了農產品商品化。這些都是工業原料，大部分要運往城市。與此同時，手工業產品也要銷往農村。這樣，城鄉物資交流，都必須通過農村集市來集散，於是農村的市鎮、廟會以及綜合的專業集市、墟市都比以前有所發展。

墟市，是華南地區的農村貿易市場。墟市的含義各地不一：廣東東部「墟市並稱」，並無差別；廣東中部，則市大而墟小，所以「先市後墟」，把市放在前面，墟在後面，稱市墟；有些縣，如東莞

錢塘江上的茶船

縣則相反，大曰墟，小曰市。墟市，是廣大農民與商人進行交易的場所。墟市對廣大農民的柴米油鹽、衣食服用等日常生活用品的交換，關係十分密切。

集市，是北方地區的農村貿易市場。集和墟相同，都是農村定期進行貿易、時聚時散的場地。

廟會，除了城市中的定期廟會之外，在北方農村還有一種不定期的農貿市場，也叫廟會。農村的廟會是適應交通不便和農業季節性生產的特點而發展起來的一種農村商品交換形式。[1]

三　對外貿易

（一）英國東印度公司和中英間接貿易

東印度是西方人對東方世界的總稱。

「東印度公司真正的創始不能說早於 1702 年，因為在這一年，爭奪東印度貿易壟斷權的各個公司才合並成一個獨此一家的公司。在 1702 年以前，原有的東印度公司的生存曾經一再陷於危殆。在克倫威爾攝政時期，它的活動曾中斷多年；在威廉三世統治時期，它又因議會干涉而幾乎全部解散。但是，正是在這位荷蘭親王的統治時期……東印度公司的存在才由議會承認。這個表面上自由的時代，實際上是壟斷企業的時代。這些壟斷企業並不是根據國王的特許令建立起來，像伊麗莎白和查理一世時代那樣，而是由議會核准，得到法律的承認，並且被宣佈為國家的企業。」[2]

1　參見張一農：《中國商業簡史》，中國財經出版社 1989 年版，第 288—290 頁。

2　《馬克思恩格斯全集》第 9 卷，人民出版社 1961 年版，第 167 頁。

東印度貿易公司一成立便不遺餘力地努力同中國通商。它在萬丹（Bantam）和亞齊設立了商館，使萬丹成為中英貿易的一個中轉站。這裏每年至少有3~6艘載重300噸的中國帆船來和英國人、荷蘭人進行交易。1602年，他們又派出一支探險隊去尋找通往中國的西北航道。探險隊由威茅斯（G. Waymouth）帶領，他也帶着伊麗莎白致中國皇帝的信，然而，結果和上兩次完全一樣——沒能到達中國。以後，公司差不多每年派1~3艘船到亞洲貿易，他們常常在南洋與中國商人進行交易。他們不僅將中國貨物運往歐洲出賣，甚至在東方也用中國貨做交易。

當然，英國人是不滿足這種間接貿易狀況的。他們決心與中國建立正式商業關係。1610年到1630年，尼古拉斯·唐頓（Nicolas Downton）曾兩次帶着詹姆士一世致中國皇帝的信到東方來。然而沒有一位中國人敢翻譯和傳遞這兩封信。

總之，直到1636年以前，英國人一直企圖但始終未能在中國進行直接的正式貿易；然而它對中國商人的掠奪和搶劫，卻早就在這之前開始了。在這些海盜式的貿易中，他們獲得了豐厚的利潤。這些利潤反過來又刺激他們的貪慾。於是，英國殖民者企圖殖民中國的慾

東印度公司在澳門設立的商館

望也愈來愈大了。[1]

（二）中英通商貿易關係的發展

17 世紀 30 年代，西方殖民者爭奪東亞的形勢已起了很大變化。葡萄牙和西班牙橫行東亞的時代已經一去不復返，代之而起的是荷蘭和英國。荷蘭自脫離西班牙完成資產階級革命後，向外擴張十分迅速，在東亞控制了印度尼西亞，侵佔了中國台灣；並不時向西班牙、葡萄牙發動進攻，想奪取它們的殖民地。而英國這時在東南亞還沒有殖民地，僅僅在別人佔領的領土上設有商館或貨棧，並且離中國很遠。因此很想和中國建立正式商業關係，並佔領一塊土地作為對華侵略的基地。

英國很早就在尋找通往中國的航路，只是由於種種原因，一直未能到達中國。1635 年，卻得到了一個意想不到的機會，實現這個多年未曾實現的夙願。這一年，葡印總督林哈列斯伯爵（Count de Hinhares）主動授予英國東印度公司在葡萄牙遠東殖民地貿易的權力，同年租了一艘英國船「倫敦號」準備派它運貨到中國去。他們想利用英國幫助他們振興遠東的商業，並抵制荷蘭的威脅。當「倫敦號」開到果阿裝貨時，不少葡萄牙人紛紛託它帶貨。不過葡萄牙人想利用英國對抗荷蘭，卻不希望取自己而代之，所以「倫敦號」駛華時，特派了兩個葡萄牙代表同船前來。他們的任務是阻止英國人在澳門登岸。7 月 23 日英船抵澳，他們毫不理會葡萄牙人的禁阻，強行登陸，並搭起兩個棚子進行經商。「倫敦號」一直在澳門待了

1 參見蕭致治、楊衛東編撰：《鴉片戰爭前中西關係紀事（1517—1840）》，湖北人民出版社 1986 年版，第 58—61 頁。

三個月。同時，他們積極和中國官府聯繫，並答應將藥品以比葡萄牙低 50% 的價格賣給中國。這一切使葡萄牙新任印度總督比洛·達·西里瓦（Pero da Silva）十分惱怒，下令所有葡屬遠東殖民地不許英國人貿易。

當新總督下達禁令時，英國卻正在為老總督向英國開放貿易的政策而歡欣鼓舞。以威廉·科騰為首的一批商人，組成了「科騰商團」。他們從查理一世那兒獲得特許狀，從事東印度公司未曾到過的東方各地貿易。他們請了一位有經驗的船長約翰·威德爾（John Weddell）替他們服務。1636 年 10 月，威德爾到達果阿，但他們受到葡萄牙總督的冷遇。1637 年 1 月，他們離開果阿東航，6 月 27 日到達澳門的橫琴島。葡當局不許英國人登陸，並阻止中國人與他們貿易。經過幾天的留難，威德爾決定派遣小船自行尋找進入廣州的路徑，然後駕船直抵虎門。虎門地方官出來和他交涉，通知他，此事須請示廣州當局，需要六天才能答覆。威德爾卻迫不及待，蠻橫地

葡萄牙入侵澳門

命令自己的艦隊沿珠江上行。中國官兵忍無可忍，被迫開炮阻止其前進。威德爾也命令開炮還擊，很快壓住了中國炮台火力，並攻陷了一個炮台，將炮台的炮全部搬到他們自己的船上。接着又乘勝挺進，趁勢燒燬了官府衙門，攔截了兩三只商船。隨後，他們派了一個被俘的漁民到廣州送信，要求通商。中國的答覆是英國人必須首先歸還擄走的船和炮。威德爾只好歸還了船和炮並派了三個人去廣州與中國官員交涉。在談判過程中，英國人對廣東總兵陳謙暗中行賄，命陳謙答應庇護他們在廣州貿易。因此，他們趁機在廣州購買了一些貨物。英國人的一系列行動引起葡萄牙人的忌妒和不滿。陳謙納賄之事很快敗露，他本人被彈劾下獄，三名談判的英國商人連同他們的財產也一起被扣留。威德爾決定用武力使中國屈服。1637 年 9 月 19 日，他們燒燬兩只中國船，並佔領了虎門的市鎮。21 日再度佔領虎門炮台並於次日將它炸燬。兩廣總督張鏡心不為所屈，調集軍隊，準備和英國人大幹一場。威德爾見勢不妙，率艦隊退至澳門，最後，經澳門葡萄牙當局調解，廣州當局才釋放了三個英國商人，並允許他們帶走在廣州購得的少量貨物，但聲明英國船今後永遠不准在中國海面出現。此次英船來華，「沒有賣出一件英國貨，只是拋出了八萬枚『西班牙銀元』」[1]。

英國與中國的第一次接觸便刀槍相見，這在某種程度上表明他們的早期殖民活動比西班牙、葡萄牙更兇殘，更野蠻，更富有侵略性。[2]

---

1 〔美〕馬士著，區宗華譯：《東印度公司對華貿易編年史（1635—1834 年）》第 1 卷，廣東人民出版社 2016 年版，第 8 頁。

2 參見蕭致治、楊衛東編撰：《鴉片戰爭前中西關係紀事（1517—1840）》，湖北人民出版社 1986 年版，第 81—83 頁。

1637 年威德爾率英船離華以後，不久英國國內發生了資產階級革命；中國也因李自成起義，清兵入關，政局發生了大變化。由於雙方政局變革，中英通商關係進展遲緩。初時因為清政府推行海禁政策，廣東又有葡萄牙人阻撓，英商主要和台灣鄭氏政權交易；清政府收復台灣以後，於 1685 年正式開放海禁；接着，英國資產階級的統治也穩固地建立起來，從此通商關係才進入了經常化的時期。在這期間，英船輸華的商品主要是錫、鉛、白檀、洋布、胡椒；從中國輸出的貨物則有白糖、蜜餞、陶瓷、紙、鍋、銅、鐵、貨幣等。

據當時從廈門等東南沿海城市去長崎的商船報告，1684 年，有兩艘英船曾去廈門貿易；1686 年，又有三艘大型英國商船到達廈門，從廈門買了白絲、綢緞等物載回。1689 年，在中英通商史上是重要的一年。據去長崎的商船報告，這年 7 月 13 日、16 日，英國有兩隻商船到達廈門。歸國的時候，除購買生絲、綢緞外，還購買了大量白糖。其購買對象除廈門外，還擴及泉州、漳州、福州等地。當時荷蘭船也大量收購白糖。由於競爭激化，泉州的白糖一度漲價。同年，還有一艘英船正式合法地駛入廣州黃埔港。但是船到兩星期之後，粵海關官員才准予丈量。據馬士記載，官方丈量員開始是從船頭丈到船尾，一經賄賂，就改成從後桅之前量到前桅之後。根據丈量，清海關要求繳納船鈔 2480 兩，英商不從，並以不作任何貿易即行離去相威脅。結果經過一個星期的討價還價，才減為 1500 兩。其中以 1200 兩作為船鈔，300 兩作為對粵海關的規費。

自從 1689 年以後，英國來華商船日益增多。據記載：

1690 年 7 月，英船有兩艘駛入廈門港，購買白糖、藥類的數量超過生絲和綢緞。這一年，駛入廈門港貿易的英船大小共有 3 艘。

1694 年，英船首次來到福州的猛崎，請求允許貿易，但未獲得官方許可。同年有 3 艘英船到廈門，1 艘英船到廣東貿易。

1699 年，去廈門貿易的英船共有 5 艘。這年，屬於新「英國公司」的馬克來斯菲爾德號船的「財物」中，計有 26611 磅現銀和 5475 磅貨物，貨物主要是呢絨，其中有 1/4 沒有賣出。

1700 年，有 6 艘英船去廈門貿易，有 3 艘英船去舟山，其中一艘直到第二年 8 月還停在舟山。

1701 年 2 月，又有 2 艘英船去舟山，3 艘英船去廈門貿易。

1702 年，有 7 艘英船去廈門。

1704 年，有 2 艘英船去廈門。

綜計 60 年間，英國商船到廣東的共有九船次，到廈門貿易的達 36 船次，到舟山的五船次，到寧波的一次，到福州的一次（鄭英貿易船未計）。到廈門貿易的船次遠遠超過廣州，一是廣東有葡萄牙人阻撓，二是與稅收有關，三是原始記載不全。[1]

東印度公司是這時期英國在華活動的代表。它在廣州設立商館，是中英貿易發展的新起點。

1715 年，東印度公司才在廣州正式設立商館，作為對華活動基地。按照規定，廣州商館設有固定員司，計有主席、司庫、出口貨物總管和入口貨物總管，並由這四人組成特別委員會；此外是三位船貨管理員，第一位執行副司庫及買辦的事務，第二位執行司賬職

1 參見蕭致治、楊衛東編撰：《鴉片戰爭前中西關係紀事（1517—1840）》，湖北人民出版社 1986 年版，第 92—95 頁。

務，第三位執行祕書職務。經常還有十位錄事，為首的一位擔任助理祕書，其次是辦公室總管、校對員及進出口貨物管理助理，只有三位是名副其實的抄寫文卷的錄事。不過，從開始到 1770 年，這些所謂固定的員司實際是不固定的。他們通常是由那些按季節前來的商船上的船貨管理員所組成的。因此，這一時期的廣州商館，只是臨時性的管理機構，它作為商館的職能還不健全。然而，廣州商館的建立，是中英貿易進入新時期的標誌，其本身就表明了英國對華貿易的新進展。

隨着廣州商館的設立，東印度公司幾乎每年都有商船來華。在這期間，來華的船隻，最多的年份達到十艘。從噸位上來看，東印度公司進入廣州港的船隻，逐年增加。18 世紀 20 年代到 80 年代，年平均總噸數如下:

1711—1720 年 690 噸

1721—1730 年 1380 噸

1731—1740 年 1650 噸

1741—1750 年 2350 噸

1751—1760 年 3300 噸

1761—1770 年 5850 噸

1771—1780 年 6940 噸

60 年間，整整增長十倍。再和其他國家來華船隻比較，英國顯然佔了絕對優勢。如1751年，各國進入黃埔港的商船，英國是九艘，荷蘭只有四艘，法國只有兩艘，丹麥和瑞典各一艘。

從英國對中國的輸入情況看，產品的銷路也在逐漸打開。18 世紀初期，由於英國輸華產品如鉛、錫、銅、毛呢、棉花等在中國找不到銷路，當時主要靠運入金銀來換取中國產品。如 1708—1712

年，英國對華直接出口貿易每年的平均數字，商品方面不到 5000 英鎊，金銀方面則超過 50000 英鎊；1722—1723 年，東印度公司開往廣州的船共四艘，總值為 141828 英鎊，其中至少 9/10 是銀子；1751 年四艘來華的英國船中，現銀值 119000 英鎊，貨物只值 10842 英鎊。這種局面到了 18 世紀 60 年代，開始改變。1762—1768 年，中國每年平均進口商品增到 58000 英鎊，50 年間增加了十倍以上，金銀則只 73000 英鎊，增加不到原來的一半。

再從中國輸出的商品看，增長也相當快。中國當時主要輸出品是茶、絲、棉布和瓷器，這些商品的輸出，逐年皆在增長。特別是茶，最初東印度公司是通過間接貿易，以爪哇的矮腳雞換取少量的茶葉，1664 年，輸入英國的茶葉僅僅二磅二盎司。1689 年才從廈門直接購買，到 17 世紀末，購買量也不過 20000 磅，1712 年增加到 150000 磅，1761 年發展到 282773 磅，1771 年再增加到 6799010 磅。60 年間，猛增 44 倍。其次，以生絲來説，按照清政府規定，絲是限制出口物資，可是通過各種渠道，限制漸被打破，1760—1764 年，中國每年平均出口生絲價值只 3749 兩，1766—1769 年增加到 334542 兩。由於生絲出口的增加，價格隨之不斷上升，1699 年前後，頭等蠶絲每擔收購價為 137 兩，中等絲 127 兩，1771 年漲到 272.5 兩，70 年間提高一倍。土布的出口主要是南京布，1734 年，東印度公司才首購 100 疋試銷，到 1786 年即增加到 42000 疋。

綜計中英進出口貿易總值，1760—1764 年，每年平均為 1449872 兩，其中進口值為 470286 兩，出口值為 979586 兩，出口相當於進口的兩倍多。1770—1774 年，進出口總值平均為 3585524 兩，進口值為 1466466 兩，出口值為 2119058 兩，進出口值在成倍增長，但進口比出口增長要快。[1]

（三）罪惡的鴉片貿易

18 世紀中葉以後，中國與英國的貿易發展迅速，對英貿易居中國對外貿易額的首位。並且，在正當的商品交換中，中國一直處於出超的地位。為了平衡貿易收支，英商每年需要運送大批銀元到中國，抵消中英貿易上的逆差。18 世紀中葉，僅廣州一地流入中國的白銀，平均每年在 100 萬兩至 400 萬兩之間。

英國資產階級為了彌補中英貿易的差額，在採取外交訛詐和武裝侵擾的同時，處心積慮地設法根本改變對華貿易的不利局面。但是，當時的清王朝儘管已經腐朽沒落，卻仍保持着外表的強大，維持着國家獨立與統一的局面。中國自給自足的經濟頑強地阻擋着西方殖民主義者的商品大量輸入。在這種情況下，英國無法像對待印度那樣對待中國。英國佔領印度後，大量種植鴉片，給資產階級和鴉片販子帶來了極大的暴利。鴉片是一種吸食後易上癮難以戒絕的毒品，人們只要吸上癮，需要量就會越來越大。英國資產階級終於找到鴉片這種特殊商品，無恥地對中國進行鴉片走私，使他們得以改變對華貿易逆差的不利局面，把中國一步步拖上半殖民地半封建社會的軌道。

---

1 參見蕭致治、楊衛東編撰：《鴉片戰爭前中西關係紀事（1517—1840）》，湖北人民出版社 1986 年版，第 164—167 頁。

中英進出口貿易價值及其指數（1760—1833 年每年平均數）

價值單位：銀兩
指數：1780—1784 年平均 =100

年度	進口	指數	出口	指數
乾隆二十五年至二十九年（1760—1764 年）	470286	36.1	979586	47.0
乾隆三十年至三十四年（1765—1769 年）	1192985	91.6	2190619	105.1
乾隆三十五年至三十九年（1770—1774 年）	1466466	112.6	2119058	101.7
乾隆四十年至四十四年（1775—1779 年）	1247471	95.8	1968771	94.5
乾隆四十五年至四十九年（1780—1784 年）	1301931	100.0	2083346	100.0
乾隆五十年至五十四年（1785—1789 年）	3612763	277.5	5491508	263.6
乾隆五十五年至五十九年（1790—1794 年）	5007691	384.6	584314	280.5
乾隆六十年至嘉慶四年（1795—1799 年）	5373015	412.7	5719972	274.6
嘉慶五年至嘉慶九年（1800—1804 年）	7715556	592.6	7556473	362.7
嘉慶十年至嘉慶十一年（1805—1806 年）	11474509	881.3	7400223	355.2
嘉慶二十二年至嘉慶二十四年（1817—1819 年）	7646777	587.3	8060271	386.9
嘉慶二十五年至道光四年（1820—1824 年）	6525201	501.2	9816066	471.25
道光五年至道光九年（1825—1826 年）	7591390	583.1	10215565	490.3
道光十年至道光十三年（1830—1833 年）	7335023	563.4	9950286	477.6

最早從事鴉片販運的主要是葡萄牙和荷蘭商人，後來才有英國商人參加。乾隆二十二年（1757 年），英國佔領印度鴉片產地孟加拉之後，英國商人開始大規模販運鴉片。自乾隆三十八年（1773 年），英屬印度政府給予英國東印度公司獨佔鴉片專賣權後，輸華鴉片的數量迅速增加。18 世紀末 19 世紀初，平均每年輸入鴉片 4000 箱以上。從嘉慶元年（1796 年）開始，清政府曾經三令五申禁絕鴉片。但是中英雙方都玩弄兩面手段推進鴉片貿易，英國明禁暗運，用武裝走私、賄賂官吏、勾結奸商等手段，不斷擴大鴉片走私貿易；清政府明拒暗受，大小官吏在鴉片走私貿易中營私舞弊，得利分肥，鴉片終於大量在中國傾銷。道光四年至五年（1824—1825 年），輸入中國的鴉片增至 12434 箱；道光十年至十一年（1830—1831 年）為 19956 箱；道光十八年至十九年（1838—1839 年）更達到 40200 箱。鴉片戰爭前的十幾年間，中國消費的鴉片達 213899 箱，價值 1.88 億元。美國見鴉片走私貿易有利可圖，於 18 世紀末也加入

英國東印度公司鴉片運輸船

了鴉片走私貿易。嘉慶二十四年（1819 年），美國鴉片販子偷運到中國的鴉片共 2000 箱，僅次於英國。

罪惡的鴉片貿易為外國資產階級帶來極大的利益，給中國人民帶來了嚴重的災難。

首先，隨着鴉片貿易的擴大，鴉片流毒全國，吸食鴉片的人逐漸增多，使中國人民的身心受到嚴重的摧殘。據包世臣估計，嘉慶二十五年（1820 年）僅蘇州一城，「吃鴉片者不下十數萬人」。有許多貪官污吏，不僅自己吸食鴉片，而且利用鴉片走私貿易，接受賄賂，營私舞弊，毒害人民。更加深了封建官僚的寄生性和腐朽性。

其次，鴉片的大量輸入，打破了中國對外貿易的優勢，致使白銀大量外流。19 世紀 30 年代，中英貿易中，每年鴉片輸入值約一千數百萬元，而毛織業、棉織品等其他商品的輸入總值，只有數百萬元。鴉片輸入不僅超過其他商品，而且使中英貿易發生逆轉，中國由出超變為入超。道光十七年到十八年（1837—1838 年），中國對英國輸出的商品為：茶葉 9561576 元，絲 2052288 元，其他商品 976060 元，共計輸出 12589924 元，折合 3047481 英鎊。英國向中國輸出的商品為：鴉片 3376157 英鎊，棉布 1640781 英鎊，五金 620114 英鎊，共計 5637052 英鎊。其中僅鴉片一項，就超過中國全部輸出商品 228676 英鎊。在中英貿易中，中國這一年就入超 2489571 英鎊。

由於鴉片大量輸入，白銀由進口變成出口。據統計，嘉慶十九年至二十年（1814—1815 年），中國對印度的白銀出口已達 130 萬兩左右，此後出口一直繼續增大，到道光十八年至十九年（1838—1839 年），則超過 600 萬兩。道光十三年（1833 年），由於鴉片走私特別猖獗，全國每年白銀出超在 1000 萬兩上下。

再次，由於鴉片大量輸入所造成的白銀大量外流，而引起中國銀價飛漲，銀源涸竭，商品交換和貨幣流通的正常進行受到嚴重妨礙，清王朝的政治、經濟和軍事力量受到嚴重削弱。19 世紀初，每兩白銀可兌換銅錢 100 文。後來國內白銀日益減少，銀價不斷上漲，19 世紀 20 年代，每兩銀子換銅錢 1200 文。而到道光十九年（1839 年），每兩銀子可換銅錢 1600 文。銀價上漲後，農民和手工業者平時出賣自己的產品時，只能得到銅錢，而向官府上繳賦稅時卻要折成白銀，這樣一來，農民和手工業者上繳賦稅實際上增加 60%，大大加重了勞動人民的負擔。白銀大量外流後，流通的貨幣量也大量減少，正常的商品流通受到影響。林則徐在描述這個情況時曾說：「近來各路貨物，銷路皆疲，凡二三十年以前，某貨約有萬金交易者，今只剩得半數，問其一半售於何貨，則一言以蔽之曰：鴉片煙

鴉片煙館

英國東印度公司在印度的鴉片倉庫

而已矣。」由於銀價飛漲，清政府的稅源枯竭，國庫存銀日漸減少，進一步加深了清政府的財政危機。[1]

（四）清代海關狀況

清代初期，實行鎖國政策，直到康熙二十二年（1683 年），清政府收復台灣後，才宣佈開放海禁。在此之前，清政府的對外貿易為海禁期的貢泊貿易。在此之後，則為開放海禁時期的通商貿易。

清初，清政府實行嚴厲的海禁政策，不准片帆出海。同時，承襲明制，繼續實行貢泊貿易，由市泊提舉司辦理貢泊貿易事務。當時，外國貢船，以暹羅國最多，順治十年（1653 年）就遣貢船到廣

1 參見史仲文、胡曉林主編：《中國全史》第 17 卷《中國清代經濟史》，人民出版社 1994 年版，第 103—107 頁。

州求市。此外，還有荷蘭、英國、葡萄牙及一些東南亞地區的國家前來進行朝貢貿易，貿易的規模十分有限。

清政府統一台灣後，於康熙二十三年（1684 年）九月下令「開海貿易」，並於康熙二十四年（1685 年）在廣州、漳州、寧波和雲台山四處設置海關。清政府在各海關設正副監督各一人，制定各關稅則例，獨立管理對外貿易和徵收關稅事務。各海關直屬戶部，不受地方行政管轄。其中粵海關最為重要，是清政府管理對外貿易的重要機構。[1]

1684 年，鑒於清朝統治日趨穩固，三藩平定，台灣收復，康熙才改變原來的「寸板不許下海」的禁海政策，實行有限度的海外貿易政策。其中主要有以下規定：（1）在進行海外貿易前，須「預行稟明地方官，登記姓名，取具保結」，方可「聽百姓以裝載五百擔以下船隻，往海上貿易捕魚」；（2）以廣州、漳州、寧波、雲台山（今連雲港）四處為對外通商口岸，在上述四處口岸准許與外商貿易；（3）在閩、粵、江、浙四省設置海關，管理來往商賈及船物，負責徵稅賦稅；（4）「將硫磺、軍器等物私藏在船，出洋貿易者，仍照舊處分」。[2]

1685 年海禁開放之後，廈門、寧波、雲台山和廣州一樣成為對外通商口岸。但在這四個互市口岸中，廣州仍然是洋船集中之地。外國商船去雲台山的記載很少；去廈門、寧波的，在 17 世紀末曾經

---

1 參見史仲文、胡曉林主編：《中國全史》第 17 卷《中國清代經濟史》，人民出版社 1994 年版，第 69 頁。

2 參見蔣建平編著：《中國商業經濟思想史》，中國財政經濟出版社 1990 年版，第 305 頁。

掀起一股熱潮，以後又轉趨冷落。廈門自 1715 年（康熙五十四年）英船由於貨款與地方師船發生衝突，直到 1734 年（雍正十二年）始複有船再去；寧波自從 1700 年英商在定海設監督失敗之後，1736 年（乾隆元年）才有一艘英船去寧波，以後又有近 20 年很少見到英船蹤跡。

18 世紀 50 年代，英國資本主義經濟已有相當發展，廣州一口已不能滿足東印度公司對華通商的需要。為了發展對華貿易，1753 年公司董事會出資派遣兩個青年人赴中國學習漢語。1755 年（乾隆二十年），又派遣大班喀利生（Samuel Harrison）和第一個英國漢語翻譯洪任輝（James Flint）等 58 人，帶着四箱銀元，每箱 4000 枚，13 箱「紅毛」（指英國）酒，每箱 120 瓶，乘船北上，準備用這些東西購買和換取中國的絲茶。英船於 6 月 2 日（四月二十三）收泊定海，8 日，喀利生、洪任輝等在把總蕭鳳山率縣役護送下到達寧波。兩地官員因為英船久不來浙，加意體恤，嘱令商人公平交易，應徵稅課，照例徵收。7 月 7 日（五月二十八），又有英船荷特奈斯號（Holderness）到達。這隻船除了裝載番銀 20 多萬兩外，有舵手 106 名，大炮 20 尊，鳥槍 40 桿，火藥 4 擔，刀 30 把，鐵彈 200 出。浙江地方當局對英船再次到來，仍然照樣熱情接待，英商滿意離去。

英船連續來浙，並隨帶大量武器，引起了清朝當局的警惕。他們害怕來船日益增多，寧波又會變成第二個澳門。為了「防微杜漸」，乾隆帝諭令浙粵督撫籌議辦法，加以取締。後經閩浙和兩廣督臣協商，認為英國人之棄廣州而赴浙江，主要原因在浙江關稅比廣州輕，於是決定將浙江關稅提高一倍，以求達到不禁自絕的效果。到 1757 年（乾隆二十二年）一月英船將去之時，閩浙總督喀爾吉善

廣州十三行

即頒佈諭令，勸告他們仍往廣州貿易，不必再來浙江；如果英船再至寧波，即要增徵稅餉。

增徵稅餉的諭令並沒有收到預期效果。1757 年 7 月 22 日（乾隆二十二年六月初七），英船歐斯諾號（*Onslow*）又來到浙江定海旗頭洋。乾隆帝得到英船又來的奏報後，認為增收稅餉，「不禁自除」的政策尚不能解決問題，因於 12 月 20 日（十一月初七）決定明令禁外船赴浙，「止許在廣東收泊交易」。自此以後至 1842 年《南京條約》簽訂，中外貿易只許在廣東一口進行。[1]

1 參見蕭致治、楊衛東編撰：《鴉片戰爭前中西關係紀事（1517—1840）》，湖北人民出版社 1986 年版，第 211—214 頁。

四　科學工程

(一)《律曆淵源》

1713 年（康熙五十二年），康熙帝命梅瑴成等編撰《律曆淵源》100 卷，於 1722 年（康熙六十一年）編成，1723 年（雍正元年）交武英殿刊行。

1. 數學

在中國數學發展史上，清代是由古典數學向近代數學的轉型時期。這一時期，數學研究是相當活躍的，就數學家人數和有關專著的數量而言，超過了以往的任何時代。雖然當時中國數學的整體已落後了，與正在興起和迅速發展的西方近代數學相比差距越來越大，但中國的數學家刻苦鑽研和不懈努力，在發掘、整理、繼承和發揚中國傳統數學，以及消化、吸收和深入研究引進西方數學等方面，仍然取得了不少重要的和具有獨創性的成果，作出了令人矚目的貢獻，並且逐漸完成了由常量數學到變量數學和由初等數學到高等數學的演變。

康熙帝對科學技術比較關心，不僅熱心學習新的科技知識，而且親自參加科學研究和實驗，這在封建帝王中可說是絕無僅有的。其中數學部分為《數理精蘊》共 53 卷，包括上編「立綱明體」五卷，下編「分條致用」40 卷，數學用表 40 種八卷。這是一部當時中國數學和引進的西方數學知識的百科全書，基本上反映當時國內的數學水平。特別是由於這部書是以康熙帝名義主持編撰和出版的，所以流傳很廣，影響也較大，在相當長的一段時間內是學習和研究數學必須參考的重要著作。《數理精蘊》是在梅文鼎數學著作、白晉和

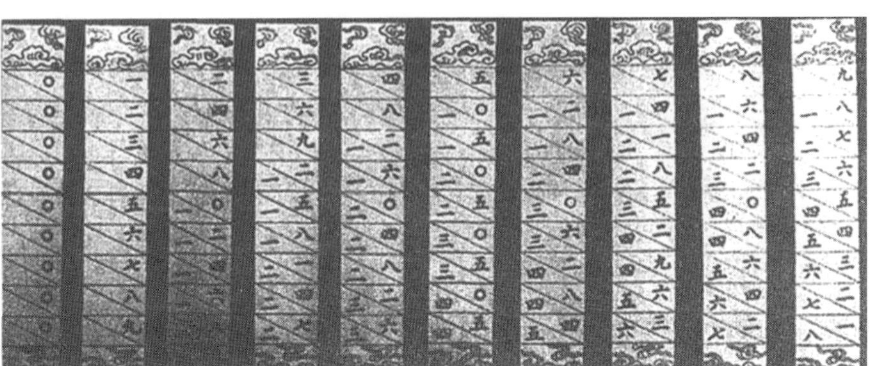

清代算籌

張慶等所講的講稿等基礎上編成的，比較全面地敘述了算術、幾何、代數、三角等學科的成就。其中較新的內容有對數表的造表方法。關於對數和對數表，《曆學會通》已有所介紹，但沒有造表方法。

從康熙帝晚年開始，特別是雍正年間，清政府的內外政策發生了很大變化。在此後大約 100 年裏，對外實行閉關鎖國，對內屢興文字獄，加強思想控制，乾隆年間又開設四庫全書館，編輯《四庫全書》。在這種形勢下，引進西方科學技術的工作基本上停止了，不少人開始致力於對中國古籍的輯佚、辨正、校勘和注疏，以及對傳統文化的研究，形成了以整理古典文獻為主的乾嘉學派。我國的數學研究工作也同樣轉入了整理古算書和對於已有的中西數學進行深入研究的階段。

在這一時期，經過戴震、阮元等著名學者的努力，我國早已失傳的許多數學著作，如算經十書，宋元數學家秦九韶、楊輝、朱世傑、李冶的主要著作，都陸續通過由《永樂大典》輯錄、據私人藏書家所藏珍本抄錄等各種途徑被發掘出來，整理出版，其中朱世傑《算學啟蒙》的刊刻底本還出自朝鮮刻本。這些古典數學專著重新出現後，立即引起不少數學家的重視，並紛紛為之注釋校勘和進行深入研究，作出了相當突出的成績。乾隆嘉慶時代學者通過整理和研究古代算書的辛勤勞動，使瀕於湮沒無聞的數學典籍重放光芒，為後世研究古代數學發展史和了解祖國古代數學的輝煌成就，保存了極為寶貴的文獻，這是乾嘉學派的重大功績。但可惜的是，由於社會條件和指導思想的不同，中國乾嘉時期整理和研究古典文獻的熱潮，並沒有像歐洲文藝復興時期那樣對包括數學在內的科學發展起到應有的推動作用。[1]

2. 天文學

清代是中國天文學發展史上的一個非常特別的時期。從總體上看，中國傳統意義上的古代天文學走向衰亡，從一門實用的為社會所需要的科學逐漸變為一種屬於古代文化範疇的科學遺產，成為科學史研究的對象；在中國新生長起來的建立在歐洲天文學基礎上的天文學，逐漸與國際接軌，成為天文學的一部分。這是一個從傳統天文學體系緩慢變化為近代天文學體系的時期。在社會變革的過程中，新天文學一改過去為皇家服務的傳統，成為推翻舊王朝的思想武器，再往後才成為現代意義的天文學。

順治元年（1644 年）七月，禮部左侍郎李明睿上書，提出「查得明朝舊制，曆名大統，今宜另更新名」。顯然依照歷代改朝換代另立新曆的慣例，清政府迫切需要一部新曆。此前不久，原在明曆局參與編纂《崇禎曆書》的德國傳教士湯若望曾仔細推算了當年八月的日食，並上書說：「臣於明崇禎二年來京，曾依西洋新法厘定舊

1 參見白壽彝總主編：《中國通史》第 10 卷第 47 章（中古時代 · 清時期，下），上海人民出版社 1999 年版，第 974—981 頁。

曆。今將新法所推年八月初一日日食，京師及各省所見食限分秒並起複方位圖像進呈，乞屆期遣官測驗。」湯若望的做法正好迎合了編製新曆的需要。八月初一，清政府派大學士馮銓和湯若望共赴靈台測驗。事後馮銓覆奏：「用大統術、回回術所推，交食食刻均差，獨按西洋法所推一一吻合。」肯定了湯若望的預測結果，同時也肯定了西洋曆法。此後，清廷諭示：「舊法歲久自差，非官生推算之誤。新法既密合天行，監局宜學習勿怠玩。」並決定由湯若望主持，按西法推算編製新曆。新曆完成後，攝政王多爾袞奉旨批准將新曆定名《時憲曆》，頒行天下。同年十一月，湯若望被任命為欽天監監正，第一次由外國人執掌了欽天監。新法成為清政府的官方曆法。

在隨後的一兩年裏，湯若望將原有 137 卷的《崇禎曆書》刪改

北京觀象台・天文儀

壓縮成103卷，更名為《西洋新法曆書》，進呈給清政府。他在上呈新法的奏文中說，「臣創立新法，規制儀象，以測諸曜視行」，「臣閱歷寒暑，晝夜審視，著為新曆百餘卷」，而沒有提及明末徐光啟和曆局中眾人的工作。《西洋新法曆書》是當時欽天監官生學習新法的基本著作和推算民用曆書的理論依據。以《西洋新法曆書》為基礎，取天聰戊辰（清皇太極天聰二年，1628年）為曆元編製的《時憲曆》，在清初除中間五年外，前後行用了80餘年。

《西洋新法曆書》刊行後，成為編製每年時憲曆的依據，也成為中國學者學習和研究西方天文學的主要資料之一。但由於《西洋新法曆書》實際上出自多人之手，對西洋新法的敍述不夠清晰和系統，不少內容隱晦難通，加之時有錯訛和圖表不符之處，如康熙帝曾研究它並親自進行日影測量，發現新法曆書中一些數據已不夠準確，所以編修一部經中國學者整理、解釋並訂正錯訛的新書是很有必要的。康熙五十年（1711年），康熙帝指出，「天文曆法，朕素留心，西法大端不誤，但分刻度數之間積久不能無差」，要求禮部並欽天監招考天算人才，加強天文實測，準備重新修訂《西洋新法曆書》。康熙五十三年（1714年）修書工作開始進行，他又諭示，「今修書宜依古曆規模，用今之數目算之」，確定了編修新著的基本原則。此次編修歷時九年，

清頒行的《西洋新法曆書》

地球儀

於 1722 年（康熙六十一年）完成《曆象考成》42 卷。《曆象考成》為《律曆淵源》的第一部，分上下兩編。上編 16 卷名《揆天察紀》，講天文理論；下編十卷名《明時正度》，講計算方法，並附算表 16 卷。《曆象考成》在理論闡述、數據精度和邏輯結構上比《西洋新法曆書》有所進步，如根據實測確定了新的黃赤交角；計算平太陽時和真太陽時的時差，考慮到太陽近地點每年有移動所產生影響；計算月食時採用了月面方位；等等。但它總體上採用的仍是西方天文學中的第谷體系，數據也多為第谷所定，這在當時已經落後，並且隨着年代的增加，誤差也越來越大。

雍正八年（1730 年）六月，據《曆象考成》推算日食，與觀測不符，於是欽天監監正明安圖奏請校修《曆象考成》。後由在欽天監供職的傳教士戴進賢和徐懋德根據法國天文學家卡西尼的計算方法，重修日躔、月離兩表附於書後。但是，這次新編的日躔表和月離表，沒有給出關於天文理論和使用方法的說明，難以掌握，以至欽天監內的中國人只有蒙古族天文學家明安圖會用，這當然是不能令人滿意的。因而在乾隆二年（1737 年）組成以戴進賢、徐懋德為主，由明安圖等協辦的「增修表解圖說」班子，並於乾隆七年（1742

年）編成《曆象考成後編》十卷。後編比前編有較大的進步，如拋棄了過時的小輪體系，應用了開普勒第一定律（橢圓運動定律）和第二定律（面積定律），增補了關於視差、蒙氣差的理論與採用了較精確的數據等。但《曆象考成後編》應用的開普勒定律中，日地關係是顛倒的，即太陽沿橢圓軌道繞地球運動，而非哥白尼的日心體系，這種顛倒，對於數學計算並沒什麼影響。[1]

（二）《皇輿全覽圖》和《乾隆內府輿圖》

康熙、乾隆年間，中國政府聘請西方傳教士白晉（Joachim Bouvet，1656—1730年）、雷孝思（J. B. Regis，1663—1738年）、杜德美（Petrus Jartoux，1668—1720年）等十人來中國從事大地測量和繪製地圖，並傳授這方面的知識，從而引進了西方大地測量學和製圖學。這對中國傳統測量學和製圖學可以說是一次革命，所取得的成果是世界地理學史上的大事。

大約在康熙二十八年（1689年）訂立《尼布楚條約》之後，康熙帝看到了精確地圖在政治、外交上的巨大作用，於是下決心引進西方先進的測繪製圖技術。他下令各大臣推薦專家，購買儀器。當他到全國各地巡視時，命外國專家隨行，測定各地的經緯度，為製圖做準備。康熙四十七年（1708年）以後，全國範圍的三角測量和繪製地圖工作陸續開始進行。全部工作由康熙帝主持，大的計劃、方針、法規也由他親自裁定，具體人選、組織機構、工作質量他都過問。在大規模的測繪工作方式開始以前，康熙帝還命傳教士先行

1 參見白壽彝總主編：《中國通史》第10卷第48章（中古時代 · 清時期，下），上海人民出版社1999年版，第990—995頁。

試點，繪製出北京附近地圖。他親自校勘，比較舊圖，確認新圖遠勝舊圖之後，才下令開展大規模的測繪工作。康熙四十七年（1708年）由各國傳教士及中國學者 200 餘人混編的測量隊伍組成，以傳教士為主，分組開赴各地進行三角測量和經緯度測量。實測工作進行了八年才結束，以後又用兩年時間整理資料。在杜德美主持下，完成了有名的《皇輿全覽圖》。這項工作在當時是走在世界前列的，比西歐各國要早約 100 年。

康熙帝主持的全國地圖測繪工作並沒有徹底完成，如在新疆西部和西藏部分地區，因有戰事等原因而未能實測。因此乾隆年間又繼續進行了這一工作，有些地區專門派人實地測繪，有些地區則根

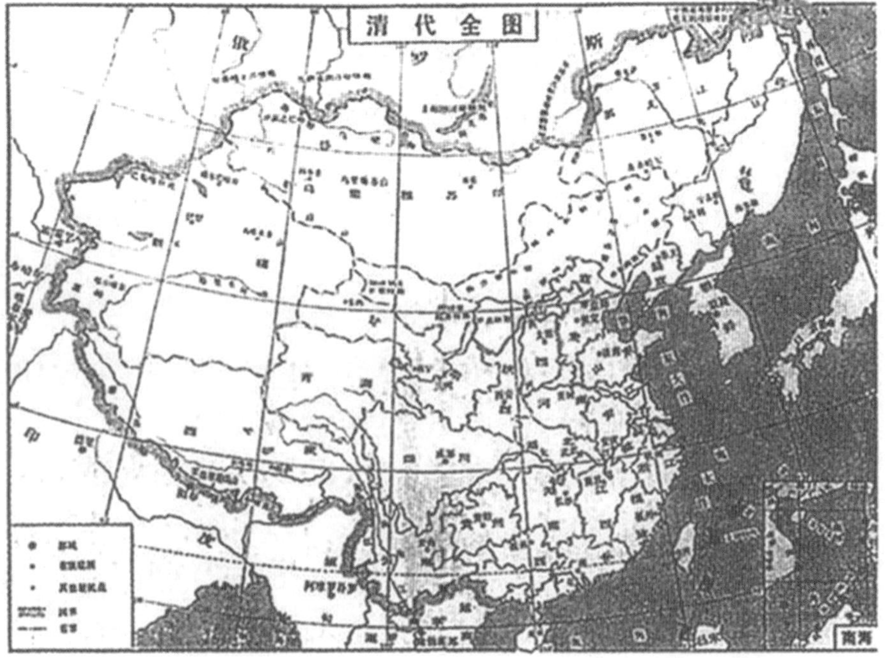

清代全圖

據有關地理資料在康熙《皇輿全覽圖》的基礎上向西、向北擴展，並於乾隆二十五年（1760 年）完成了《乾隆十三排地圖》（即《乾隆內府輿圖》）。《乾隆內府輿圖》圖幅比《皇輿全覽圖》增加了一倍以上，北至北冰洋，南至印度洋，西達紅海、地中海和波羅的海，實際上是一幅亞洲大陸全圖。

康熙、乾隆年間的地圖測繪成果不僅影響了整個清代，還影響到民國初年。在這段時間出版的地圖，十之七八都是根據這一成果繪製的。

清代在中國流傳的西方地理著作，有南懷仁的《坤輿圖說》《坤輿外紀》。蔣友仁（Michel Benoist，1715—1774 年）的《坤輿圖說稿》（又名《地球圖說》），《坤輿全圖繪意》等。[1]

五　城市和商業

隨着社會分工不斷擴大，商品經濟不斷發展，城市以及一些市鎮也日益繁榮起來。到康、雍、乾時期，北京、揚州、蘇州、江寧（即今江蘇南京）、杭州、廣州、佛山、漢口等都已發展成為具有相當規模的工商業城市，可謂當時中國的八大城市。

到 19 世紀初，全世界有十個擁有 50 萬以上居民的城市，中國的北京、江寧、揚州、蘇州、杭州、廣州就名列其中。

1　參見白壽彝總主編：《中國通史》第 10 卷第 48 章（中古時代・清時期，下），上海人民出版社 1999 年版，第 1022—1024 頁。

（一）世界十大城市

1. 威尼斯

菲利浦·德·科明尼斯於 1485 年說：威尼斯「是我見到過的最輝煌的城市」。

威尼斯城的財政收入高達 75 萬杜加。如果我們在別處使用的系數——預算收入等於國民收入的 5%~10%——在這裏同樣適用，城市的國民收入毛值在 750 萬~1500 萬杜加之間，威尼斯及斯市轄區（包括基奧賈在內的郊區）的人口據估計略多於 15 萬，城市的人均收入在 50~100 杜加之間，這是一個很高的水平；即使按 50 杜加計也令人難以置信。

威尼斯是個大城市，人口在 15 世紀已經超過十萬，在 16 世紀和 17 世紀時期在 14 萬～ 16 萬之間。除開特權者（貴族、市民、僧侶）、窮苦無告者和流浪漢共幾千人，廣大居民以雙手勞動為生。[1]

2. 阿姆斯特丹

隨着阿姆斯特丹的崛起，以對外擴張為使命的城市的時代終告結束。阿姆斯特丹的自然條件與威尼斯驚人的相似，倒灌進陸地的海水通過縱橫交錯的河道將城市分割成大小不一的島嶼，並使城市四周沼澤遍佈。

阿姆斯特丹迅速壯大成長（1600 年居民僅 5 萬，1700 年達到 20 萬），它使各國移民很快混合起來，把大批佛蘭德人、瓦隆人、德意志人、葡萄牙人、猶太人和法國胡格洛教徒統統改造成為真正的

---

1 參見〔法〕布羅代爾著，顧良、施康強譯：《15 至 18 世紀的物質文明、經濟和資本主義》第 3 卷，生活·讀書·新知三聯書店 1992 年版，有關內容節錄。

謁見威尼斯首領

荷蘭人。

17 世紀初，阿姆斯特丹成立了一所證券交易市場。公共資產以及東印度公司信譽卓著的股票都成為活躍的、完全現代化的投機活動的對象。

阿姆斯特丹的交易所活動確實達到了精巧絕倫的程度，因此阿姆斯特丹將長期成為歐洲絕無僅有的城市。[1]

3. 巴黎

巴黎並非有史以來就是石頭建造起來的城市。15 世紀起，成群結隊來自諾曼底的木匠，無數屋面工、鐵器打造工，利穆贊泥瓦匠

1 參見〔法〕布羅代爾著，顧良、施康強譯:《15 至 18 世紀的物質文明、經濟和資本主義》第 2 卷，生活·讀書·新知三聯書店 1992 年版，有關內容節錄。

（他們慣於幹粗活）、專做細活的裱糊匠以及粉刷匠曾付出巨大的勞動，才使巴黎有今天的面貌。

巴黎在16世紀末就有30萬居民，由於法國內亂，巴黎1594年的人口可能降為18萬，但這個數字到黎塞留時代將翻一番。讓·雅克·盧梭在《愛彌兒》裏就這麼認為：「大城市耗盡國家的活力……巴黎在許多方面由外省供養，外省人大部分流入巴黎以後就留在那裏，從不回到人民和國王的身邊。在這個凡事精打細算的世紀，不能想象沒有一個人看到，如果巴黎不存在，法國將比現在強大得多。」[1]

凡爾賽宮

---

1 參見〔法〕布羅代爾著，顧良、施康強譯：《15至18世紀的物質文明、經濟和資本主義》第1卷，生活·讀書·新知三聯書店1992年版，有關內容節錄。

4. 倫敦

倫敦「是世上一切城市之花」，泰晤士河氣象萬千，甚至威尼斯大運河兩岸的綺麗風光也無法與之相比。倫敦的居民數 1700 年為 70 萬；18 世紀末為 80 萬。當時倫敦是歐洲最大的城市。

1566 年由托馬斯·格雷欣創立的王家證券交易所設在近在咫尺的康希爾街上，這一機構最初是仿效安特衛普證券交易所的名稱，叫做倫敦交易所，後來的名稱是 1570 年伊麗莎白女王欽定的。

從倫敦的市場也可以感到倫敦生活的充實。

17、18 世紀，一股巨大的動力推動倫敦同時朝各個方向擴張。市區邊緣形成醜陋的新居民區，往往歸貧民居住。窮苦的鞋匠在那裏終年忙碌，別的地方則是織綢工匠或織呢工匠居住區。[1]

倫敦國會議事堂

1 參見〔法〕布羅代爾著，顧良、施康強譯：《15 至 18 世紀的物質文明、經濟和資本主義》第 1 卷，生活·讀書·新知三聯書店 1992 年版，有關內容節錄。

5. 北京

北京是一座歷史悠久的城市，它曾作為金、元、明、清四個朝代的首都達 800 年之久。清朝前期，北京不僅是政治、文化中心，也是我國北方商業貿易的著名城市。當時北京的交通十分方便，已經初步形成了四通八達伸向全國各地的水陸交通網，這給北京工商業發展提供了極為有利的條件。

北京最繁華的地區並不是達官貴人聚集的內城，而是在宣武、正陽、崇文三門以外。那些富商大賈，擁有成千上萬的資本，在三門以外經營工商業。到乾隆時期，正陽門外大柵欄一帶，已經形成了商業林立，市招繁多，小商攤販，蜂攢蟻聚，酒樓茶肆，鱗次櫛比的熱鬧去處。

北京的工商業，幾乎完全掌握在行幫商人手裏。這些行幫商人，

鴉片戰爭前北京大街的市容

企圖保持市場的壟斷，防止外鄉、外行商人競爭，紛紛為開會、存貨、訂立行規、統一度量衡而設立了商人會館。乾隆時「各省爭建會館，甚至大縣亦建一館」，以致引起三門以外地基房價的直線上漲。隨着工商業的發展，工商業會館如雨後春筍般地出現。到鴉片戰爭前夕，北京「貨行會館之多，不啻什佰倍於天下各外省。且正陽、崇文、宣武三門外，貨行會館之多，又不啻什佰倍於京師各門外」[1]。

6. 揚州

揚州自隋唐以來就是一個因鹽業而著稱的繁盛都市。

到了乾隆年間，兩淮一帶，「其煮鹽之場較多，食鹽之口較重，銷鹽之界較廣，故曰利最夥也」。因此，揚州城，「四方豪商大賈，鱗集麕至。僑寄戶居者，不下數十萬」。

揚州「官鹽」運銷長江中上游各省。鹽商通過殘酷的剝削手段，獲得巨額利潤，積累了雄厚的資本，「富者以千萬計」。到雍正、乾隆時期，揚州鹽商已經成了囤積居奇、壟斷專利的最大商業資本之一了。

揚州鹽商與清政權的關係十分密切。如康熙年間，刑部尚書徐乾學，曾把十萬兩銀子交給大鹽商項景元從事投機貿易活動。揚州大鹽商安麓邨是大學士明珠家僕的兒子。1786 年（乾隆五十一年）清政府鎮壓林爽文起義，鹽商江廣達，捐了 200 萬兩銀子「以備犒賞」。嘉慶年間川楚陝白蓮教起義，清政府極感軍餉匱乏。揚州鹽商鮑漱芳積極向清政府「輸餉」，因此，清政府賞了他一個鹽運使頭銜。清政府治河經費不足時，鹽商們「集眾輸銀三百萬兩以佐工需」。

1　參見戴逸主編：《簡明清史》第 1 冊，人民出版社 1984 年版，第 411—412 頁。

這些聲勢煊赫的鹽商們，「衣服屋宇，窮極華靡」，「金錢珠寶，視為泥沙」，為了給乾隆南巡修建臨江行宮，就花去 20 萬兩銀子。據説，為了討好乾隆，八大鹽商之一——江春，在揚州「大虹園」，一夜之間修了一座白塔，這一傳説可能有所誇大，但可以看出鹽商們財力之雄厚。

由於鹽業、漕運的發展，到乾隆年間，揚州商業十分繁盛。如供應富商大賈、達官貴人衣着的綢緞鋪，集中在緞子街；供有閒階級消遣的酒樓茶肆，集中在北門橋、虹橋附近。乾隆南巡到達揚州時，有「廣陵風物久繁華」，「廣陵繁華今倍昔」的詩句。[1]

7. 蘇州

蘇州是我國明清以來工商業最發達的城市之一，絲綢生產尤其著名。由於工商業的迅速發展，到明清之際，「蘇城衡（橫）五里，縱七里，周環則四十有五里」，已成為很大的城市。到了乾隆年間，「郡城之戶，十萬煙火。郊外人民，合之州邑，何啻百萬」。如果每戶以五口計算，郊區除外，僅城區不下五十萬人口。

蘇州城水陸交通十分發達。「控三江，跨五湖而通海。閶門內外，居貨山積，行人流水，列肆招牌，燦若雲錦。語其繁華，都門不逮」，1759 年（乾隆二十四年），蘇州畫家徐揚所畫《盛世滋生圖》卷，共畫有 230 餘家有市招的店鋪，共有 50 多個行業。除了本鄉本土的產品外，還有川、廣、雲、貴、閩、贛、浙、蘇、魯等九省中外馳名的特產。如山東繭綢、濮院寧綢、漢府八絲、崇明大布、松江標布、京蕪（南京、蕪湖）梭布、金華火腿、寧波淡鯗、南京板鴨，川、廣、雲、貴雜貨、藥材等，名目繁多，不勝枚舉。

---

1 參見戴逸主編：《簡明清史》第 1 冊，人民出版社 1984 年版，第 400—402 頁。

蘇州網師園全景

康熙之後，由於海外交通方便，我國傳統的絲綢、茶葉、瓷器大量出口。1716 年（康熙五十五年），僅蘇州一地，每年出海貿易的船隻「至千餘」。隨着中國商品的大量出口，也必然伴隨洋貨的大量進口，所以，到乾隆年間，蘇州城，「山海所產之珍奇，外國所通之貨貝，四方往來千萬里之商賈，駢肩輻輳」，我們在徐揚的《盛世滋生圖》上，還看到有兩家懸掛「洋貨行」市招的店舖。蘇州洋貨業的發展，到嘉慶中期，成立了洋貨業《永勤公所》。

國內外貿易的繁榮，蘇州城市人口激增，於是出現了市區向城郊擴展的現象。閶門外南濠之黃家港，明朝時「尚係近城曠地，煙戶甚稀」。到了清朝，「生齒日繁，人物殷富，閭閻且千，鱗次櫛比」。南濠在明末時，「貨物寥寥」，並不是一個熱鬧的地區，清朝初年以後，這裏逐漸「人居稠密，五方雜處」，到了「地值寸金」

的程度。1685年（康熙二十四年），康熙南巡時，「南濠為蘇州最盛之地。百貨所集，商賈輻輳」，已是工商業最繁華的地區了。其他如蘇州的盤門（西南門）、葑門（東門），在乾隆初年，還不甚熱鬧，有人把很華麗的房子「減價求售」，沒有人購買；過了50餘年，即乾隆末年，這些地方，已經是「萬家煙火」，像那樣的好房子，已經是「求之不得」了。[1]

8. 南京

南京（清朝名江寧或金陵）在歷史上很早就發展成為我國著名的絲織業中心。到了清朝前期，絲織業更加發達。乾、嘉年間超過了蘇、杭，「民間所產，皆在聚寶門內東西偏，業此者不下千數百家」。南京所產的絲織品名目很多，有綢、緞、紗、絹、羅等品種，質地優良，不僅供朝廷之用，而且絕大部分供應國內外市場，故享有「江綢貢緞甲天下」的榮譽。

「機業之興，百貨萃焉。」由於絲織業的發展，作為「織戶之附庸」的其他一些工商業，也相應地發展起來。如綢緞的包裝行業，以及與包裝有關的紙坊，與染絲有關的漂染，和織機有關的機店、梭店、筘店、籰子絡、梭竹店，與織綢有關的挑花、拽花、邊線等行業，都十分發達。

此外如書坊，在狀元境，「比屋而居有二十餘家」，都是江西人所開，「雖通行坊本，然琳琅滿架，亦殊可觀」。又如南京的紙扇，也「素有盛名」，全城「不下數十家」，但「張氏慶雲館」遠近馳名，在扇骨上雕刻字、畫、有取紅樓女名者。「遠方來購，其價較高。」

在乾隆時代，據統計，江寧城不下八萬餘戶，四五十萬人口，

1 參見戴逸主編：《簡明清史》第1冊，人民出版社1984年版，第402—405頁。

「惟皖鄂兩省人居十之七，回回戶又居土戶三之一」。雍正年間，江寧「五方雜處，街市寬闊，巷道四通八達」。每到夜間，「一更二更，街市燈火不斷，正買賣吃食之時」。在秦淮河上，「客船遊船，往來不斷」。乾隆年間，江寧的利涉、武定兩橋之間，「茶寮酒肆，東西林立」。道光初年，五畝園地方，「開設茶館甚多，吃茶閒談者百十為群。且懸掛雀籠，賣奉水煙」。吳敬梓在所著《儒林外史》一書中，描寫江寧的繁華也指出：「城裏幾十條大街，幾百條小巷，都是人煙稠集，金粉樓台」，「大街小巷合併起來，大小酒樓六七百座，茶社有一千餘處」，可以想見其繁榮景象。[1]

9. 杭州

杭州是吳越的古都，也是南宋的都城。自宋元以來，成為我國三大絲織業中心之一。因為杭、嘉、湖三府，「桑土饒沃」，「產絲最盛」，從而為杭州的絲織業發展，提供了良好的條件，因而杭州「杼軸之利甲於九州。操是業者，較他郡為尤夥」。

杭州絲織業，集中於東城。「官局民家，凡為繒者」，「東北隅數萬千家之男女，俱需此為衣食之謀」。到乾、嘉年間，「機坊、機匠，未有若此之盛者」。官營的絲織業，「恆以內務重臣董其事」；民間機戶所織綢疋，多運往國外，「以番舶日充貿易者，且遍於遠洋絕島，獲利不貲」。因此，在東城「機杼之聲，比戶相聞」，「東園中，軋軋機聲，朝夕不輟」。

杭州的錫箔業也馳名全國。康熙年間，城內孩兒巷、貢院後及萬安橋西一帶，製造錫箔的「不下萬家。三鼓則萬手雷動」。錫箔這種迷信用品，「遠自京師，抵列郡取給」。錫箔有兩種：一是銀錫

1　參見戴逸主編：《簡明清史》第 1 冊，人民出版社 1984 年版，第 405 頁。

箔，色白如銀；另一種是金錫箔（亦名黃箔），色黃如金。金錫箔的製作方法是用「銀箔搭在竿上，用茅草、松柴發煙熏為度」而成。

乾隆年間，杭州的機匠、染匠、錫箔匠以及橋埠腳夫等大多來自外地，「外郡人民在杭織機、捶箔、摩紙、挑肥營生者眾多」。這些受剝削受壓迫的勞動人民，不時地起來反抗，使地主官吏們極為恐慌。

杭州的其他工商業也十分發達，如茶葉、藕粉、紡綢、紡扇、剪刀等，還有其他地方運來的商品，如湖州的毛筆、縐紗，嘉興的銅爐，金華的火腿，台州的金橘、鯗魚等，「擅土宜之勝，而為四方之所珍者」。因為杭州「南連閩、粵，北接江、淮」，所以福建、廣東商人也到杭州大量收買絲斤、絲綢以及其他貨物，「風帆浪泊，出入於江濤浩渺、煙雲杳靄之間」，運往世界各地。

到康熙年間，杭州城已經是「廣袤四十里」，有十萬戶人家，50萬人口的「東南重鎮」了，到雍正年間，杭州城更加發展，「城廓寬廣，居民稠密」，自北關至江頭，南北長30餘里。[1]

10. 廣州

廣州是對外貿易城市，「中華帝國與西方列國的全部貿易都聚會於廣州。中國各地物產都運來此地，各省的商貨棧在此經營着很賺錢的買賣。東京、交趾支那、柬埔寨、緬甸、馬六甲或馬來半島、東印度群島、印度各口岸、歐洲各國、南北美各國和太平洋諸島的商貨，也都薈集到此城」。從廣州出口的中國商品，主要是茶葉、絲綢和土布；進口的外國商品，最初主要是毛織品、棉花、金屬、香料等，19世紀，鴉片才成為最主要的進口貨。許多外國船隻都從廣州進港，18世紀下半葉，每年約有幾十艘，最多時達83艘（乾隆

---

1 參見戴逸主編：《簡明清史》第1冊，人民出版社1984年版，第406—407頁。

五十四年），到 19 世紀初增至一二百艘。也有許多中國商船從廣州出口，往南洋各地進行貿易。由於廣州的貿易繁盛，故有「金山珠海，天子南庫」之稱，「富商大賈，各以其土所宜相貿，得利不貲」。

廣州的絲織業生產也很發達，從江、浙一帶請來師傅傳授，並且從江南販運一部分絲斤和土絲混合織造，「廣紗」「廣緞」，「質密而勻，其色鮮豔，光輝滑澤」，「蘇杭皆不及，然必用吳絲，方得光華，不褪色、不沾塵、皺折易直」。廣州的絲織工場都集中於上下西關、下九甫等處。

廣州一帶所產之物品，統稱「廣貨」，在國內外享有盛名。廣州所產之「珠貝」「玻璃、翡翠、珊瑚諸珍錯」，不但供應封建王公貴族之用，還大量賣與外商出口。

廣州最繁華的地區在西城。這裏「皆起樓榭，為夷人居停」。另外，「異省商人雜處」，尤其是福建商人販來的福建商品尤多。南城「多貿易之場」。西角樓地方，「南臨濠水，朱樓畫榭，連屬不斷，皆優伶小唱所居，女旦美者鱗次」，是地主豪紳，富商大賈遊樂的場所。與西角樓「隔岸，有百貨之肆，五都之市，天下商賈聚焉」，故有「東村、西俏、南富、北貧」諺語。鴉片戰爭前夕，外國人估計廣州的人口已達 100 萬，「有機會到過廣州，走過它的街道，看一下各街道熙攘的情景下，就會認為此城人口絕不會少於一百萬人」。[1]

此外，在中國佛山、漢口等城市也已有相當規模。

佛山原是廣州附近的一個小市鎮。到宋代，已發展成為我國著名的四大市鎮之一。到清代前期，佛山是「嶺南一大都會」，「四方之估走如鶩」，工商業十分繁盛。

---

1 參見戴逸主編：《簡明清史》第 1 冊，人民出版社 1984 年版，第 409—410 頁。

佛山主要是一個手工業城鎮。其中最著名的是冶鐵業，特別是鐵鍋的生產馳名中外。鐵鍋分為「牛鍋、鼎鍋、三口、五口之屬，以大小分」。鐵鍋「販於吳、越、荊、楚」等南方各省，還大量向國外出口。據雍正年間統計，外國船隻大量販運佛山鐵鍋。每隻船「有自一百連，至二三百連，甚至五百連、一千連者」。每連重20斤，有三口一連的，有五口一連的。這樣算來，每隻船少者運2000斤、4000斤、6000斤，多者達一萬斤、兩萬斤，一年「出洋之鐵，為數甚多」。不久，清政府下令禁止鐵鍋出口。

佛山的鐵線（即今鐵絲）也很有名。「鐵線有大纜、二纜、上繡、中繡、花絲」等，「以精粗分」。「鐵線則無處不需。四方賈客，各輦運而轉鬻之」，鐵線經過加工後，再製成鐵釘，「以熟鐵枝製成，大小不一」。到道光時「鐵線行……為最盛，工人多至千餘」；「鐵釘行……為最盛，工人多至數千」。清人梅璇樞的《汾江竹枝詞》描寫佛山冶鐵業在清代前期繁榮的情況，和冶鐵工人的辛勤勞動，「鑄鍋煙接焰鍋煙，村畔紅光夜燭天。最是辛勤憐鐵匠，擁

17世紀的廣州

爐揮汗幾曾眠」。

佛山也出產絲織品。但「紗以土絲織成，花樣用印。生絲易裂，熟絲易毛，牛郎綢質重而細密，本於女紅所自織」。正因為用「本土之絲，則黯然無光，色亦不顯。止可行於粵境，遠賈多不取佛山紗」。

佛山除鐵器業、絲織業外，其他商業、小手工業也很發達。商業如白糖、龍眼、荔枝幹、陳皮糖、梅糖欖等「皆賈販彌市」。小手工業如「灰爐、磚爐、土工、木工、石工、金工」，「紐、針、鞋、帽」，「門神、門錢、金花、薄花、條香、燈籠、爆花」等，「皆終歲仰食於此」。

清代前期，佛山市面繁榮的盛況：是「萬瓦齊鱗，千街錯繡。棋佈星羅，櫛比輻輳，炊煙亂昏，燈火連晝」，雍正時，已「綿延十餘里，煙戶十餘萬」，乾、嘉時，店舖作坊如林，大街小巷共有622條。[1]

漢口與武昌、漢陽鼎足三立，號稱武漢三鎮。後來逐漸合為一體。在明清之際就十分發達。據記載：「商賈之牙儈，絲帛之廛肆，魚米之市魁，肥其妻子，雄視里閭，下至百家技藝，土木食工……趨利於闤闠者，又未嘗不距相錯，踵相接也。」

漢口水陸交通方便，為「九省通衢」。不但是湖北之咽喉，而且雲、貴、川、湘、桂、秦、豫、贛等省貨物「皆於此焉轉輸」。

漢口是淮鹽的集散地。每年大批淮鹽運來漢口，然後再供兩湖、江西、四川、河南等省之食用。當時漢口有「鹺商典庫咸數十處」（《漢口叢談》卷3）。典當業也很發達，乾嘉時有「典商七十餘戶」，

1 參見戴逸主編：《簡明清史》第1冊，人民出版社1984年版，第407—409頁。

盤剝勞動人民。漢口也是米糧的集散地。它把兩湖及四川之米匯集到漢口，然後再供應「江浙商販之需」，其他如桐油、鐵炭等行業也很發達，早在乾隆初年，漢口「鹽、當、米、木、花布、藥材」等六行最大，各省商人都設會館。因商業的發達，作為中間人的牙行，在乾隆九年時，「不下數百戶」之多。

乾隆時，漢口的仁義、禮智二道，「為通省極繁劇之地。商賈雲集，五方雜處」。武昌更為繁華，「水陸之沖，舟車輻輳，百貨所聚，商賈雲屯。……南北兩京而外，無過於此」。

漢口在乾隆初年，已有「戶口二十餘萬」。每天消費米穀，不下數千石，乾隆末年，有一次失火，燒掉運糧船一百餘隻，商客船三四千隻，大火兩日不息。1810年(嘉慶十五年)4月，又一次大火，燒了三天三夜，燒毀「商民店戶八萬餘家」。由此可以看出漢口在當時發展繁榮的情況。[1]

(二) 人口資料

清代人口的增長，早在康熙時期就已明顯地表現出來。清代前期，人口的增長，有助於社會生產的恢復。即使到了康熙時期，由於當時荒地較多，可以開墾，因此人口與耕地的矛盾並不嚴重。康熙以來的休養生息政策，尤其是宣佈滋生人丁，永不加賦，和推行攤丁入畝，使人口迅速增長。到了乾隆中葉以後，人口激增與耕地不足的矛盾日益尖銳，人口的增長，超過了封建農業經濟發展的速度，人口的壓力日益加大，成為嚴重的社會問題。

---

1 參見戴逸主編:《簡明清史》第1冊，人民出版社1984年版，第410—411頁。

清代人口統計表

年份	人丁數	年份	人丁數
順治八年（1651 年）	10633326	乾隆六年（1741 年）	143411559
順治十八年（1661 年）	19137625	乾隆十六年（1751 年）	181811359
康熙十年（1671 年）	19407587	乾隆二十六年（1761 年）	198214555
康熙二十年（1681 年）	17235368	乾隆三十六年（1771 年）	214600356
康熙三十年（1691 年）	20363568	乾隆四十六年（1781 年）	279816070
康熙四十年（1701 年）	20411163	乾隆五十六年（1791 年）	304354110
康熙五十年（1711 年）	24621324	嘉慶六年（1801 年）	297501548
康熙六十年（1721 年）	24918359	嘉慶十六年（1811 年）	358610039
雍正九年（1731 年）	25441456	道光元年（1821 年）	355540258
雍正十二年（1734 年）	26417932	道光十一年（1831 年）	395821092
		道光二十一年（1841 年）	413457311
		咸豐元年（1851 年）	432164047

由於清代雍正以前的人口統計數是人丁數，而不是總人口數，因此我們只能根據當時的人丁數來估算總人口數。一般認為，人丁數字與總人口的比例為 1:4，比較符合實際。那麼康熙時期的總人口數，約在 9000 萬。從上表數字可以看出，從乾隆六年（1741 年）到道光二十一年（1841 年）的 100 年間，全國人口增加了近兩倍，年增長率為 18.8‰。而乾隆、嘉慶時期的耕地面積，儘管比康熙時有所增加，但由於當時尚未被開墾的荒地已經很少，再加上土地兼併加劇，在廣大農村地少人多的矛盾十分尖銳，無田可耕的現象也更加突出。清朝末年，全國人均耕地面積為 6.5 畝，清初則為 6.0 畝，乾、嘉時期由於人口增加，耕地相對減少，人均耕地只剩 2.5 畝，這

就勢必造成地價上漲和糧食供應的緊張。……由於糧食產量的增長落後於人口的增長，糧食價格必然騰貴。一向以富庶著稱的江南蘇、松、常、鎮四府，康熙四十六年（1707 年）時遭受旱災，米價由每升常價七文漲至二十四文。乾隆五十年（1785 年）上述地區又遭大旱，米價每升猛漲至五十六七文。此後，每升米價搖擺於二十七八文至三十四五文之間。

人口增長給社會經濟帶來的尖銳矛盾，使封建統治者也感到人口激增的威脅。康熙末年，清聖祖就多次對人口增長的壓力表示憂慮。雍正二年（1724 年），清世宗在上諭中寫道，「戶口日繁，而土田止有此數。非率天下之民，竭力耕耘，兼收倍獲，欲家室盈寧，必不可得」（《清世宗實錄》卷十六）。康、雍時期的統治者，只是希望通過墾荒，擴大耕地面積和精耕細作，提高單位面積產量來解決人口激增帶來的矛盾。由於在當時的條件下，農業生產力的提高主要依靠農業的集約化經營，而開墾荒地也有一定的限度，因此，人口增長與耕地不足的矛盾根本不可能解決。到了乾隆時期，矛盾更加突出，乾隆本人也清醒地看到人口激增帶來的嚴重後果。「各省生齒日繁，地不加廣，窮民資生無策。」（《乾隆朝聖訓》卷二〇九）他除了繼續鼓勵人民到邊疆省份墾荒，擴大耕地面積，精耕細作之外，還採取了兩項措施。一是推廣種植甘薯、玉米等高產糧食作物，二是鼓勵從國外進口糧食。乾隆八年（1743 年），清政府規定，對暹羅商船運米來交易，萬石以上的免船貨稅銀十分之五，五千石以上的免十分之三。這些措施雖然對糧食供給的增加起到了一定的效果，但對解決人口激增與社會經濟發展的尖銳矛盾，無異於杯水車薪。

嘉慶、道光時期，人口增長與耕地不足的矛盾更加激化。在封建統治日益腐敗，社會經濟逐漸衰退和自然災害連年不斷的情況下，廣大人民的生活日益貧困。

清代初期，人口的增長，曾經促進了社會經濟的恢復和發展。清代中期，由社會經濟恢復和發展而引起的人口激增，反而加速了清王朝由盛而衰的過程，成為延緩和阻礙社會經濟發展的因素，清代中期人口的激增，使有限的產品根本不能滿足眾多人口的消費，從而使清代社會陷入貧困、落後和饑荒的困境。對於人口的成倍增長，解決的方法極其有限，因此增加的勞動力都集中在農村，走的是一條農業集約化耕作的道路。這是當時的社會生產力水平所決定的，同時也受統治者的政治經濟政策因素的影響。由於技術設備沒有根本改進，人口又成倍增長，農業的集約化耕作反而降低了農業生產率，增大了農業成本。其結果，使中國農業的發展更趨向糧食單一化，使絕大部分勞動力陷於農業生產，為果腹而勞動。這不僅對當時的社會經濟發展不利，影響了資本主義生產關係的產生，而且對中國 200 年來的社會經濟發展，都產生了極其深遠的影響。[1]

六　法國《百科全書》對中國的評述

由狄德羅主編的法國《百科全書》的「中國」條目中，盛讚中華民族：其歷史之悠久，文化、藝術、智慧、政治的趣味，無不在所有民族之上。

1　參見史仲文、胡曉林主編：《中國全史》第 17 卷《中國清代經濟史》，人民出版社 1994 年版，第 98—99 頁。

（一）17 世紀中至 18 世紀末的中國哲學和文學

17 世紀前期的思想家對明末時期的主導哲學、對王陽明直覺主義的哲學以及新孔夫子主義的思辨等發出了挑戰。像楊遠（1635—1704 年）這些預言明朝要滅亡的人，反對過分依賴書本知識，主張重視實踐知識。對滿人流露不滿情緒的人有三位：黃宗羲（1610—1695 年）、王夫之（1619—1692 年）和顧炎武（1613—1682 年），後者在三人中是最有名的，曾被稱作「漢派」（漢學）之父。這三個人是清朝初期的偉大歷史學家和思想家。18 世紀最著名的一位才子和哲學家是顧炎武，他對數字和技術的歷史有研究，是語音歷史的專家。

從康熙開始，清朝的皇帝就努力團結知識精英，興辦學校，重視科研，支持由文人學者提出的重大出版計劃。所以，在康熙統治期間，正式出版的一些鴻篇巨製有 1679 年編撰、1735 年付梓的《明史》，1716 年出版的著名字典，同年出版一部按韻排列的大詞典，1716—1725 年編纂的帶插圖的和收錄一萬條的大百科。乾隆時期，1772—1782 年間，曾對中國人寫的各種著作進行過彙編，其中附有

從景山南望紫禁城

對作者及其作品的注釋。出於皇權的考慮，一些敵視滿人、反對外來權力和一切非正統的書籍，曾被禁止出版。這種正統觀念和倫理道德的加強反映了清朝政府的一種憂慮。

（二）中國文學

儘管文學受到這種大氣候的影響，一些重大劇本仍可在 17 世紀末搬上舞台，一些通俗小說也可以大量出版。如 18 世紀著名的小說《儒林外史》《紅樓夢》。因此可以說，18 世紀是經典小說和傳記文學飛速發展的時期。

17 世紀中期的滿人入侵、康熙執政以來皇權的鼓舞、大約在 1800 年以前長江下游的大批商人活動和明末時期許多無業的文人墨客湧現，無疑是對清朝中國文學和思想起到了推動和導向作用。相反，外國的影響似乎沒有留下太深的痕跡。

當滿族人在 17 世紀控制了國家並以清朝的名義進行統治近三個世紀（1644—1911 年）的過程中，他們已經深深打上了中國文化的烙印。在其統治下，中國文化經歷了一個輝煌的時期。17 世紀的康熙皇帝（1662—1722 年）和 18 世紀的乾隆皇帝（1736—1795 年）稱得上是有文化、有知識的人，他們重視文學藝術，把振興文化的偉大傳統作為中國的發展目標。

曹雪芹像

復古的趨勢在清朝時期的文學作品和藝術中是顯而易見的，在純文學中，人們也能不斷發現這些古老的風格。漢賦、唐詩、宋詞和元曲曾受到了高度讚賞，並有不少人精通。在行家眼裏，滿族納蘭性德（1655—1685 年）的詩詞成了難理解的模式。

在清朝，唐代末期的古文也很時興，安徽桐城就開辦了這樣一所正規學校，並且重新任命了校長。在這所學校，大家可以像 9 世紀的韓愈那樣用簡單而傳統的方式交流。

17 世紀初，中國出現了一種反對宋、明新孔夫子主義的思潮，顧炎武（1613—1682 年）所持有的這種強烈意識與明朝的衰亡和滿族人征服中國有關。顧炎武主張給孔夫子主義賦予現實意義，因此，他倡導孔夫子主義應是活生生的。首先要重返具體研究，重返歷史、哲學、地理，要對那些經典格律文章加以客觀注釋。於是，顧炎武成為復興研究人物。

黃宗羲像

為了還原孔夫子主義的本來面目，必須重審關於孔夫子主義的注釋，因為從漢代起，這些經典格律文章的注釋積累了很多，成了正規教育認可的一種傳統，介於文章與讀者之間。

從此，哲學教育成了知識中的首要內容。惠棟（1697—1758 年）時期，為了很好地理解經典格律文章，必須重新學習唐代韓愈的注釋。

顧炎武像

王夫之像

乾隆執政時期（1736—1795 年），對經典格律文章的考證達到了頂點。當時，所有致力於這項活動的學者中，沒有人能比得上戴震（1724—1777 年）了，他不僅是這個重大世紀中最偉大的哲學家，而且還懂得從其哲學中總結哲學影響。

（三）中國藝術

1644 年，即明朝衰亡時，北京故宮起火，滿族皇帝將其修繕。他們在首都西北修建了一座有花園、有湖水、有亭子的頤和園，乾隆還對北京東南方的天壇作了修繕，該天壇最早建於明朝永樂年間。

清朝是一個出大百科全書、文學收藏和熱衷考古與編纂的年代。在這種形勢下，一大批懷有好古的明末文學理想的畫家不斷湧現。對古代大師的設計和巧妙的複製是四位王大師傅的主要研究內容，其中王翬（1632—1717 年）數得上是興趣最廣泛的人，王原祁

（1642—1715 年）堪稱最富有創見的人。

王翬繪《江南早春圖》

除了這些正統的畫家外，還有一些離群索居的藝人在獨自作畫，以表示對外國統治和官方畫師研究的蔑視。如石濤（1660—1717 年），他躲在一座寺廟裏，自稱最自由的藝人。

康熙執政時期，裝飾藝術可謂是最後的協調時期，在 17—18 世紀，塗彩出現了失真變形。

象牙製品：清朝的象牙製品種類繁多，技藝大長。除了 1682 年建造的皇家作坊一直保留到 1796 年外，坎頓（廣州）、上海、寧波等地也建有一些廠址。18 世紀初，坎頓（廣州）的作坊被專門用來製作出口象牙。

彩色板畫：在清朝，滿族人比較注意動員一切文化宣傳工具，來鞏固他們的政權，他們大量出書，發表一些慶祝皇家功德的作品。如《康熙皇帝（1713）周年大事記》《乾隆皇帝 1766 年南巡記》等。這些書裝飾精致、豪華，帶有彩圖。[1]

1 據《百科全書》法文本節譯。

全球變局

一　資產階級革命

（一）英國資產階級革命

17 世紀初，英國資產階級、新貴族與封建專制王朝斯圖亞特王朝的矛盾尖銳。封建專制制度已成為英國資本主義發展的嚴重障礙。1640 年，國王查理一世為籌措軍費鎮壓蘇格蘭人民起義，重新召開已停止 11 年的國會。這屆國會史稱「長期國會」，它在英國資產階級革命中成為立法機構和領導機構。「長期國會」的召開是英國資產階級革命開始的標誌。在國會中佔多數的資產階級和新貴族與國王之間發生了尖銳的衝突，查理一世宣佈討伐國會，1642 年至 1646 年爆發了第一次內戰。代表新貴族和中產階級利益的獨立派領袖克倫威爾率領新模範軍打敗王軍。但代表大資產階級利益的長老派企圖與國王妥協，與獨立派發生衝突，王黨趁機於 1648 年挑起第二次內戰，不久即被克倫威爾擊敗。1649 年 1 月國王查理一世被處死，5 月共和國成立，獨立派掌握政權。獨立派鎮壓了代表無地或少地農民的掘地派和代表小資產階級民主派的平等派，遠征愛爾蘭。1653 年克倫威爾改共和政體為護國主政體，自任護國主，實行軍事獨裁。克倫威爾死後，高級軍官爭權奪利，統治集團陷於混亂。為實現穩

克倫威爾像

定，資產階級和新貴族與舊王朝妥協，逃亡國外的查理一世之子於1660年5月復辟，稱查理二世。復辟王朝推行反動政策，引起普遍反對。1685年查理二世去世，詹姆士二世繼位，企圖恢復天主教，危及資產階級和新貴族的利益。國會中資產階級、新貴族於1688年發動政變（也稱「光榮革命」），推翻復辟王朝，迎立詹姆士二世之女瑪麗及其夫荷蘭執政威廉為英國國王和女王，最終在英國確立君主立憲政體。英國資產階級革命開闢了資產階級世界革命的時代，通常把1640年作為世界近代史的開端。

（二）美國獨立戰爭

1775—1783年，爆發了北美13個殖民地人民推翻英國殖民統治、爭取獨立的戰爭。英屬北美13個殖民地建立以來，英國將其視為工業品銷售市場和原料供應地。英國政府對殖民地工商業的發展實行限制政策。由於共同的語言、文化和市場，到18世紀中葉北美殖民地人民已形成一個新民族——美利堅民族。七年戰爭後，英國加強對北美經濟掠奪和政治壓迫：1765年頒佈《印花稅法案》；1767年頒佈《唐森德條例》；1773年頒佈《茶葉稅法》；1774年頒佈《強制法令》。這些措施激化了殖民地與宗主國之間的矛盾，遂導致北美獨立戰爭的爆發。1775年4月19日，波士頓郊區的列克星敦打響了獨立戰爭的第一槍。5 月 10 日，殖民地 13 個州代表在費城召開第二屆大陸會議，通過組織大陸軍的決議，任命喬治·華盛頓為總司令。1776 年 7 月 4 日，大陸會議通過《獨立宣言》，正式宣告北美 13 個殖民地脫離英國，成為獨立的美利堅合眾國。戰爭初期英軍處於優勢，自 1777 年薩拉托加戰役後，形勢開始轉化。同時美國也積極展開外交斡旋，法、西、荷各國參加對英作戰，普、俄領導的「北歐聯盟」實行武裝中立，使英國陷於孤立。1781 年英軍主力在約克鎮被擊潰，康華利率軍投降，戰爭結束。1783 年 9 月英美簽訂《巴黎和約》，英國正式承認美國獨立。在美洲出現了第一個資產階級共和國。美國獨立戰爭是一次民族解放戰爭，也是一個資產階級革命，它推翻了英國殖民統治，為美國資本主義發展開闢了道路。[1]

華盛頓像

（三）法國大革命

18 世紀末法國資產階級領導推翻封建專制統治，確立資本主義制度的革命，法國資本主義有了一定的發展，資產階級和廣大人民群

1 參見朱筱新主編：《歷史辭典》，學苑出版社 1999 年版，第 411 頁。

眾同封建統治階級的矛盾十分尖銳。1789 年 5 月路易十六迫於財政危機的壓力召開三級會議。第三等級代表在會上提出改革的要求，遭國王拒絕後，退出會議並宣佈召開國民議會，為法國制定一部憲法（後改名為制憲議會）。國王陰謀鎮壓第三等級的反抗，7 月 14 日，巴黎人民舉行武裝起義，攻佔巴士底獄，革命爆發。革命的第一階段由代表大資產階級和自由派貴族的君主立憲派執政。這一階段取得了很大成就，基本上完成了預定的主要任務。宣佈廢除土地關係中的封建權利，沒收天主教會財產，取消封建貴族制度，頒佈了資產階級革命綱領《人權宣言》，制定《1791 年憲法》，確立君主立憲政體。但是不甘失敗的封建勢力勾結歐洲封建君主對法國大革命進行武裝干涉，國王的反革命面目已暴露出來，人民群眾要求廢黜國王，實行共和制度，抗擊外國干涉。但君主立憲派未能將革命繼續向前推進，反而壓制人民的革命運動，從而激起人民的強烈不滿。1792 年 8 月 10 日巴黎人民發動第二次武裝起義，推翻了國王，代表工商業資產階級利益的吉倫特派掌權。這是革命的第二階段。在這個階段成立了法蘭西第一共和國，處死了國王，對外戰爭也一度取得了勝利。但由於吉倫特派未能有效地阻止因戰爭引發的經濟惡化趨勢，人民群眾生活異常困苦，物價猛漲，掀起了要求限價的群眾運動。此外，前線連連失利，反法聯盟軍隊攻入法國境內；國內王黨叛亂猖獗。形勢日益惡化，終於導致了吉倫特派的下台。1793 年 5 月 31 日至 6 月 2 日，巴黎人民舉行第三次武裝起義，把代表小資產階級民主派的雅各賓派推上了政治前台。這是革命的第三階段。這一階段由於實施雅各賓派專政，把法國大革命推向了高潮。雅各賓派實行革命恐怖政策，頒佈限價法，反擊外國入侵。革命恐怖政策在很短時間內取得很大成就。但在勝利後雅各賓派沒有

攻佔巴士底獄

及時調整政策，反而擴大恐怖，濫行殺人，先後鎮壓埃貝爾派和丹東派，破壞了同人民群眾的聯盟，削弱了內部的統一和雅各賓派專政的社會基礎，結果在 1794 年 7 月 27 日被反對派發動的政變推翻。政權落入代表大資產階級的熱月黨手中，這也是革命結束的標誌。[1]

（四）俄國 1861 年農奴制改革

19 世紀中葉，俄國經濟有了一定的發展，但農奴製成為資本主義發展的最大障礙。克里米亞戰爭俄國的失敗暴露了農奴制度的落後和腐朽，農奴制危機加深；同時，農民運動高漲。為防止革命的爆發，沙皇亞歷山大二世被迫進行自上而下的改革。1861 年俄曆 2 月 19 日，沙皇頒佈《關於農民脱離農奴依附關係的法令》，規定農

1 參見朱筱新主編：《歷史辭典》，學苑出版社 1999 年版，第 381 頁。

亞歷山大二世像

民有人身自由，地主不得買賣或交換農奴；農奴有權支配自己財產、進行訴訟和從事工商業；農奴在獲得解放時，可得到一塊份地，但必須繳納大量贖金，如無力一次支付，可先付 1/5 到 1/4，其餘由國家代付，分 49 年償清；在劃地界時，農民原種土地的 1/5 至 2/5 為地主剝奪，稱「割地」。改革雖保留了農奴制殘餘，加強了國家對農民的控制，但廢除了農奴制，使相當一部分農民從農奴制度下解放出來，為俄國資本主義發展創造了條件，是俄國歷史上的一個重要轉折點。[1]

（五）日本明治維新

明治維新是 19 世紀下半葉明治天皇（睦仁）在位（1867—1912 年）期間，日本發生的政治、經濟和社會的變革運動。

1867 年孝明天皇死，太子睦仁親王（即明治天皇）即位。改年號為「明治」。1869 年 5 月 9 日遷都東京。隨後，新政府着手實行一系列資產階級改革。同年 7 月 25 日天皇下詔接受各藩「奉還版籍」（版指領地，籍即戶籍），任命藩主為藩知事，取消藩主、公卿等舊稱，統稱「華族」（其他武士則稱「士族」）。1871 年 8 月 9 日實行「廢藩置縣」，解除舊藩主的藩知事職務，建立近代

1　參見朱筱新主編：《歷史辭典》，學苑出版社 1999 年版，第 399 頁。

府縣體制。於是，封建領主制被廢除。1872 年 9 月頒行「學制」，實行教育改革，興辦近代國民教育。12 月 9 日天皇頒詔改行陽曆，以陰曆 1872 年十二月初三為陽曆 1873 年元旦。1873 年 1 月發佈征兵令，廢除武士壟斷軍籍的舊兵制，實行征兵制，建立近代常備軍。7 月發佈地稅改革法，允許土地私有和自由買賣，把年貢制（由農業生產者按收穫量向領主繳納實物或代金）改為地稅制，由國家向土地所有者按法定地價徵收固定貨幣地稅。從此逐步確立起新的土地所有制度（半封建的寄生地主所有制）。1876 年 8 月頒佈《金祿公債發行條例》，取消封建俸祿，由政府一次發給分期償付的有息公債券，總額 1.7 億多日元。經過改革，廢除了幕藩體制，有利於發展資本主義，但寄生地主制也有所發展。武士作為一個階級被消滅。華族和少數上層士族轉化為近代資產階級、官吏或知識分子；大多數士族社會地位和生活水平下降，因而導致士族暴亂。從 1868 —1878 年，發生士族刺殺政府高級官員和暴亂事件 20 餘起，如 1874 年以江藤新平為首的佐賀之亂和 1877 年的西鄉隆盛叛亂。

天皇像

1871 年，明治政府派出以右大臣倉具視為首的大型使節團出訪歐美，考察資本主義國家制度。歸國後提出了學習西方、發展資本主義的初步設想。在「富國強兵」「文明開化」的口號下，政府積極引進西方科學技術，並以高徵地稅等手段進行大規模原始積累，建立了一批以軍工、礦山、鐵路、航運為重點的國營企業。與此同時，引進繅絲、紡織等近代設備，建立「示範工廠」，推廣先進技術；招聘外國專家，派留學生出國，培養高級科技人才。由於過重的財政負擔曾引起財政危機，80年代初政府把一批國營企業和礦山廉價出售給與政府勾結因而擁有特權的資本家（即所謂「政商」），並以優厚的保護政策鼓勵「華族」、地主、商人及上層士族投資經營銀行、鐵路及其他近代企業，培植了一批財閥。從80年代中期起，以紡織業為中心，開始出現產業革命的高潮。[1]

二　科技革命

（一）哥白尼（Nicolaus Copernicus，1473—1543年）

波蘭天文學家，近代天文學創始人。出生於華沙西北托從城聖阿娜巷，十歲時父親去世，由任大主教的舅父撫養。18歲入克拉科夫大學，學習醫學和神學，對天文學發生濃厚興趣。1496年赴意大利留學，在波隆那和帕多瓦大學學習法律和醫學，同時着力研究天文學、數學等。他深受意大利人文主義思想的影響。在古希臘地動説的啟迪下，他根據天文觀測，對托勒密的地心體系產生異議。1506年他回國後，在探討中不斷完善自己的學説。前後經過30多年的觀測、計算和研究，寫出了劃時代的著作《天體運行》，全面闡

1　參見《中國大百科全書》（外國歷史 II），中國大百科全書出版社1990年版。

明了「日心說」的理論。全書共分六卷，第一卷是宇宙概觀；第二卷用三角學研究了天體運行的基本規律和原理；第三卷到第六卷詳述地球月球、內外行星的運動，說明了「日心說」的物理性質，第三卷是恆星表；第四卷介紹地球的繞軸運行和周年運行；第五卷論述了月球；第六卷寫行星運行的理論。這部著作的結論是太陽處在宇宙的中央，地球與其他行星圍繞太陽作同心圓運動，同時繞自身的軸旋轉。從而推翻了統治天文學 1000 多年的荒謬的「地心說」，成為近代科學革命和天文革命的開端。[1]

哥白尼像

（二）伽利略（Galileo Galilei，1564 — 1642 年）

意大利物理學家、天文學家、近代物理學及實驗科學的創始人。生於意大利的比薩，17 歲進比薩大學攻讀醫學，並以濃厚的興趣鑽研了數學和物理。先後任比薩大學數學講師、帕多瓦大學數學教授、托斯坎尼大公私人數學家和哲學家兼比薩大學教授，1632 年因宣傳哥白尼的學說，被羅馬宗教裁判所判處終身監禁。他用自製的望遠鏡首先發現了木星的四個最大的衛星、太陽黑子、金星位相變化及月球上山脈，這些成果證實了哥白尼學說的正確性。1632 年

1 參見朱筱新主編：《歷史辭典》，學苑出版社 1999 年版，第 357 頁。

伽利略像

出版了《關於兩世界體系的對話》，闡明了哥白尼的學說，遭到教會的迫害。在力學上成就卓著，創立和運用了科學實驗和數學分析相結合的研究方法，研究發現了擺的等時性、落體運動定律和慣性定律，為牛頓第一和第二運動定律的研究鋪平了道路。作為一位科學巨匠，在他去世的三個多世紀之後，即 1983 年，羅馬教廷正式承認前宗教裁判所對他的審判是錯誤的。[1]

（三）牛頓（Isaac Newton，1643 — 1727 年）

英國物理學家。他在哲學上深信物質、運動、空間和時間的客觀存在，堅持用觀察和實驗方法發現自然界的規律，力求用數學定量方法表述的定律說明自然現象，徹底摒棄了經院哲學的思辨和神祕的「隱質」說。他主張把對事實的概括和假說的解釋嚴格區分開，反對從形而上學原理上推演出科學定律，形成了與 R. 笛卡爾唯理論的演繹法相對立的歸納法綱領。牛頓的唯物主義觀點具有機械論的特徵。在他看來，宇宙是由具有某些不變屬性的、單個分離的、通過萬有引力結合起來的物體組成的，這些物體在絕對空虛

1 參見朱筱新主編：《歷史辭典》，學苑出版社 1999 年版，第 360 頁。

的空間中按照力學規律作機械運動。他把物質和運動、空間和時間、時空和物質的運動割裂開來，提出絕對空間和絕對時間的觀念，認為物質的根本特徵是惰性；把運動的泉源歸結為外力；最終邏輯地導出了關於神的第一次推動的錯誤結論。他晚年埋頭於神學著述。[1]

牛頓像

(四) 科學、技術、實驗的相互牽引與互動

資本主義生產的萌芽和文藝復興運動首先出現在意大利，這是近代科學首先在意大利興起的原因。17 世紀前後，英國的資本主義有比較大的發展，資產階級從思想、物質和組織等方面支持了科學發展。這樣，近代科學的中心就從意大利轉移到英國。

近代科學不同於古代科學。古代科學以經驗為主。近代科學以理性為主，唯物主義哲學指導了科學發展，科學方法逐漸完善了，經過歸納整理實驗觀測資料，或者經過邏輯推導和數學演繹，使感性認識上升為理性認識，確立了一系列定量的科學定律。

除歐幾里得幾何等少數學科外，古代科學基本上是關於自然界的零散知識。近代科學技術興起以後，關於自然界的知識大大豐富起來，一些學科體系先後形成和發展了。日心說和開普勒三定律奠定了近代天文學的基礎。牛頓的運動三定律和萬有引力定律構成了

1 參見《中國大百科全書》(哲學 II)，中國大百科全書出版社 1988 年版，第 651 頁。

宏偉壯麗的力學大廈。解析幾何、微積分等取得系統的發展。但是，各個學科的形成時間和發展速度並不相同，它們處在不同的發展階段。光學前進一大步後，又進入停滯狀態。近代化學剛剛依靠燃素説從煉金術中解放出來，處在萌芽狀態。在生物學領域裏，人們主要是蒐集和初步整理大量的材料，由於哈維和林耐的工作，生理學和分類學作為近代學科初步建立起來。地質學還處在胚胎階段。

近代科學興起時期，是形而上學的機械論流行的時期。自然界是沒有任何發展變化的、僵硬的自然觀，在以牛頓和林耐為標誌的這個時期結束的時候，佔據了思想界的統治地位。

在古代，天文學是最有影響、最受重視的學科。近代科學興起初期，哥白尼、伽利略、開普勒的時代是天文學的黃金時代。從伽利略起，力學已經顯示出和天文學有同等的重要性。牛頓生活的時代，力學是科學界的寵兒。力學的發展促進了天文學和數學的發展，促進了機械唯物論的流行。

古代的科學技術活動以業餘科學工作者為主。近代科學時期，專門進行科學實驗的隊伍出現了，像伽利略和牛頓那樣，他們關心生產的發展，但是又不直接參加生產活動。專門科學工作者逐漸建立了自己的組織，他們在科學舞台上越來越佔據主導地位。

正是由於科學方法的完善，理性的系統學科的出現、科學隊伍和組織的發展，科學重要性的日益增加，所以科學實驗逐漸從生產實踐活動中分離出來。科學實驗成為人類一種獨立的、重要的實踐活動，這是近代科學興起的必然結果。[1]

---

1 參見申漳：《簡明科學技術史話》，中國青年出版社 1981 年版，第 184—186 頁。

三　工業革命

（一）珍妮紡紗機的發明——英國工業革命的序幕

1764 年，（英國）紡織工人哈格里夫斯（James Hargreaves，約 1720—1778 年）發明了珍妮紡紗機，揭開了 18 世紀產業革命的序幕。

工業革命首先從投資少、資金周轉快、利潤多的紡織工業開始。

1733 年，鐘錶匠凱依（John Kay，1704—1744 年）發明了飛梭，這種梭子使織布效率提高一倍左右。飛梭的出現，引起嚴重紗荒，一些棉布廠甚至因為缺紗停了工，棉紗價格猛漲。英國政府採取各種辦法都沒有解決紗荒問題。

1764 年的一天，紡織工人哈格里夫斯看見妻子的紡車翻倒在地

珍妮紡紗機

上，原來水平的紗錠豎立起來。紡車雖然翻倒了，可是輪子仍舊在轉動。因此，他想到可以把許多豎立的紗錠排列起來，仍用一個輪子帶動，這樣一個人就可以頂幾個人紡紗。他自己動手設計和製造了一架有八個豎立紗錠的紡紗機，用他女兒的名字珍妮命名。珍妮紡紗機很快得到改進，錠子從八個增加到 18 個、30 個、100 個。紡紗效率一下子提高了近百倍。

1769 年，一個名叫阿克萊特（Richard Arkwright，1732—1792 年）的理發師製造了用水力做動力的紡紗機。珍妮紡紗機紡出的是細紗，但是不結實。水力紡紗機紡出的紗結實，但是粗糙。使用珍妮紡紗機的紡紗工克倫普頓（Samuel Crompton，1753—1827 年）吸取了這兩種機器的優點，1779 年製造了「騾機」，就是雜交的紡紗機。「騾機」得到廣泛應用，迅速改變了紡紗落後的局面。

1790 年的紡紗廠

紗荒解決了，織布又要改革。1785 年，卡特賴特（Edmund Cartwright，1743—1823 年）發明了動力織布機，織布效率比以前提高 40 倍。

由於紡織機械的革新，一個人好像有了幾十、幾百雙手，大大提高了勞動生產率，紡織業利潤劇增，紡織廠像雨後春筍般地在河流沿岸建立起來。公元 1788 年，英國已經擁有 143 座水力棉紡廠。[1]

（二）蒸汽機的發明——經驗與科學的結合

隨着英國工業的發展，當作燃料的木材供不應求，從 16 世紀到 18 世紀，煤炭生產日益受到重視。當時採煤的主要問題是礦井排水。在公元 1561 年到 1688 年期間，英國所發的專利許可證中有 3/4 是直接或間接和煤礦有關的，其中 14% 又是專門解決礦井排水問題的。排水需要廉價的動力，17 世紀末期，英國有的煤礦用來拖動水泵的馬竟增加到 500 匹之多。為了解決煤礦排水的動力問題，發明了蒸汽機。

由瓦特發明的第一台蒸汽機（聯動式）

蒸汽機是人類繼發明用火之後，在馴服自然力方面所取得的重大勝利。蒸汽機把火轉化作動力，發生動力革命，給人們增添無窮的力量。從公元 1775 年

1 參見申漳：《簡明科學技術史話》，中國青年出版社 1981 年版，第 189—190 頁。

瓦特像

到 1800 年，只是瓦特（James Watt，1736—1819 年）和博耳頓（Matthew Boulton，1728—1809 年）合辦的一個工廠就生產了 173 台蒸汽機，其中用在紡織業 93 台、採礦業 52 台、冶金業 28 台。在人類生活了百萬年的地球上，工業革命和蒸汽機這支神筆，繪出了一幅宏偉壯麗的畫卷。[1]

英國工業革命的主要內容是廣泛地使用蒸汽機，它使能源和材料發生變化，從木材時代進入煤和鐵的時代。1700 年，英國年產煤 260 萬噸；用了蒸汽機以後，1835 年產煤 3000 萬噸，在 100 多年中增長了十多倍。紡織和煤炭生產的發展促進了煉鐵生產的發展；同時，煉鐵爐有蒸汽機做強大的鼓風動力，鐵的產量劇增。1740 年英國鐵的產量只有 17000 噸，1835 年達到 102 萬噸，不到 100 年增長了近 60 倍。可是，資產階級革命發生前的 100 年中，鐵的產量只增長了五倍。

蒸汽機的使用還導致了火車的發明，出現了鐵路。工業生產的發展，尤其是煤炭產量大幅度增加，使運輸成為「卡脖子」的問題。火車開闢了交通運輸的新紀元。在綠色的田野裏，在蒼翠的山巒中，出現了烏黑發亮的新紐帶——鐵路。1850 年，英國已經鋪設鐵路 6621 英里。在 20 多年時間裏，英國基本建成了鐵路幹線。

1 參見申漳：《簡明科學技術史話》，中國青年出版社 1981 年版，第 190—191 頁。

工業革命極大地提高了勞動生產率。在 1770—1840 年期間，英國工人的勞動生產率平均提高了 20 倍。工業革命還使產業結構和生產組織產生了重大的變化。過去沒有的鐵路運輸業出現了。過去紡織業是工業中的主力，現在採煤、煉鐵和交通運輸業的比重大大上升了。過去是工場手工業生產，現在變成以機器為主的大工業生產了。

工業革命是生產力的大革命，它也使階級關係發生重大變化，農民大量流入城市。1850 年，英國城市人口已經佔全國總人口的一半，無產階級壯大了。

工業革命的主動力——蒸汽機，是經驗和科學相結合的產物。科學對工業革命的發展作出了重大貢獻。工場手工業生產主要依靠人力和以經驗為主的技術；以機器為主的大工業生產，需要用自然力代替人力，就得自覺地應用自然科學知識。大工業把科學作為一種獨立的生產能力，從此，科學在生產中的地位一天比一天高。

科學促進了工業革命的發展。工業革命在不到一個世紀裏所創造的物質財富，比人類幾千年來創造的還要多。工業革命反過來又推動科學前進，新工業和新學科層出不窮，科學發展的速度大大加快了。[1]

（三）冶金

在冶金方面，從 19 世紀 20 年代中期起，也開始更換設備。攪拌煉鐵法得到迅速推廣。煤和焦炭的使用逐漸增多。在金屬加工中，20 年代起開始使用機器製造鐵釘和鐵絲。30 年代後，刨床、切削機

1 參見申漳：《簡明科學技術史話》，中國青年出版社 1981 年版，第 191—193 頁。

床等機器的使用日益增多。

在製鐵業方面，1810年美國就有153個熔煆爐。1812—1814年戰爭對槍炮和鐵製品的需要，促進了製鐵業的發展。1816年開始建立近代類型企業，1834年熱風爐介紹到美國，用無煙煤代替木炭作燃料，使煉鐵技術發生了一次革命。1840年美國開始使用蒸汽發動機代替水力發動機。在歐洲大陸，繼英、法之後開始工業革命的還有德國。從農奴制改革到30年代中期，這是德國工業革命的準備階段，在這個階段，德國工場手工業廣泛發展起來，機器的採用也在增加。採礦、冶金和金屬加工業，主要集中在萊茵河左岸地區……採礦和冶金業也有長足的進步，中心是萊茵河兩岸的魯爾區和薩爾區。[1]

四　歐洲國家市場、證券交易、信貸趨於活躍

早在15世紀以前，歐洲已消滅了最古老的交換形式。據我們的了解或猜測，從12世紀起，價格便處在波動狀態。這證明「近代」市場業已建立，有時能互相結合，構成初步的市場體系，組織起城市間的聯繫。

在巴黎，高等法院、市政長官和警察總監（從1667年開始）拼命想把集市控制在恰當界限內，但都是白費力氣。將近50年過後，坎茲萬的小市場仍留在原地。[2]

1　參見郝俠君等主編：《中西500年比較》，中國工人出版社1989年版，第224頁。

2　參見〔法〕布羅代爾著，顧良、施康強譯：《15至18世紀的物質文明、經濟和資本主義》第2卷，生活·讀書·新知三聯書店1992年版，第4、9頁。

（一）交易所

最早的交易所始於何時？有關的年表可能有誤：房舍的建造日期與商業機構創立的日期並不恰相重合。在阿姆斯特丹，房舍建於1631年，而新交易所於1608年創立，舊交易所更可追溯到1530年。因此，只得滿足於一些並不完全正確的傳統說法，但切莫相信不恰當的日期排列，從而以為交易所最早誕生於北方國家：布魯日於1409年，安特衛普於1460年（房屋建於1518年），里昂於1462年，圖盧茲於1469年，阿姆斯特丹於1530年，倫敦於1554年，魯昂於1556年，漢堡於1558年，巴黎於1563年，波爾多於1564年，科倫於1566年，但澤於1593年，萊比錫於1635年，柏林於1716年，拉羅歇爾（建造）於1761年，維也納於1771年，紐約於1772年。

阿姆斯特丹交易所大廈於1631年落成，位於丹姆廣場，與銀行和東印度公司遙遙相望。在讓-比埃爾·里卡爾那時（1722年），每天從正午到下午二時，交易所內濟濟一堂，估計達4500人之多。星期六來人略少，因為猶太人那天不到。交易所秩序井然，每個行業都在指定的編號位置就座；經紀人共1000來人，宣誓的和未宣誓的都在內。然而，此起彼落的高聲報價與無休止的私下談話形成可怕的喧嘩，人們在這裏很容易就暈頭轉向。

不論規模大小，交易所是交易會的最高階段，而且它的活動從不停頓。大商人以及中間人聚集在交易所裏，並在那裏洽談商品交易、匯兑、入股、海事保險等業務，海事風險由許多保證人均攤；交易所也是一個貨幣市場、金融市場和證券市場。這些活動自然要趨向於各自為政。例如，自17世紀初起，阿姆斯特丹成立了單獨的糧食交易所，每周集會三次，從10時至12時，地點借用一所木材商場；每名商人有其代理人，「後者注意帶着準備出售的糧食樣品……裝在容量為一至二磅的口袋裏。由於糧價同時取決於重量大小和品質好壞，交易所背後備有各式各樣的小秤，只要秤上三四把糧食，就可知道口袋的分量」。阿姆斯特丹進口這些糧食既供當地消費，也倒賣或轉運一部分。看樣購貨很早就是英格蘭以及巴黎四郊的規矩，購買軍糧的大筆交易尤其如此。[1]

（二）證券市場

17 世紀初出現的新鮮事：阿姆斯特丹成立了一所證券交易市場。公共資產以東印度公司信譽卓著的股票都成為活躍的、完全現代化的投機活動的對象。人們往往説它是第一家證券交易所，但這並不完全正確。威尼斯很早就有公債券買賣，佛羅倫薩在 1328 年前也有過這類業務，熱那亞有拋售和收購聖喬治銀行有價證券的活躍市場，且不談德意志地區於 15 世紀就在萊比錫交易會上出售的礦業股票，西班牙的「債券」，法國的市政廳公債（1522 年），15 世紀漢薩城邦的年金證券市場。維羅納的 1318 年法規確認三期票交易。法學家巴托羅繆·德·博斯科於 1428 年對熱那亞的期票出售提出異議。所有這些都證明，證券交易在地中海地區早已存在。

阿姆斯特丹的新鮮之處在於，交易不但數額大，而且有流動性、公開性和投機性。狂熱的為賭博而賭博的僥幸心理在這裏起作用。

阿姆斯特丹的交易所活動確實達到了精巧絕倫的程度，因此阿姆斯特丹將長期成為歐洲絕無僅有的城市。在這裏，人們不滿足於

1 參見〔法〕布羅代爾著，顧良、施康強譯：《15 至 18 世紀的物質文明、經濟和資本主義》第 2 卷，生活·讀書·新知三聯書店 1992 年版，第 84、86 頁。

買賣股票，賭漲賭跌，而且通過一些複雜的訣竅，在既無本錢又無股票的情況下照樣也搞投機。這正是經紀人樂於做的事情。他們分幫結派，即所謂「幫派」。如果一派做「多頭」，另一派相應就做「空頭」。雙方力圖把大批猶豫不決的投機者引向自己一邊。經紀人若改變陣營——有時會出現這種情況——便是一種背叛行為。

在長期羨慕和模仿阿姆斯特丹的倫敦，投機活動很快發展了起來。自 1695 年起，皇家交易所已開始買賣公債券以及東印度公司和英格蘭銀行的股票。它幾乎立即成為兩種人的「碰頭地點，一種是有點錢還想掙更多錢的人，另一種人為數更多，自己沒有錢，卻希望把有錢人的錢拿過來」。在 1698 年至 1700 年間，證券交易所從場地狹小的皇家交易所搬到對面交易所街。[1]

五　西方向全世界擴張

（一）葡萄牙、西班牙（1500 — 1600 年）的海外擴張

15 世紀末葡萄牙在歐洲以外的屬地，包括大西洋上的一些群島、幾內亞灣和西非海岸的幾個貿易點，埃爾米納的堡壘——商站是其中最重要的。在這些貿易站，用布疋、金屬器具交換奴隸和金沙。每年大約有 12 艘船航行於葡萄牙和幾內亞灣之間。

西班牙人同葡萄牙人一樣，也迅速動手去開拓他們在 15 世紀末發現的地方。1493 年開始向伊斯帕尼奧拉島殖民，半是希望發現黃金，半是企圖建立一個同中國（設想就在附近）貿易的基地。大陸

1　參見〔法〕布羅代爾，顧良、施康強譯：《15 至 18 世紀的物質文明、經濟和資本主義》第 2 卷，生活 · 讀書 · 新知三聯書店 1992 年版，第 86—88、93 頁。

海岸的發現開闢了一個可供選擇的機會，即通過貿易或通過掠奪方式來進行奴役和獲得珠寶和黃金飾品。大陸殖民，即向烏拉巴灣和地峽沿岸殖民，始於 1509—1510 年。太平洋上第一個拓殖地巴拿馬建立於 1519 年。16 世紀 20 年代科特斯征服中部墨西哥的消息，以及對他在那裏遇見的精緻文化和稠密人口的描繪，吸引了大批移民從西班牙和各島嶼湧向墨西哥。16 世紀 30 年代初在皮薩羅征服印加祕魯之後，也出現了同樣的移民熱潮。儘管進入祕魯要比進入墨西哥艱難得多，要通過轉運和穿過巴拿馬地峽的麻煩的水陸聯運才能到達。伊斯帕尼奧拉曾經是向中美殖民的基地，古巴則是向墨西哥殖民的基地，巴拿馬是向祕魯殖民的基地；向新征服地移民，使這些地方的人口相繼減少。墨西哥和祕魯成為西班牙人在新大陸的主要中心地區，這首先是因為在西班牙人到達前，它們就是土著居民定居的主要中心；其次也因為它們是金銀的主要發現地。其他主要征服地區——危地馬拉（1523—1542 年）、新格拉納達（1536—1539 年）或中智利（1540—1558 年）——在這兩方面都不能與上述地區相比。它們的特殊地位得到了承認：1535 年墨西哥正式建立總督區。祕魯行政機構的建立由於征服者間的內訌而推遲，但到 16 世紀中葉也在那裏穩固地建立了總督府。

16 世紀末，整個龐大不靈的帝國處於鼎盛時期。法國人、英國人以及後來的荷蘭人不斷襲擊騷擾西班牙的港口、航運和各殖民前哨要地；但是沒有造成重大損害。

1494 年的托德西利亞斯條約劃定的分界線，雖然沒有定出精確位置，但是把西班牙人明確地排除於南美東部廣大地區之外。葡萄牙人一直沒有去開拓巴西，一直到 16 世紀 30 年代當他們擔心法國人會捷足先登時，才被迫採取行動。1549 年在巴伊亞建立了行政首府；不久之後，即按盛行於幾內亞灣的聖多美島上的模式，建立了最早使用奴隸勞動的甘蔗種植園和糖廠。1575—1600 年間巴西沿海一帶成為新大陸最重要的蔗糖產區，它從葡萄牙和亞速爾群島引來了很多渴求土地的移民。巴西對奴隸勞動的需求使葡萄牙人在西非的貿易站具有新的重要性，那裏黃金的枯竭促使黃金貿易衰落，而驅使葡萄牙奴隸主的販奴活動從幾內亞灣往南一直伸向安哥拉。1575 年葡萄牙人在羅安達建立了城鎮和奴隸收販站。運奴船在安哥拉和巴西之間來往如梭，因為只需要付給巴西出產的低級煙草就可以買到奴隸。過剩的奴隸在西班牙美洲很容易處置，因為西班牙人沒有奴隸的直接來源，並能用白銀償付；同時從 1580 年起西班牙和葡萄牙即在同一個國王之下聯成一體。因此，伊比利亞國王在這一時期不是統治一個海外帝國，而是三個海外帝國：西班牙美洲的白銀帝國、印度洋的香料帝國和南大西洋的蔗糖帝國。再沒有別的歐洲集團曾在海外殖民中獲得任何持久性的成就。[1]

（二）荷蘭、英國和法國（1600—1713 年）的海外擴張

17 世紀初，北歐人即已在加勒比海走私、偷襲西班牙航船與一些小港口，以及偶爾得手地攻擊從印度返航的葡萄牙船隻的這些活動中取得經驗，就開始在美洲建立自己的永久殖民地，並為自己的利益而發展東方貿易。在這些活動領域裏，他們同伊比利亞半島宿敵的競爭擁有各種重要優越條件：他們在歐洲很少承擔政治義務而利益卻比較集中；較易取得造船材料，特別是在波羅的海地區；從

1 參見〔英〕傑弗里·巴勒克拉夫主編，毛昭晰、劉家和等譯：《泰晤士世界歷史地圖集》，生活·讀書·新知三聯書店 1982 年版，第 158—159 頁。

而就有造價更便宜的船，而隨着時代的進步，就有更多更好的船；對海外發展的商業算盤也打得很精；集中投資和擴大財務冒險也頗為老練。為了搞遠距離貿易或殖民，或者是二者兼而有之，他們採用的最通常的組織形式，就是特許合股公司。這種形式早先在北意大利曾得到有限的發展，但在西班牙和葡萄牙卻實際上不為人知。這種公司可以被授予貿易、殖民、征服、治理和防衛的權力。

在東方，終 17 世紀之世，炙手可熱的歐洲團體是 1602 年正式成立的荷蘭東印度公司。1619 年，這家大商行、歐洲最大的貿易公司，在巴達維亞建立了它的東方總部。巴達維亞的位置很好，佔馬六甲和果阿的上風頭，因而佔有永久的戰略優勢。公司的船長們開闢了一條直抵巴達維亞的航線，在新的荷屬開普殖民地裝好食物與必需品（1662 年以後），然後在南緯 40 度以內順風東駛，經過巽他海峽進入群島。

荷屬西印度公司的勢力儘管不如它東半球的孿生兄弟那樣牢固，卻也氣焰逼人。該公司在 1630 年佔領了伯南布哥，並在此後幾年中奪去了葡萄牙在西非的販奴商站，而失去這些商站，巴西的種植園就難以維持。但在 17 世紀 40 年代葡萄牙人重新脱離西班牙而獨立後，收復了安哥拉的販奴館，而且在 1654 年把荷蘭人趕出了巴西。西印度公司轉向西印度群島，但許多荷蘭私商仍繼續在此經商，而且大量的巴西蔗糖繼續流經阿姆斯特丹。不過，巴西並非完全依靠蔗糖；17 世紀 90 年代在米納斯吉拉斯發現一系列金礦，使該地也成了黃金的主要供應地。

對西班牙人來説，17 世紀是工商業和財政衰退、政局動盪並連吃敗仗的時期。到這一世紀末，沿美洲海岸，從巴巴多斯一直延伸到魁北克，建立起一長串緩慢而穩步成長着的英、法與荷蘭的殖民地。其中有許多殖民地，特別是產糖諸島，本來就是各宗主國政府間爭執的對象，每一次重大的歐洲戰爭都在美洲引起格鬥。蒙斯特和約（1648 年）、布雷達和約（1667 年）、內伊梅根和約（1678 年）、里斯維克和約（1697 年）和烏得勒支和約（1713 年）都包括有割讓美洲領土的內容。英、法兩國政府及其正統經濟學家們重視島嶼殖民地更甚於重視大陸殖民地。科爾培爾可說是第一流政治家當中唯一積極鼓勵北美殖民的人，其辦法是根據土地佔有情況建立「領主制」、在聖勞倫斯河及其他地方授予復員士兵以土地以及幫助搬遷和提供工具、種子、家畜等。由於他的努力，新法蘭西的人口雖然從未超過英國殖民地的 1/10，但在軍事上卻十分強大。掌握在法國人手中的新斯科舍（阿卡迪亞）被認為是對新英格蘭的嚴重威脅。它成為雙方一再爭奪的對象，在威廉王戰爭和西班牙王位戰爭尤其如此。即使在1713年並入英國殖民地以後，英國人的佔有仍不牢固。法國沿大湖區和俄亥俄密西西比河流域建立的貿易堡壘線，對向西擴張造成阻礙，從而使英國移民及其宗主國政府都深感不安。1863 年法國探險家們出現在墨西哥灣沿岸，引起了西班牙的嚴重關注。

然而，儘管有廣泛的外國走私和偶爾的交通斷絕，西班牙各主要殖民地卻從未受到過嚴重威脅。它們之所以安全，一是由於交通不便，二是由於它們自身的抵抗能力，三是由於對法國優勢日益增長的恐懼，使英、荷兩國在 18 世紀末與西班牙協調一致以尋求保障。

殖民勢力的這一重要組合，由於西班牙哈普斯堡絕嗣及其遺留給法國的產業而遭到破壞。這筆遺產包括歐洲各殖民帝國最廣闊、人口最多、最肥沃的部分，但這塊土地上的臣民堅決反對任何肢解計劃。西班牙王位繼承戰爭即是奧、荷、英三國政府為防止整個帝國落入法國之手、堅持瓜分政策所引起的。12 年破壞性的戰爭在歐洲使聯盟一方獲得有限的勝利，而在美洲卻使法國攫取了大量領土和商業的讓步。1713 年的烏得勒支和約確認了這些變化，它所建立的殖民地領土的格局原封不動地保存了一代人以上的時間。[1]

（三）俄羅斯（1462 — 1815 年）在歐洲和亞洲的擴張

由莫斯科大公們創建的一個國家，即莫斯科公國，不僅注定要恢復被瑞典人、波蘭人、日耳曼人、立陶宛人、西部韃靼人和南部土耳其人奪走的土地，而且還注定要橫跨整個北亞進行擴張。

16 世紀後期和 17 世紀期間，俄羅斯人的殖民活動越過奧卡河向南擴展，烏克蘭人則從波蘭東移進入森林草原地帶。這時期這個區域許多城鎮，諸如奧廖爾（1564 年）、沃羅涅日（1568 年）、庫爾斯克（1586 年）都開始作為邊界的前哨而存在。

彼得一世把打開波羅的海的通道作為他的主要任務。他從瑞典奪得利沃尼亞和愛沙尼亞，從而得到古港里加，並於 1703 年在聖彼得建新港。彼得一世在波羅的海方面取得的成果，凱瑟琳二世在南方也取得了同樣的成就。1774 年至 1792 年間激烈的戰爭最後摧毀了克里米亞的韃靼汗國，並使俄羅斯人接替土耳其人控制了黑海北岸、克里米亞半島、亞速海周圍及其毗連的草原。1794 年在黑海建立的敖德薩港口，就像阿爾漢格爾對白海和聖彼得堡對波羅的海那樣，很快就成為俄國輸出貨物的主要出口。

1772 年到 1815 年期間，俄國犧牲波蘭而把自己的領土邊界推進了 600 英里。俄國靠 1772 年、1793 年和 1795 年的三次瓜分波蘭，

1 參見〔英〕傑弗里 · 巴勒克拉夫主編，毛昭晰、劉家和等譯：《泰晤士世界歷史地圖集》，生活 · 讀書 · 新知三聯書店 1982 年版，第 160—161 頁。

獲得前波蘭國家的大部分領土，而在拿破侖建立華沙大公國的插曲之後，維也納會議同意沙皇成為重建波蘭王國的國王。

18 世紀期間經濟成長迅速。俄國要求贏得接近波羅的海和黑海的土地以及將帝國邊界往西推入波蘭境內而發動的各次戰爭，需要建立巨大的軍火工業和擁有相應生產能力的冶金基地。彼得一世對此大有建樹，主要在烏拉爾，這裏鐵、銅礦藏豐富，並擁有可製作木炭的茂密而廣闊的森林。彼得一世建立了一種工業農奴制的形式，俄國中部的紡織業和運油工業繼續發展，聖彼得堡還興起了一個新的工業中心。

帝國人口由於領土擴張和人口自然增長率高而急劇增長。1600 年，東俄或莫斯科公國估計 1000 萬人，1725 年達 1550 萬人。據 1811—1812 年的人口普查，疆域大大擴大的俄羅斯帝國擁有 4275 萬人；總人口中包括歐亞兩洲形形色色各不相同的民族。西伯利亞人口從 1720 年約 50 萬人到 1811 年增長到將近 140 萬人。總人口中只有 4% 是城市人口，而其中 1/3 居住在聖彼得堡和莫斯科。[1]

（四）西方殖民主義對中國的經濟侵略

從 16、17 世紀起，西方各國先後進入資本原始積累時期。18 世紀中葉，產業革命首先在英國發生，資本主義工業從此獲得迅速發展。到 19 世紀初，西方各國開始進入資本主義急劇上升時期。面對資本主義的迅速發展，封建清朝的國勢日漸衰微，資本主義萌芽的成長受到嚴重阻礙。處於急劇上升時期的資本主義，需要不斷地擴

1 參見〔英〕傑弗里・巴勒克拉夫主編，毛昭晰、劉家和等譯：《泰晤士世界歷史地圖集》，生活・讀書・新知三聯書店 1982 年版，第 162 頁。

大商品銷售市場和原料供應基地，對落後民族地區實行殘暴的殖民政策，腐朽落後、地大物博的大清帝國，自然就成為西方殖民主義國家入侵的目標。

早在16、17世紀，葡萄牙、西班牙、荷蘭以及英國殖民主義者，就在殖民主義的海外掠奪狂潮中，相繼來到中國。明正德九年（1514年），葡萄牙人開始組織武裝商隊從海路來到中國，並以貿易為名在中國東南沿海一帶，從事搶掠活動。明嘉靖三十二年（1553年），葡萄牙殖民主義者使用欺詐和賄賂手段，竊據澳門，作為他們從事入侵活動的據點。明萬曆三年（1575年），西班牙請求與中國通商貿易，主要從墨西哥運來白銀購買中國土特產品。但他們經常違反中國的互市禁例，並在菲律賓大肆屠殺中國僑民。萬曆三十二年（1604年），荷蘭人開始來到中國。天啟二年（1622年），荷蘭殖民主義者曾強行謀奪澳門，失敗後又轉向閩海，並一度侵佔了澎湖列島。天啟四年（1624年），荷蘭佔領台灣島，統治台灣達38年之久，進行了一系列經濟掠奪。萬曆二十八年（1600年），英國殖民主義勢力侵入印度，組成東印度公司。崇禎十年（1637年），東印度公司派遣四艘武裝商船，長驅直入廣州虎門，擊毀虎門炮台，焚燒官署，搶劫商船三艘，強行進入廣州。

18世紀以前，西方早期殖民主義者，對中國沿海各地的入侵，目的在於搶劫財物，進行資本的原始積累，殖民主義者只不過是海盜兼商人。在正常的對外貿易中，中國始終處於出超的優勢，外國輸入中國的商品極其有限。

18世紀以後，葡萄牙、西班牙、荷蘭等老牌殖民主義國家相繼衰落，英國、法國、美國等國家的殖民勢力，繼他們之後，繼續對中國進行經濟、文化等方面的侵略活動。

英國在 17 世紀中葉完成了資產階級革命後，又於 18 世紀中葉開始了產業革命，機器工業逐漸代替工場手工業，生產技術發生了重大變革，資本主義工業生產迅速發展起來。乾隆三十六年到四十年（1771—1775 年），英國加工的棉花僅 500 萬磅，道光二十一年（1841 年）便達到 52800 萬磅，乾隆五十八年（1793 年），煤的產量為 1000 萬噸，到道光十六年（1836 年）便提高到 3000 萬噸；嘉慶元年（1796 年），鐵的產量為 12.5 萬噸，到道光二十年（1840 年）增加到 139 萬噸。當時英國已成為世界上最強大的資本主義強國，它在爭奪殖民地的戰爭中擊敗競爭者，掌握了海上霸權，迫切要求開闢新的更大的市場，建立新的殖民地，康熙二十八年（1689 年），英船「防禦號」來到廣州。康熙五十四年（1715 年），英國在廣州設立商館，貿易活動趨於經常化，貿易額不斷上升。

英國殖民主義者侵入中國市場後，實行經濟掠奪，並以此作為據點，進行侵略活動。乾隆五十年（1785 年）英國佔領檳榔嶼後，廣州東印度公司的大班，就將中國農民和手工業者源源不斷地輸往這塊新開的殖民地。乾隆五十七年（1792 年），英國假藉祝賀乾隆八十壽辰的名義，派遣以馬戛爾尼（George Macartney）為首的使團前來中國，向清政府提出一系列的要求，主要包括：（1）允許英國商船在舟山、寧波、天津等處登岸，經營商業；（2）按照從前俄國商人在中國通商之例，允許英國商人在北京設立洋行，買賣貨物；（3）於舟山附近劃一未設防的小島，歸英國商人使用，以便英國商船停泊和存放貨物，並可居住商人；（4）允許英國人在廣州附近同樣享受上述權利，並且聽任英國自由來往，不加禁止；（5）從澳門運往廣州的英國商貨，給予優待免稅或減稅；（6）英國船貨，按照中國所定稅率交稅，不再加徵，並將稅率公布，以便遵行。

這些具有殖民主義侵略性的要求，特別是要求中國割地，當然不能被清政府接受。嘉慶五年（1800年），英國船隻「天佑號」（*Providence*）駛往黃埔，無故向中國民船開槍，一人受傷，一人落水淹死。嘉慶十二年（1807年），英國船隻「海王星號」（*Neptune*）水手，在廣州酗酒行兇，打傷居民數人，其中一人三天後傷重身亡。嘉慶二十一年（1816年），英國又派遣以阿美士德（William Pitt Lord Amherst）為首的使團前來中國，重申通商特權的要求，再次被清政府拒絕。

法國和美國是次於英國的資本主義國家，在掠奪殖民地的過程中，儘管彼此之間存在着矛盾，但在開闢中國市場，打開中國的大門方面，利益卻是一致的。他們不僅支持英國對中國的入侵，而且積極參與侵略活動。康熙三十七年（1698年），法國船隻「安菲德里蒂號」抵達廣州。成為第一次來到中國的法國船隻。雍正六年（1728年）法國在廣州設立商館，並派了很多耶穌會士到中國傳教。乾隆四十九年（1784年），美國商船「中國皇后號」（*Empress of China*，360噸）駛抵廣州，這是第一艘到達中國的美國船。兩年後，美國便在廣州設立領事館，對華貿易迅速發展。[1]

幾乎從獨立的第一天起，美國便熱衷於發展對外貿易，並且首先將中國作為對外貿易的重要目標。

在獨立戰爭結束後的第一年，曾任憲法起草委員及聯邦政府參議員的羅伯特·摩理斯與紐約一群商人共同負責裝備了一艘名為「中國皇后號」的美國商船準備進行遠航中國的首次試探性貿易。摩理

---

1 參見史仲文、胡曉林主編：《中國全史》第17卷《清代經濟史》，人民出版社1994年版，第100—103頁。

斯向國務卿潔伊匯報了他的計劃並獲得美國政府給予的公文。他任命約翰·格林（John Green）擔任船長，並雇請波士頓的陸軍少校山茂召（Samuel Shaw）為管貨員。

1784 年 2 月 22 日，「中國皇后號」裝載着 40 多噸人參和毛皮、棉花、胡椒等物品從紐約出發了。經過六個多月航行，於 8 月 28 日到達廣州。這一次美國商船的貿易比較順利。西方各國的商人對他們的到來表示容忍或歡迎的態度。中國政府也未進行阻攔。因為中國政府認為「米夷」（指美國）、「英夷」「佛夷」同為夷人，既然允許英、佛通商，「米夷」也可一體對待。

美國人賣掉了人參和其他貨物，然後買進了一船茶葉和絲綢、瓷器、漆器、象牙雕刻等各種各樣的中國貨，於 1785 年 5 月 12 日返回紐約。這次航行的純利估計有 37727 元，約為投資額的 25%（賴德烈：《早期中美關係史》）。

「中國皇后號」的航行在美國引起很大轟動。山茂召向潔伊報告了這次航行的結果。潔伊以國會的名義表示：「山茂召……的報告……有力地説明，中國貿易，可能開闢一條美國財富的巨大發展道路」，「貴公民此次對華通商的成就，使政府感覺莫大欣慰」（《山茂召航海日記附錄》）。美國許多國民也對此極為興奮。紐約報紙上發表了這次航行的長篇報道。其他商業城市也加以轉載。很快，美國掀起了航行中國的熱潮。「從新英格蘭的城鎮到紐約及費勒德斐亞，一切談話，都是以中國貿易為主題」。每一個沿着海灣的小村落，只要有一只能容五個美國人的單桅帆船，都在計劃到廣州去。[1]

1 參見卿汝楫：《美國侵華史》第 1 卷，生活·讀書·新知三聯書店 1952 年版，第 26—27 頁。

1786 年，美國國會任命山茂召為駐廣州領事。儘管這個領事是個空頭銜，無「領取任何薪俸、酬勞或津貼的權利」。然而這是美國越過好望角所設的第一個領事。它表明了美國發展對華貿易的決心。為了進行競爭，美國又制定了鼓勵稅則。鼓勵國內外商人輸茶入美。同時對其他貨物的入口規定外國人只百抽 12.5 的稅則，本國人減半。這些措施進一步刺激了對華貿易。

對華貿易的利潤是驚人的，有時甚至高達百分之四五百。例如 70 噸的小船「希望號」來華資本為 8860 鎊，但它由廣州返美後的貨值增至 37000 鎊；「大士克號」的資本為 7138 鎊，由廣州返美後的貨值增至 23218 鎊。還有一艘 93 噸的「白特塞號」，1797—1798 年間，從紐約繞道合恩角，經南洋駛赴廣州，然後取道好望角返回紐約。此行淨得達 12 萬元以上，船舶主人獲得純利為 53118 元。高額的利潤吸引了越來越多的美船來華。據統計：1784—1789 年間來華美船為 15 艘。1806—1807 年增至 42 艘。到鴉片戰爭時期，美國在廣州貿易中地位僅次於英國。

對華貿易給美國帶來極大的利益。休斯在《兩個海洋通廣州》一書中說：美國成立之初「沒有資源，沒有資本，沒有商業，沒有朋友。奇跡是：它如何能生存呢？什麼東西救了它呢？」「一言以蔽之……中國貿易！」中國貿易不僅解除了它初期的經濟困境，而且使許多城市獲得了繁榮。[1]

1 參見蕭致治、楊衛東編撰：《鴉片戰爭前中西關係紀事（1517—1840）》，湖北人民出版社 1986 年版，第 236—239 頁。

一潭死水

清王朝面對世界的發展進步，在工業革命、科學革命和資產階級革命面前，表現出驚人的愚昧和麻木，妄自尊大，滿足現狀，囿於傳統，反對變革，蔑視科學，禁錮思想，加強集權，使偌大的中國猶如一潭死水，閉關鎖國，萬馬齊喑，成為時代的落伍者。

一　清王朝對工商業的政策

康熙時期的經濟政策，仍然是傳統的重本抑末政策，康熙十分重視農業和家庭手工業生產，而對獨立手工業和商業不太重視。這主要體現在他推行的具體政策法令方面，如打擊明朝舊地主勢力；興修農業水利設施；獎勵蠶桑紡織；獎勵墾荒耕作；等等。同時，頒令禁止

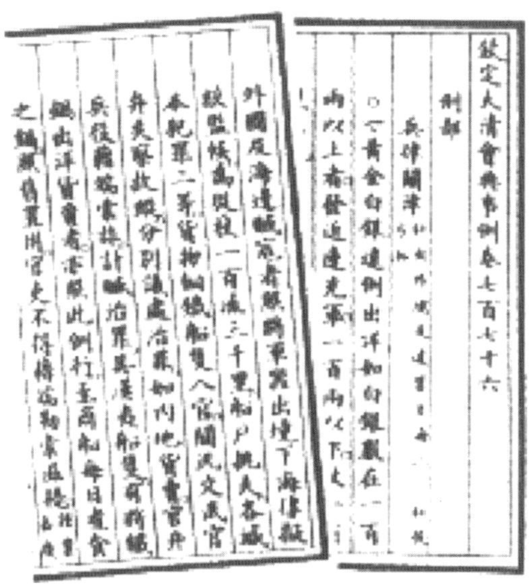

康熙海禁諭

獨立手工業中的採礦業、冶礦業等。唯有採銅由於鼓鑄錢幣的需要，限制較少。

康熙的商業思想甚少，他所要加強的只是地主經濟，始終沒有越出封建傳統思想的雷池一步，始終沒有產生進步的商品流通觀。在自然經濟思想支配下，康熙不僅對民間採礦、冶金、煮鹽、作坊均嚴格限制，而且對明朝原有的採銅、採錫、採鐵等加以禁絕，不允許銅、鐵、錫等手工業製品在社會上流通。

1684 年，鑒於清朝統治日趨穩固，三藩平定，台灣統一，康熙才改變原來的「寸板不許下海」的禁海政策，實行有限度的海外貿易政策。其中主要有以下規定:（1）進行海外貿易，須「預行稟明地方官，登記姓名，取具保結」，方可「聽百姓以裝載五百擔以下船隻，往海上貿易捕魚」；（2）以廣州、漳州、寧波、雲台山（今連雲港）四處為對外通商口岸，在上述四處口岸准許與外商貿易；（3）在閩、粵、江、浙四省設置海關，管理來往商賈及船物，負責徵收賦稅；（4）「將硫磺、軍器等物私藏在船，出洋貿易者，仍照舊處分」。康熙帝的這一政策，是他推行的休養生息政策的補充，共延續了 33 年，在一定程度上促進了東南沿海地區商品經濟的恢復和發展，海外貿易取得了一定成效。但是，上述進步政策的實惠多為大地主紳士享受，留給民間工商業者甚少。康熙晚期，實行了嚴格的閉關鎖國政策，完全否定了他前期的通商政策。

在國內商品流通方面，康熙絲毫沒有改變歷史上長期流行的重本抑末思想，並將明代統治者實行過的重農抑工商政策全面推行開來，如對國內工商業苛以繁重捐稅；對工商業者抱鄙棄輕視態度，降低他們的社會地位；限制國內商品生產的種類、數量及規模；對商品以低價收購；等等。這些壓抑工商業、人為地限制國內商品流通的政策措施，使中國社會經濟增長極其緩慢甚至停滯不前，既不利於新經濟關係的誕生成長，也不利於國內商品生產和商品流通，給中國社會造成了極大障礙。

雍正皇帝執政僅 13 年（1723—1735 年），所推行的商業經濟政策和措施基本上沿襲了康熙時期的原樣。他十分注重國家理財，增加財政收入，曾使國庫存銀達 6000 餘萬兩，較康熙統治時期為多。他基本上仍舊執行康熙晚期的重農抑商政策，將打擊工商業，壓抑資本主義萌芽作為治理大清帝國的一項最基本的經濟政策。他認為，農業是關係國計民生的根本大業，絲毫不可動搖農業的統治地位，而工商業都須依賴於農業。

乾隆中葉，商業和城市手工業有所發展，並有了資本主義萌芽的經濟現象，如揚州的製鹽業規模較大，揚州城聚集了全國各地富商大賈，「僑寄戶居者，不下數十萬」。

乾隆沿襲前輩們所推崇的重本抑末思想，也將打擊工商業、壓抑商品生產與商品流通作為治國的根本經濟原則。他明確表示：「朕欲天下之民，使皆盡力南畝……將使逐末者漸少，奢靡者知戒，蓄積者知勸」（《皇朝通典》卷一，《食貨一》）。主張全民趨農，壓縮工商業經濟。

在這種重本抑末思想支配下，乾隆在位時期厲行着重農抑工商的經濟政策，如增加鈔關（又稱戶關）徵稅，擴大徵稅範圍，提高商稅稅率。在繁重商稅制度下，各級官吏敲詐勒索，索取項目繁多的雜費，動輒罰款。有的鈔關徵收的船稅，比規定稅率高出數倍。商賈外出販運必遭多方榨取，連商賈旅宿吃飯都須額外加款，有些地方商人坐在鋪中也要交款。這些抑商措施，打擊了商賈階層，阻礙了商品流通。

在對外貿易方面，乾隆基本上也採用康熙以來的外貿政策和措施。在其中後期，由於西方殖民主義者和海盜商人的侵擾，乾隆採取消極的緊縮外貿政策，如 1751 年，他取消了其他通商口岸，只允許廣州港對外貿易往來。1759 年，他批准兩廣總督李侍堯提出的《防範外夷規條》，次年又頒佈《防夷五事》，對外商在華活動加以種種限制。他在外貿體制上，長期沿用行商居間貿易制度，規定由行商對來華貿易的外商給予嚴格管理和限制。同時，嚴格某些貨物的進出口，限制進出口商品的種類、數量，規定外商購買茶葉、大黃等須以銀購買。

在他們（康熙、雍正、乾隆）統治時期，實行了一系列不利於工商業成長的經濟政策和經濟措施……採取了嚴格限制的外貿政策，限制通商口岸，限制進出口商品數量和品種，限制外商在華活動的範圍，實行官商性質的公行制度等，將中外貿易通商限定在一個極狹窄的範圍之內。……將中國與世界其他國家的物質技術文化交流隔離起來，使中國社會經濟停滯不前，終於釀成了近現代社會的落後結局。[1]

二　對科學技術的輕視

（一）兵器製造和日用技術

明末，西洋的火炮傳入中國，威力大，殺傷力強，是攻堅和野戰中的重要武器。清軍入關以前，已從明朝軍隊那裏繳獲了這類武

1 參見蔣建平編著：《中國商業經濟思想史》，中國財政經濟出版社 1990 年版，第 303—311 頁。

器，並且也能進行仿造。入關以後，長期處在戰爭環境中，清廷很重視武器製造。順治初年，京營八旗都設炮廠和火藥廠。清朝與南明作戰，打前鋒的吳三桂、孔有德、耿仲明、尚可喜等軍中都擁有大量火器，以此攻堅沖陣，所向披靡。三藩亂起，吳三桂軍中多大炮，清軍屢遭敗衄，康熙命傳教士南懷仁督造適宜於在南方山地作戰的輕便炮位，「着南懷仁盡心竭力，繹思制炮妙法，及遇高山深水輕便之用」。此後，南懷仁製造了各種類型的許多炮位，屢得康熙嘉獎。康熙屢次到盧溝橋炮場視察大炮的演放，檢驗所造大炮的性能。在康熙二十年（1861 年）的一次演習和訓練，歷時三個月，八旗炮手共發實彈 2.1 萬餘枚。有幾門炮，連放三四百發炮彈而並未損壞。康熙感到很滿意，對八旗都統和炮手們賞賚有加，賜南懷仁禦服貂裘。康熙前期，造炮很多，這些大炮在征討三藩、抗擊沙俄侵

康熙御製威遠將軍炮

略以及平定噶爾丹叛亂中發揮了很大的作用。

清初，我國出現了傑出的火器專家戴梓（1649—1726年），他是浙江仁和（今杭州）人，平定三藩時，他以布衣從軍，發明「連珠銃」和「沖天炮」。連珠銃「形如琵琶，火藥鉛丸皆貯於銃脊，以機輪開閉。其機有二，相銜如牝牡。扳一機則火藥鉛丸自落筒中，第二機隨之並動，石擊火出而銃發，凡二十八發乃重貯」。這種可以連續發射的火器，構造原理與近代的機關槍相似。「沖天炮」也叫「子母炮」，炮身僅長二尺五寸，重750斤，彈道彎曲，炮彈形似瓜狀、威力大、射程遠，「子在母腹，母送子出，從天而下，片片碎裂，銳不可當」。康熙曾當面試驗，封此炮為「威遠將軍」，還令刻上製造者戴梓的名字。清初的火器製造曾盛極一時，但從康熙中葉以後，國內承平日久，大規模的激烈戰鬥減少了，清廷也不再注意武器的改進和發展。雍正時，「以滿洲夙重騎射，不可專習鳥槍而廢弓矢」，對弓弩刀矛的強調更勝於火器，此後，火器製造日益衰落。

明末清初，西方的一些機械製造原理和日用技術也傳到中國來，引起知識分子和手工藝人的興趣，仿製者不斷出現。清初，蘇州的民間手工業藝人孫雲球以水晶為原料，磨製鏡片，製成近視眼鏡、遠視眼鏡。他是蘇州眼鏡製造業創始人。他又製成「千里鏡」，登上虎丘試看，「遠見城中樓台塔院，若接几席，天平、靈岩、穹窿諸峰，峻嶒蒼翠，萬象畢見」。他總結製鏡的經驗，寫成《鏡史》一書，可惜現已失傳。清初，江蘇的另一位青年科學家黃履莊曾經根據西方機械學原理，製造和仿製了許多自動機械和儀器。如機械自行車、望遠鏡、顯微鏡、體溫表、溫度計、瑞光燈以及多級螺旋水車等。他發明的瑞光燈，大者口徑五六尺，夜以一燈照之，光射數里。他還製造「驗燥濕器，內有一針能左右旋，燥則左旋，濕則右旋，毫發不爽，並可預證陰晴」。可惜這些發明都被視作「雕蟲小技」，不受重視，不久即失傳。

清初，我國的某些地區，應用機械原理製造耕作機器，如曾在廣東使用的「木牛」，據記載:「木牛，代耕之器也，以兩人字架拖之，架各安轆轤一具，轆轤中繫以長繩六丈，以一鐵環安繩中，以貫犁之曳鉤。用時一人扶犁，二人對坐架上，正轉則犁來，彼轉則犁去。一手而有兩牛之力。耕具之最善者也。」還有人介紹了西方的水車和風車，述及其構造和作用，「其制，用一木柱，徑六七寸，分八分，桔囊如螺旋者，圍於柱外，斜置水中而轉之，水被誘則上行而登田，又以風車轉之」，「數百畝田之水，一人足以致之，大有益於農事」。嘉慶年間，華亭諸生徐朝俊精於天文數學，曾試製龍尾車作灌溉之用，「一車以一童運之，進水退水，無立踏坐踏之勞」。但因中國處在封建制度之下，農村又有大量人口，勞動力過剩，不需要新技術，因此，這類農業生產工具的零星改革旋生旋滅，未能推廣。徐朝俊還能研製自鳴鐘，將鐘表的原理寫成《高蒙厚求》一書，這是我國第一部關於鐘表的著作。道光年間，鄭復光所寫《鏡鏡詅癡》一書，介紹了透鏡原理及三棱鏡、望遠鏡等光學儀器的製造，是一部較有系統的光學著作。還有杭州的一位女科學家黃履鑽研天文、數學、物理，親自製造各種儀器，她製造的「千里鏡」，頗為新穎，「於方匣上佈鏡器，就日中照之，能攝數里之外之影，平列其上，歷歷如繪」。

總之，從明清之際，西方科學技術傳入中國以後，中國不乏聰明才智之士，努力學習鑽研，並加以發展、創造，取得了一些可貴的成果。可惜在封建社會中，這種研究工作被視為「奇技淫巧」，得不到提倡、推廣、應用、繼承。因此，這些發明創造，自生自滅，大多失傳無聞。今天只能從零星的記載中了解其一鱗半爪了。[1]

（二）馬戛爾尼率英國使團來華

馬戛爾尼（1737—1806 年），出生於北愛爾蘭安特合郡的一個大地主家庭。在柏林神學院獲碩士學位。是一位見識很廣的學者，也是一位有經驗的外交官。年輕時曾經歷過艾德蒙呑的炮火，中年時成為撒母耳．約翰遜俱樂部的會員。進入政府後曾任駐俄公使（1764—1767 年）。他憑着自己的機智與俄國訂立了一個為期 20 年的商務條約，直到後來沙皇才認識到這個條約太有利於英國。以後他又曆任愛爾蘭事務大臣，西印度石榴島和托貝哥島總督，印度馬德拉斯總督（1780—1786 年）。乾隆五十七年（1792 年）率英國第一個正式使團訪華，次年到達北京，在熱河萬樹園兩次謁見乾隆皇帝，曾提出遣使駐京、開放通商口岸、減輕關稅和自由傳教等七條要求，均被拒絕。攜乾隆皇帝致英王信件及禮品，乘船由運河南下，經杭州、廣州回國。[2]

馬戛爾尼像

1　參見戴逸主編：《簡明清史》第 2 冊，人民出版社 1984 年版，第 313—316 頁。

2　參見中國社會科學院近代史研究所翻譯室：《近代來華外國人名辭典》，中國社會科學出版社 1981 年版，第 299 頁。

1793 年 7 月底，由馬戛爾尼勳爵率領的龐大使團，分乘五艘船隻，浩浩蕩蕩到達天津大沽口外，並於 9 月 14 日在承德避暑山莊覲見了乾隆皇帝。當時英國在率先實現工業革命之後，已成為西方的第一強國，它在世界各地擁有許多殖民地，形成了一個龐大的殖民帝國。而中國卻一直是東方的第一大國，雖然鼎盛時期已過，仍統治着疆域遼闊的領土，周圍許多國家對這強大的鄰邦還得俯首稱臣。長期的閉關鎖國政策，使中國當時的統治者對外部世界的進步與西方的科學文明幾乎完全無知，而為自己處於盛世沾沾自喜，認為英國是仰慕中華文明才遣使遠涉重洋為皇上祝壽的。

21 日使團離開熱河。大約到這時英國的國書才被翻譯出來。乾隆皇帝看了國書才如夢初醒。國書的內容有四點：（1）使臣來華之目的是為了兩國互通有無，增進貿易；（2）要求擬派使臣駐華；（3）要求保護英國人；（4）介紹使臣情況。原來英國使團祝壽是假，要求擴大通商是真。因此，軍機處在第二天便給徵瑞去文，要他催令使團早日回國。乾隆帝還專門給新任兩廣總督長麟指示說，拒絕了英國的無理要求，他們可能會懷觖望，恃其險遠，藉詞生事，因此必須事先防範。

到北京後，使臣再次與和珅會談，但和珅對他所提的問題避而不答，而是將皇帝的一道敕諭交給了他。這道敕諭首先稱贊英王恭順有禮，然後對國書中要求派駐華使臣一項表示拒絕，認為使臣駐華既不合體制，又無益貿易，也無益教化。而對英王遣使祝壽，則發了另一道敕諭以示嘉獎，並對英王及使團人員均給予了優厚的賞賜。

馬戛爾尼不甘心，又以書面形式向中國提出六項要求：（1）請英國貨船將來能到浙江、天津等地收泊；（2）請在京設立商行；（3）請求珠山（舟山）附近小島一處，以便商人停歇和收存貨物；

（4）請求在廣東省城撥給小地方一處居住英國商人，或准許澳門居住之人出入自便；（5）請求英商自廣東下澳門，由內河行走，貨物或不上稅，或少上稅；（6）請求確定船隻關稅條例，照例上稅。

乾隆帝在九月初三（10月7日）的第二封敕令中對這六條全部予以駁斥，並強調「爾使臣所懇求各條，不但於天朝法制攸關，即為爾國代謀，亦俱無益難行之事。茲再明白曉諭，爾國王或誤聽爾臣下之言，任從夷商將貨船駛至浙江、天津地方，欲求上岸交易，天朝法制森嚴，各處守土文武……定當立時驅逐出洋，未免爾國夷商，枉勞往返，勿謂言之不預也」。這個敕令再次清楚地表明了清朝政府在中外交往上推行對外限制政策，盡力避免擴大中外接觸。

乾隆皇帝對英使的六條要求逐條駁斥以後，又怕他「未遂所欲，或致稍滋事端」，因通令沿海督撫，預籌防備，必要時「不妨懾以兵威」（《廣東海防匯覽》卷23，第27—29頁）；同時催促他即日起程。英使因準備不及，請求延期，才遷延兩日，於（1793年）10月9日離京（1794年9月5日）回抵倫敦。

馬戛爾尼使團此次訪華，除了與清朝交換了一些禮品外，在擴張侵略權益上什麼也沒有得到。但是，他們卻收集了大量的中國情報。回國以後，斯當東寫了《英使謁見乾隆紀實》，安德遜寫了《英使訪華錄》，馬戛爾尼出版了他的日記，巴羅撰寫了《中國旅行記》，亞歷山大繪製了大量畫圖，還有許多使團成員寫過中國見聞方面的文章和書。這些書和文章以親見親聞形式介紹了中國社會各個方面情況。[1]

---

1 參見蕭致治、楊衛東編撰：《鴉片戰爭前中西關係紀事（1517—1840）》，湖北人民出版社1986年版，第249—251頁。

英國使團赴避暑山莊覲見乾隆皇帝圖

馬戛爾尼在 1794 年很感慨地寫道:

「中華帝國只是一艘破敗不堪的舊船，只是幸運地有了幾位謹慎的船長才使它在近 150 年期間沒有沉沒。它那巨大的軀殼使周圍的鄰國見了害怕。假如來了個無能之輩掌舵，那船上的紀律與安全就都完了」。船「將不會立刻沉沒。它將像一個殘骸那樣到處漂流，然後在岸上撞得粉碎」，但「它將永遠不能修復」。

馬戛爾尼也反對對中國發動戰爭。他認為，發動戰爭就等於中止貿易，那聯合王國也將遭受巨大損失。他說:「我們在印度的殖民地，因貿易中斷，將受到很大的損失」，因為中國是「棉花和鴉片的銷售市場」。「在英國，毛紡工業很難從這樣的衝擊下恢復過來」: 估計每年將損失五六十萬英鎊，幾年後的損失將翻一番。一個正在發展的白鐵、鉛、五金製品、鐘表和其他機械製品市場也將關閉。英國不僅會失去絲綢，而且也會失去一件「生活用品」——茶葉。[1]

馬戛爾尼來華攜帶的禮品，是根據英王威廉三世的決定，是「能顯示歐洲先進的科學技術，並能給皇帝陛下的崇高思想以新啟迪的物品」。

主要禮品有：天體運行儀，它代表宇宙，而地球只是其中的一個小點。這是天文學和機械學最佳結合的產品。該儀器準確地模仿地球的各種運動，月球繞地球的運行；從儀器上還可看到太陽的軌道，帶頭顆衛星的木星，帶光圈及衛星的土星；等等。這架「天體運行儀」最後還能模擬各天體的蝕、合和沖。它指出人們觀察時的確切月、周、日、時和分。該儀器是歐洲最精美的，所設計的天體運行情況可適用 1000 年。

地球儀，它上面標有地球的大洲、海洋和島嶼。人們可以從上面看到各個君主統治國土、首都以及大的山脈。這個地球儀標有受英王陛下之命在世界各地遠航所發現的新地方，並畫出所有這些遠征的航海路線。

各種類型的武器：英王陛下送給皇帝陛下英國最大的、裝備有最大口徑的火炮 110 門的「君主號」戰艦的模型。「榴彈炮，迫擊炮」以及手提式武器有卡賓槍、步槍、連發手槍、「削鐵而不捲刃的劍」。

赫歇爾望遠鏡、秒表、韋奇伍德瓷器、帕克透鏡、布料……

油畫：「王室成員」「著名人士」的畫像，「城市、教堂、城堡、

1 參見〔法〕阿蘭·佩雷菲特著，王國卿等譯：《停滯的帝國——兩個世界的撞擊》，生活·讀書·新知三聯書店 1995 年版，第 532 頁。

橋梁、陸戰與海戰、船塢、賽馬等真實寫生畫」。[1]

英王致乾隆帝國書（1792 年）：

英吉利國王熱沃爾日（即喬治三世）敬奏中國大皇帝萬萬歲。熱沃爾日第三世蒙天主恩，英吉利國大紅毛及佛郎西、依利爾呢雅（愛爾蘭）國王、海主，恭惟大皇帝萬萬歲，應該坐殿萬萬年。

本國知道中國地方甚大，管的百姓甚多，大皇帝的心裏長把天下的事情，各處的人民，時時照管，不但中國地方，連外國的地方，都要保護他。他們又都心裏悅服，內外安寧。各國所有各樣的學問，各樣技藝，大皇帝恩典都照管他們，叫他們盡心出力，又能長進生發，變通精妙。本國早有心要差人來，皆因本境周圍地方俱不平安，耽擱多時。如今把四面仇敵都平服了，本境平安，造了多少大船，差了多少明白的人漂洋到各處，並不是要想添自己的國土，自己的國土也夠了；也不是為貪圖買賣便宜；但為着要見識普天下各地方有多少處，各處事情物件可以彼此通融，別國的好處我們能得着，我們的好處別國也能得着。恐各處地方我們有知道不全的，也有全不知道的，從前的想頭要知道，如今蒙天主的恩可辦成了，要把各處的禽獸草木土物各件都要知道，要把四方十界的物件，各國互相交易，大家都得便宜，是以長想着要將各國的風俗禮法明白了。如今聞得各處惟有中國大皇帝管的地方，一切風俗禮法比別處更高，至精至妙，實在是頭一處，各處也都讚美心服的，故此越發念着來向化輸誠。此時不但大西洋都平安，就是小西洋（印度）紅毛鄰國

---

1 參見〔法〕阿蘭・佩雷菲特著，王國卿等譯：《停滯的帝國——兩個世界的撞擊》，生活・讀書・新知三聯書店 1995 年版，第 85—86 頁。

的人落，沒有理同本國打仗，也都平復了。如今本國與各處都平安了，所以趁此時候得與中國大皇帝進獻表貢，盼望得些好處。

從前本國的許多人到中國海口來做買賣，兩下的人都能得好處。但兩下往來各處都有規矩，自然各守法度，惟願我的人到各處去安分守規矩，不叫他們生事。但人心不一樣，如沒有一個人嚴格管束他們，就恐不能保其不生事。故此求與中國永遠平安和好，必得派一我國的人帶我的權柄住在中國地方，以便彈壓我們的人，有不是，罰他們；有委曲，亦可護他們。這樣辦法，可保諸事平安。

我如今為這些緣故，特差一個人到中國來照管這些事情。要得一妥當明白的人，又有才學，又有權柄，又要到得大皇帝跟前對答得上來的。故此我所派的熱沃爾日．嗎哩格德呢．公哩薩諾吧嚨（即馬戛爾尼）是本國王的親戚，忠信良善議國事的大臣，身上帶的兩個恩典的憑據，從許多博學的人裏挑出來一個大博學的人。他從前辦過多少大事，又到俄羅斯國出過差，又管過多少地方辦事，又到過小西洋本噶拉等處屬國地方料理過事情，這就是此次派的正貢使，到大皇帝駕前辦事。因他能辦差使，表文上有本國的印信為憑，所以叫他將表文呈在大皇帝駕前，說話如自己說話一般。如今求大皇帝見他即同見我，與他說話即同與我說話一樣，施恩典看待他。

我又恐正貢使到那裏或有別的緣故，所以又派一副貢使臨時替他，也與正貢使一樣。熱沃爾日．呼沃納多．司當東，這也是個體面人，他的博學會辦事與正貢使一樣的，故此從前派他在海島平服過許多的事情，又到小西洋痕都斯坦國與第博．蘇渥爾當王講過和，因他能辦這些事，能出力，故此派他同去，預備着好替正貢使辦事。再求大皇帝也與正貢使一樣恩待他。

如今我國知道大皇帝聖功威德、公正仁愛的好處，故懇准將所差的人在北京城切近觀光，沐浴教化，以便回國時奉揚德政，化導本國眾人。至所差的人，如大皇帝用他的學問巧思，要他辦些事，做些精巧技藝，只管委他，或在內地辦不出來，還好寄信來大西洋各地方採辦得出來的。我本國的人，或是在中國管的地方住着，或是來做買賣，若是他果能安分小心，求大皇帝加恩，他們都好仗着鴻福承受厚恩。他們若得了不是，即該處治；若並無不是，自然常受到大皇帝的恩典。

貢使起身，已詳細囑他在大皇帝前小心敬慎，方顯得一片誠心，能得大皇帝喜歡，下懷亦得喜歡。惟有禱求全善天主保護大皇帝長享太平之福，庇佑英吉利國永遠受福。天主降生一千七百九十二年，英吉利國王熱沃爾日三十二年。[1]

乾隆致英王第一道敕諭（1793 年 10 月 3 日，節錄）：

……至爾國王表內懇請派一爾國之人，住居天朝，照管爾國買賣一節。此則與天朝體制不合，斷不可行。向來西洋各國有願來天朝當差之人，原准其來京，但既來之後，即遵用天朝服色，安置堂內，永遠不准復回本國。此係天朝定制，想爾國王亦所知悉。今爾國王欲求派一爾國之人居住京城，既不能若來京當差之西洋人在京居住不歸本國，又不可聽其往來常通信息，實為無益之事。……若云爾國王為照料買賣起見，則爾國人在澳門貿易非止一日，原無不加以恩視。……況留人在京，距澳門貿易處所幾及萬里，伊亦何能

---

1 參見蕭致治、楊衞東編撰：《鴉片戰爭前中西關係紀事（1517—1840）》，湖北人民出版社 1986 年版，第 251—253 頁。

照料耶？若云仰慕天朝，欲其觀習教化，則天朝自有天朝禮法，與爾國各不相同。爾國所留之人，即能習學，爾國自有風俗制度，亦斷不能效法中國，即學會亦屬無用。……是爾國王所請派人留京一事，與天朝體制既屬不合，而與爾國亦殊覺無益。[1]

乾隆致英王第二道敕諭（1793年10月7日，節錄）：

……昨據爾使臣以爾國貿易之事，稟請大臣等轉奏，皆係更張定例，不便准行。向來西洋各國及爾國夷商赴天朝貿易，悉於澳門互市，歷久相沿，已非一日。天朝物產豐盈，無所不有，原不藉外夷貨物以通有無。特因天朝所產茶葉、瓷器、絲斤，為西洋各國及爾國必需之物，是以加恩體恤，在澳門開設洋行，俾得日用有資，並沾餘潤。今爾國使臣於定例之外，多有陳乞，大乖仰體天朝加惠遠人，撫育四夷之道。且天朝統馭萬國，一視同仁，即廣東貿易者，亦不僅爾英吉利一國，若俱紛紛效尤，以難行之事妄行干瀆，豈能曲循所請？念爾國僻居荒遠，間隔重瀛，於天朝體制原未諳悉，是以命大臣等向使臣等詳加開導，遣令回國。恐爾使臣回國後稟達未能明晰，復將所請各條繕敕，逐一曉諭，想能領悉。

據爾使臣稱，爾國貨船將來或到浙江寧波、珠山及天津、廣東地方收泊交易一節。向來西洋各國前赴天朝地方貿易，俱在澳門設有洋行，收發各貨，由來已久，爾國亦一律遵行多年，並無異語。其浙江寧波、直隸天津等海口，均未設有洋行，爾國船隻到彼，亦

1 參見蕭致治、楊衛東編撰：《鴉片戰爭前中西關係紀事（1517—1840）》，湖北人民出版社1986年版，第253—254頁。

從無銷賣貨物。況該處並無通事，不能諳曉爾國語言，諸多未便。除廣東澳門地方仍准照舊交易外，所有爾使臣懇請向浙江寧波、珠山及直隸天津地方泊船貿易之處，皆不可行。

又據爾使臣稱，爾國買賣人要在天朝京城另立一行收貯貨物發賣，仿照俄羅斯之例一節，更斷不可行。京城為萬方拱極之區，體制森嚴，法令整肅，從無外藩人等在京城開設貨行之事。爾國向在澳門交易，亦因澳門與海口較近，且係西洋各國聚會之處，往來便益。若於京城設行發貨，爾國在京城西北地方，相距遼遠，運送貨物亦甚不便。從前俄羅斯人在京城設館貿易，因未立恰克圖以前，不過暫行給屋居住。嗣因設立恰克圖以後，俄羅斯在彼處交易買賣，即不准在京城居住，亦已數十年。現在俄羅斯在恰克圖邊界貿易，與爾國在澳門效果相似。爾國既有澳門洋行發賣貨物，何必又欲在京城另立一行？天朝疆界嚴明，從不許外藩人等稍有越境攙雜，是爾國欲在京城立行之事，必不可行。

又據爾使臣稱，欲求相近珠山地方小海島一處，商人到彼即在該處停歇，以便收存貨物一節。爾國欲在珠山海島地方居住，原為發賣貨物而起，今珠山地方既無洋行，又無通事，爾國船隻既不在彼停泊，爾國要此海島地方亦屬無用。天朝尺土俱歸版籍，疆址森然，即島嶼沙洲，亦必畫界分疆，各有專屬。況外國向化天朝交易貨物者，亦不僅爾英吉利一國，若別國紛紛效尤，懇請賞給地方居住買賣之人，豈能各應所求？且天朝亦無此體制。此事尤不便准行。

又據稱撥給附近廣東省小地方一處，居住爾國夷商，或准令澳門居住之人，出入自便一節。向來西洋各國夷商居住澳門貿易，畫定住址地界，不得逾越尺寸；其赴洋行發貨，夷商亦不得擅入省城。原以杜民夷之爭論，立中外之大防。今欲於附近省城地方另撥一處給爾國夷商居住，已非西洋夷商歷來在澳門定例。況西洋各國在廣東貿易多年，獲利豐厚，來者日衆，豈能一一給撥地方分住耶？至於夷商出入往來，悉由地方官督率洋行商人隨時稽查，若竟毫無限制，恐內地民人與爾國商人間有爭論，轉非體恤之意。核其事理，自應仍照定例在澳門居住，方為妥善。

又據稱，英吉利國夷商自廣東下澳門，由內河行走，貨物或不上稅，或少上稅一節。夷商貿易往來納稅，皆有定則，西洋各國均屬相同，此時自不能因爾國船隻較多，徵收稍有溢額，亦不便將爾國上稅之例，獨惟減少，惟應照例公平抽收，與別國一體辦理。嗣後爾國夷商販貨赴澳門，仍當隨時照料，用示體恤。

又據稱，爾國船隻請照例上稅一節。粵海關徵收船料，向有定例，今既未便於他處海口設立交易，自應仍在粵海關按例納稅。毋庸另行曉諭。

至於爾國所奉之天主教，原係西洋各國向奉之教，天朝自開闢以來，聖帝明王垂教創法，四方億兆率由有素，不敢惑於異說。即在京當差之西洋人等，居住在堂，亦不准與中國人民交結。妄行傳教，尤屬不可（按：此條英使並未提出）。

以上所諭各條，原因爾使臣之妄說，爾國王或未能深悉天朝體制，並非有意妄幹。朕於入貢各邦，誠心向化者，無不加以體恤，用示懷柔。如有懇求之事，若於體制無妨，無不曲從所請。況爾國王僻處重洋，輸誠納貢，朕之錫予優加，倍於他國。今爾使臣所懇各條，不但於天朝法制攸關，即為爾國王謀，亦俱無益難行之事。茲再明白曉諭，爾國王當仰體朕心，永遠遵奉，共享太平之福。

若經此次詳諭後，爾國王或誤聽爾臣下之言，任從夷商將貨船駛至浙江、天津地方，欲求上岸交易，天朝法制森嚴，各處守土文武恪遵功令，爾國船隻到彼，該處文武必不肯令其停留，定當立時驅逐出洋，未免爾國夷商徒勞往返，勿謂言之不預也。其懍遵勿忽，特此再諭。(《東華續錄》乾隆一一八）[1]

英中文書交往（1759—1796 年），馬戛爾尼的使命雖沒完成，但中國對他的禮遇至少是一種友好的表示。英國抓住時機多次向中國皇帝、兩廣總督等人致書。由於總督和監督都沒有與外夷交往的權力，這些信件均不敢收，只有給皇帝的信上報到了朝廷。此信全文如下。

英吉利國王雅治（George Ⅲ）管佛蘭西並愛倫（Iveland）等處地方，呈天朝大皇帝：

我宗室議政大臣馬甘尼由天朝京都回到本國，帶有大皇帝書信，所諭情由恩典，我心中十分感謝歡喜。所差貢使進的禮物蒙皇上賞收，此貢物不過表相好之心，並望同大皇帝永遠通好之意。多謝大皇帝賞臉與貢使及隨從人等，因貢使恭順誠敬進貢，已沾大皇帝恩典，我也看得他重。他齎到大皇帝御賜各物，當即拜領，足感大皇帝記念的心，即如大皇帝賞收我的貢物記念一樣。中華外國的物件，均是要緊合用之物，但至貴重的是彼此相通的心事。我彼此雖隔重洋，但俱要望通國太平無事，百姓安寧，是以彼此都要通好，相依相交。

蒙大皇帝諭稱，凡有我本國的人來中國貿易，俱要公平恩待，

1 參見蕭致治、楊衞東編撰：《鴉片戰爭前中西關係紀事（1517—1840）》，湖北人民出版社 1986 年版，第 254—256 頁。

這事（是）大皇帝最大的天恩。雖然天朝百姓不能來我國貿易，若有來的，我亦要一樣盡心看待。已吩咐在港腳（指印度）等處地方官員，遇有天朝百姓兵丁人等，務要以好朋友相待。為此，從前有一次天朝差大將軍帶兵到的密地方，我的兵總也曾相助。前貢使到京時未得我們因都士丹地方音信，是以未曾將此事奏明大皇帝，得見我們敬誠的真心。但將來亦有機會表我們的誠心，彼此通好。即如貢使未起程時，亦曾奉上諭恩准貢使再到廣東候旨進京，將來或再差使叩見大皇帝，以表遠夷的誠心。

據貢使回稱，大皇帝萬壽康寧，並諭稱我將來年壽，仰託大皇帝鴻福，均同一樣，我心實在歡喜感激。惟望大皇帝天下太平，中華同外國永久共沐天恩。

順具本國些須土物，乞大皇帝賞收。自英吉利國本都呈。一千七百九十五年六月二十日。

乾隆接到這封信後，為英國恭順的言辭所感動，也給英王覆了一封信。

（上年）國王陛下遠隔重洋派來了使臣，向我問好並送來你的禮品。鑒於你的誠意，我接見了你的使臣，給了他們酒宴，並且給了他們各種禮品。我又委託他們給你帶去幾封信以及錦緞等禮品。為了向你表示友好，所以用這些證明我的友誼。你既然最近給我來信並用船帶來各種英國貨物運到廣州，用這些你表示了你的好意，我也真誠地願意同所有國家友好，願意接受外國國王向我致敬，送上貢物。我欣賞他們的禮品，但我更珍視他們的真誠友誼。我已吩咐在廣東省的官員接受下你的禮品，讓你滿意。

幾年之前，我的帝國討伐了廓爾喀人，我的元帥率領大軍深入該地區，發動了強大攻勢，攻下了一座堅強防禦的堡壘。這是一次重大的戰役。廓爾喀人領教了我們的兵力，跪在地上請求講和，願意歸順我們。當時我們軍隊的元帥向我報告了該民族的請求，請我給他指示。我從來喜歡施行仁政，我以仁愛之心對待所有的人民，不論他們是在我國疆土之內，還是在外面。既然廓爾喀人已經歸順，我不能將他們斬盡殺絕。因此我應允了他們的請求，接納了來人。當時你軍元帥向你提出促使廓爾喀人移民西藏，歸順我們，但由於我軍的威力，事件已經解決，因此我們不需要你的兵援。國王陛下說你的使臣向我貢獻禮品之前未能事先告訴我這件事，這是由於陛下過去不清楚這件事。不知道廓爾喀人已經自願歸順我們。

除此之外，國王陛下的態度值得高度稱讚，因為你作的公平合理，關心我的帝國。為了表示欣賞，我們送給陛下各色錦緞及其他物品。國王陛下對我們的友誼日益增進表示感謝；我對你的仁慈，使我老人感到安慰，只要你效法我，在各方面推進仁政及和平，你將治理得很好。我是在我二十五歲時登基的，我當時曾向上天禱告，如果我能治理六十年，我將把國政交給我兒子。現在由於上天的恩慈，我已經活了八十五歲，在位六十年。明年我將把帝國交付給我兒子，改變年代名稱，不叫「乾隆」，將開始滿文為「賽依沖加天真」，漢文為「嘉慶」元年，用拉丁文說就是 Laudabilis Felicitatis。將用滿文被稱為「登尼舊皇帝」，漢文為「太上皇」，用拉丁文就是 Valde' Magni Imperatoris。陛下將來如果為了什麼事想和我們通信，可寫給「賽依沖加天真」，漢文就是「嘉慶」。如果在我把國政交給我兒子後，有信給我，我將把它轉交給下任皇帝處理，由他處理有關外國事務。有關促進友好，安排你的臣民來廣州作生意等事宜，一切都按過去辦理，我將吩咐他們按照常規進行。我們向你們這樣保證，為了更好合作。

乾隆皇帝在信末還附了贈給英王禮品的清單，這些禮品都是由各色綢緞綾子所組成，每樣 10 疋，總數為 140 疋。[1]

（三）傳教士的活動

1. 傳教士來華及其早期活動

緊步葡萄牙冒險家的後塵來到中國的是西方的傳教士。他們來華的主要目的，是要進行一場精神戰爭，「做耶穌的勇兵，替他上陣作戰，來征討這崇拜偶像的中國」[2]（利瑪竇語）。

為了征服中國，殖民者感到光憑武力難於奏效。所以，自從葡萄牙人受到中國武力驅逐之後，葡萄牙國王就於 1540 年請求羅馬教皇派傳教士到中國活動。第二年，教皇保羅三世即派遣耶穌會傳教士方濟各·沙勿略（Francois Xavier）東來。1552 年 10 月，沙勿略乘船到達廣東省沿海的上川島。他曾請求中國商人送他去廣州，但是遭到拒絕，不久就因病死在上川島。從沙勿略來華開始，到 1579 年止，近 30 年間，先後來到中國傳教的西方傳教士共有 57 人（葡萄牙多明我會士一人，西班牙奧斯會士兩人，耶穌會士 32 人，方濟各會士 22 人）。……由於他們語言不通，不懂中國民情風俗，同時

1 參見蕭致治、楊衛東編撰：《鴉片戰爭前中西關係紀事（1517—1840）》，湖北人民出版社 1986 年版，第 257—260 頁。

2 〔法〕裴行化著，王昌社譯：《利瑪竇司鐸和當代中國社會》第 1 冊，上海土山灣印書館 1943 年版，第 1 頁。

遭到地方當局反對，因此先後到廣州、肇慶、福州、漳州等地進行傳教活動，都沒有取得什麼效果。

1578 年，全印度及遠東耶穌會傳教視察員范禮安（Alessandro Valignano）來到澳門視察，在那裏停留達 10 個月之久。他總結了在華傳教的失敗教訓，認為要順利開展傳教工作，傳教士應該學習中國語言，閱讀中國書籍，採用適合中國情況的傳教方法，並應招致有才幹的會士赴華傳教。根據他的意見，意大利籍的耶穌會士羅明堅（Michel Ruggieri，1543—1607 年）和利瑪竇（Matteo Ricci，1552—1610 年）先後從印度果阿到達中國。

利瑪竇在華近 30 年，除傳教外，為傳播和交流中西文化做了大量工作。他和徐光啟「朝夕過從，殆無虛日。問道之餘，講求西法，利子口譯，公則筆之。天文、地理、形性、水利諸學，罔不探究」（《增訂徐文定公集》卷首下），曾將歐洲天文、地理、數學等許多方面新知識介紹到中國；同時又將儒家經典譯成拉丁文向歐洲介紹，並編寫了《中意葡字典》和《中國文法》，供歐洲人學習之用，在促進中西文化交流中起到了不可磨滅的作用。

在利瑪竇的倡導下，不少傳教士也開始運用儒家經典傳教，並積極從事中西文化交流工作。明末時期，著名的傳教士有意大利人熊三拔（Sabbatino de Ursis）、龍華民（Nicolas Longobardi）、畢方濟（Francois Sambiasi）、艾儒略（Jules Alenio）、羅雅各（Giacomo Rho）、王豐肅（Alfonso Vagnono），法國人金尼閣（Nicolas Trigault），日耳曼人湯若望（Johann Adam Schall von Bell），瑞士人鄧玉函（Johann Terrenz），葡萄牙人陽瑪諾（Emmanuel Diaz）、孟三德（Edouard de Sande），西班牙人龐迪我（Diego de Pantoja）等。由他們介紹或與中國學者合作的重要科技著作有以下幾類。

（1）數學方面:《幾何原本》，利瑪竇、徐光啟合著。《圜容較義》，利瑪竇口述，李之藻譯。《測量法義》，利瑪竇口述，徐光啟譯。《測量全義》，羅雅各著。《同文算指》，利瑪竇口述，李之藻譯。

（2）物理方面:《遠西奇器圖說》，鄧玉函著，王征譯述。《遠鏡說》，湯若望編著。

（3）水利機械方面:《泰西水法》，熊三拔著，徐光啟譯。

（4）天文曆書方面:《乾坤體義》，利瑪竇著，李之藻譯。《渾天儀說》，湯若望編著。《測食說》，湯若望編著。《西洋測日曆》，湯若望著。《崇禎曆書》（四庫全書改名《新法算書》），徐光啟等編著。

（5）地理方面:《萬國輿圖》，利瑪竇著。《職方外紀》，艾儒略、楊廷筠等編譯。

這些科學知識，有些很切合當時的需要，使人們耳目一新，促進一些有識之士積極學習西方知識，發展中國科學技術。可惜的是，這些科學技術沒有引起明朝最高當局的足夠重視，致使這些西方科學成就未能在中國推廣。中國越來越落在世界先進國家的後頭。[1]

2. 清初傳教士的活動

順治元年（1644 年），以湯若望、龍華民為首的傳教士，即利用自己所長，積極為新朝效力，從而很快取得了清朝統治者的信任。

順治元年（1644 年）五月十一，湯若望上疏攝政王，要求保護修曆、天文儀器和已刻書板……同年十一月，清廷令湯若望掌管欽天監印信，「所屬該監官員，嗣後一切進曆、佔候、選擇等項，悉聽掌印官舉行」（《清世祖實錄》卷一一）。1646 年（順治三年）加太常寺

1 參見蕭致治、楊衛東編撰:《鴉片戰爭前中西關係紀事（1517—1840）》，湖北人民出版社 1986 年版，第 34—40 頁。

傳教士湯若望像

卿。1653 年（順治十年），「賜號通玄教師」，後又「加通政使，進秩正一品」（《清史稿》列傳五九，《湯若望傳》），湯若望的父母也受到追封，頒給誥命。順治帝親政以後，對他更是恩施格外。他告訴湯若望可以不拘禮節，隨時進宮求見，並多次赴湯的寓所登門求教。據統計，1656—1657 年（順治十三年至順治十四年）兩年間，順治帝福臨曾 24 次去湯的寓所，甚至在湯的寓所過他的生日（魏特：《湯若望傳》，第 277 頁）。1661 年（順治十八年），湯若望 70 歲生日時，順治帝特意允許一些名宦士大夫前往祝賀。

康熙帝玄燁早年對傳教士的態度也很好。康熙親政時，湯若望已於 1666 年（康熙五年）8 月 15 日去世，他提拔南懷仁為監正，並頒佈了諭祭湯若望文，肯定他「鞠躬盡瘁」的勞績，為他平反昭雪。

康熙帝和以往皇帝不同的是，對西洋技術不只滿足於觀賞，而且身體力行地去學習。他請南懷仁擔任自己的老師，教授天文和測量。以後又請了徐日昇（Thomas Pereira，1645—1708 年）、閔明我（Philippe Marie Grimaldi，1639—1712 年）等輪流講學。西方的科學知識開闊了他的視野。他的興趣愈來愈廣，除學習科學技術之外，對歐洲的風俗、禮節、國情甚至哲學思想，他也仔細詢問，並要求傳教士把哲學著作譯成中文。

康熙年間，天主教堂已遍佈了全國各省的重要城市，「京師則宣武門之內，東華門之東，阜成門之西，山東則濟南，東南則淮安、揚州、鎮江、蘇州、江寧、常熟、上海，浙江則杭州、金華、蘭溪，閩則福州、建寧、延平、汀州，江右則南昌、建昌、贛州，東粵則廣州，西粵則桂林，楚則武昌，秦則西安，蜀則重慶、保寧，晉則太原、絳州，豫則開封，凡十三省三十處皆有天主堂」（《中西紀事》卷二，第 4 頁），平均每年約有 30 名傳教士在中國活動，除部分在京供職外，傳教士的足跡遍及中國本部各省，在華天主教徒約 15 萬。其中耶穌會屬教徒最多，計有 11 萬人左右。隱然形成一股不可輕視的潛勢力。[1]

3. 東正教傳教士來華及其活動（1715—1840 年）

東正教是基督教的一支。1054 年，基督教東西兩派正式分裂，以君士坦丁堡為中心的東部教會自稱「正教」，意為「正宗的教會」，與自稱「公教」（即天主教）的西部教會對峙。正教不承認羅馬教皇有高出其他主教的地位與權力，主張主教以外的其他教士可以結婚，在教義和信條上與天主教亦略有分歧。

公元 988 年，基輔羅斯大公基米爾·斯維亞托斯拉維奇受洗入教，俄羅斯人信奉基督教由此開始。當時東部各國的教會均由以君士坦丁堡為中心的東正教會控制，因此俄羅斯人信奉的也是屬於東正教。

東正教最初傳入中國是在 17 世紀 60 年代。當時沙俄殖民者重佔了雅克薩，在該地修建了一座名為「基督復活」的教堂，1671 年，

---

1 參見蕭致治、楊衛東編撰：《鴉片戰爭前中西關係紀事（1517—1840）》，湖北人民出版社 1986 年版，第 88—91 頁。

又在城郊修了一座「仁慈救世主」修道院，強迫當地居民信教。80年代，清軍為了驅逐沙俄侵略者，發動了雅克薩之戰。雅克薩收復後，教堂和修道院皆被平毀。但是在戰鬥中，有一些俄兵被俘，還有一些俄兵主動投奔清朝。清政府把這些人編入鑲黃旗滿洲第四參領第十七佐領，受到和旗人同等的待遇。康熙為了尊重他們的宗教信仰，特允許在北京東直門內胡家圈胡同駐地建立一座三間房的小廟（後稱俄羅斯北館），名為「羅剎廟」，教務活動由 1685 年隨同俄俘來北京的神父馬 ·列昂節夫（清朝文書作馬克希木 ·列溫提耶夫）主持。但是，後來他們擅自將此廟改為東正教教堂，接受沙俄托博爾斯克教區送來的教會證書，並把教堂命名為「聖尼古拉」教堂。

俄國一再請求在北京建教堂，派教士來華，雖然連遭拒絕，但並不死心。1711 年，商人奧斯科爾科夫（圖理琛《異域錄》作科密薩爾）又一次向理藩院提出請求。這時因為清廷將派圖理琛等經俄境出使徙居伏爾加河下游的蒙古土爾扈特部，才同意了他的請求。1714 年 12 月，當圖理琛等完成出使任務，歸途中經過托博爾斯克時，俄國即派遣修士大司祭伊拉里昂、司祭拉夫連季、輔祭菲利蒙及 7 名教堂輔助人員和僕役組成的「北京傳教士團」隨同前來，於 1715 年 4 月 20 日抵達北京。這就是俄國正式派遣的第一個「北京傳教士團」。後來通過簽訂《恰克圖條約》，沙俄便正式取得了定期向中國派遣傳教士團的權利。此後，大體上每隔十年，俄國即派遣新教士團前來接替舊教士團。從 1715 年至 1840 年，共計派遣了 11 批傳教士團來京。

當時俄國在北京沒有常駐的外交代表機構，這個傳教士團實際成了俄國派駐北京的耳目。它經常向俄國政府報告中國的政治形勢和經濟情況。開初尚屬俄國政府西伯利亞事務衙門領導，19 世紀上半葉乾脆歸沙俄外交部直接指揮，直到 19 世紀中葉，北京的俄國傳教士團還被公開稱為「傳教會和使團」（加・加恩：《彼得大帝時期的俄中關係史》，第 271 頁）。[1]

（四）宮廷數學家

數學是我國人民很擅長的學科，在古代，我國數學成就曾名列世界前茅，到明代衰落下來，古算幾成絕學。明末，西算傳入中國，從徐光啟翻譯《幾何原本》前六卷起，直到康熙時編成《數理精蘊》，這是我國歷史上第一次西算輸入時期，雍正以後到鴉片戰爭以前，又為古算復興時期。介紹西算和復興古算構成了清前期數學發展的兩大內容。

清初的曆法大辯論，新法以計算精確戰勝舊法，這件事使知識界對數學重視起來。康熙又聘請傳教士徐日昇、白晉、張誠、安多等入宮，講授幾何、代數、天文、物理等科學知識，這就推動了數學的蓬勃發展，出現了方中通、梅文鼎、梅瑴成、明安圖、王元啟、董佑誠、項名達等著名數學家。[2]

徐日昇（Thomas Perira，1645—1708 年），葡萄牙人，字寅公。天主教耶穌會傳教士。康熙十一年（1672 年）來華。次年，因南懷仁薦，至京任康熙帝音樂教師。後繼南懷仁任欽天監正。二十八年（1689 年），同張誠以譯員隨索額圖赴尼布楚參加中俄邊界談判。

1 參見蕭致治、楊衛東編撰：《鴉片戰爭前中西關係紀事（1517—1840）》，湖北人民出版社 1986 年版，第 168—171 頁。

2 參見戴逸主編：《簡明清史》第 2 冊，人民出版社 1984 年版，第 307 頁。

四十七年（1708 年）卒於北京。著有《徐日昇日記》等。[1]

白晉（Joachim Bouvet，1656—1730 年），法國人，字明遠。天主教耶穌會士。康熙二十六年（1687 年），受法王路易十四派遣，與張誠等來華傳教。次年抵京，留宮中講授西學。三十二年（1693 年）奉康熙帝命，回國聘請科學家，並攜去贈法王之禮品。內有精印書籍 49 冊等。三十八年（1699 年）再次來華。四十五年（1706 年）曾奉康熙帝命出使羅馬教廷，後因故從廣州召回。四十七年（1708 年）參與測繪《皇輿全覽圖》。雍正八年（1730 年）病卒於京。著有《中國皇帝之歷史肖像》（即《康熙帝傳》）《易經總旨》《古今敬天鑒》《漢法小字典》等。[2]

張誠（Jean Francois Gernbillon，1654—1707 年），法國人，字實齋，天主教耶穌會傳教士。康熙二十六年（1687 年），受法王路易十四派遣，與白晉等來華傳教。次年抵京，攜來西方天文儀器、圖書多種。二十八年（1689 年）與徐日昇同為中方譯員，參加尼布楚中俄邊界談判。曾八次隨康熙赴滿蒙各地巡行。後因通曉曆法，留京供職。譯著有《實用幾何學》（與白晉合譯）《滿文字典》《張誠日記》等。[3]

方中通（1634—1698 年），清江南桐城（今屬安徽）人，字位伯，號陪翁。明清之際的著名學者方以智次子。通曉天文、物理、曆算。所著《數度衍》一書，是一部數學百科全書，為中國論述對數論之

1 參見《中國歷史大辭典 清史卷》（上），上海辭書出版社 1992 年版，第 425 頁。

2 參見《中國歷史大辭典 清史卷》（上），上海辭書出版社 1992 年版，第 124 頁。

3 參見《中國歷史大辭典 清史卷》（上），上海辭書出版社 1992 年版，第 265 頁。

第一人。另著有《揭方問答》《音韻切衍》等。[1]

梅文鼎（1633—1721 年），字定九，號勿庵，安徽宣城人。他畢生致力於數學和曆學研究。為學兼採中西。他說：「法有可採，何論東西；理所當明，何與新舊。」由於當時西方的數學剛剛傳到中國來，書籍不多，論證和圖解不易理解，梅文鼎做了大量的整理、疏解和闡述工作，語言通俗流暢，「往往以平易之語，解極難之法，淺近之言，達至深之理」。

梅文鼎對三角、幾何造詣甚深。三角是鑽研曆學的工具，「不明三角，則曆書佳處必不能知，其有缺處亦不能正矣」。他的《平三角舉要》一書，系統闡述了三角定義、定理、三角形的解法以及在測量中的應用，是當時學習三角的一本入門書。他的《弧三角舉要》《環中黍尺》對球面三角學作了詳細闡發，並創造了球面三角形的圖解法。他在幾何學方面，用勾股定理證明了《幾何原本》前六卷中的許多命題，認為：「幾何不言勾股，而其理莫能外。故其最難通者，以勾股釋之則明。」他在《幾何補編》一書中又提出對當時尚未從歐洲傳來的各種等面體體積的計算方法和原理；他對「理分中末線」（即黃金分割線）的作用也做了多年探索，找到了此線在量各種多面體體積的用途。梅文鼎對曆法的研究也很有成就，主要研究古曆，弄清明朝所用的《大統曆》導源於郭守敬的《授時曆》，而《授時曆》則是我國曆法上一部「集古法之大成」的最優秀的曆法。

梅文鼎治學態度非常嚴肅認真。每得一書，皆為正其訛缺，指其得失，殘編散帖，手自抄集，一字異同，不敢忽過，再三推求，往往廢寢忘食。他的著作十分豐富，共有 88 種，其中算學書 26 種，

1　參見《中國歷史大辭典 清史卷》（上），上海辭書出版社 1992 年版，第 83 頁。

曆學書 62 種。他在數學方面，成就尤其突出。1705 年，康熙南巡途中，曾一連三次召見他，同他討論數學和曆法，並賜給他「績學參微」的匾額。後輩學者尊他為清代算學第一。

梅文鼎的數學研究成果直接為康熙末年編製《數理精蘊》提供了基礎。

《數理精蘊》是明末清初西算輸入時期一部帶有總結性的數學巨著，也是代表我國當時最高水平的數學百科全書。它收集了明末清初傳入我國的各種西算，系統而有條理地作了編排，也收集了當時有傳本的中算精華。該書是在康熙親自主持下，由梅文鼎的孫子梅瑴成會同陳厚耀、何國宗、明安圖等學者，在清宮內蒙養齋進行編纂的。並以康熙御製的名義頒行全國，因而流傳很廣，影響很大，是清代學習數學的必讀書。[1]

明安圖（1692—1765 年）是清朝前期的一位成績卓著的數學家。他是蒙古正白旗人，幼年入欽天監當官學生，是康熙親自培養的數學人才，參加了《曆象考成》《數理精蘊》的編纂工作。當時，法國傳教士杜德美來華，帶來了格裏哥裏三公式，即「圓徑求周」「弧背求通弦」「弧背求正矢」（亦即三角函數展開式和 ϖ 的無窮級數式的公式），但沒有介紹證明這三個公式的方法，明安圖經長期刻苦鑽研，用幾何連比例的歸納法，證明了杜德美所介紹的三公式，並進一步推導出另外六個新公式，即「弧背求正弦」「弧背求矢」「通弦求弧背」「正弦求弧背」「正矢求弧背」「矢求弧背」，總稱「割圓九術」。他撰寫了《割圓密率捷法》，把三角函數和圓周率的研究提高到一個新水平。

---

1 參見戴逸主編：《簡明清史》第 2 冊，人民出版社 1984 年版，第 307—308 頁。

19世紀初，數學家董佑誠撰《割圓連比例圖解》，應用了和明安圖不同的方法，同樣證明了這些公式。另一數學家項名達，撰《象數一原》，推廣了明安圖的研究成果，得出用連比例求橢圓周長的公式，其計算程序符合橢圓積分的法則。

雍正以後，由於清政府禁止在中國傳播天主教，來華的傳教士大大減少，西學的輸入也漸趨中斷。數學研究便從接受西學轉向挖掘和整理古算，貢獻最大的是戴震。[1]

戴震像

戴震（1724—1777年），清安徽休寧（今屯溪）人。他參加《四庫全書》的編纂工作，從《永樂大典》中發現和整理出久已失傳的許多古典算書。如《海島算經》《五經算術》《周髀算經》《九章算術》《孫子算經》《五曹算經》《夏侯陽算經》。他又從南宋刻本的毛扆影抄本中抄輯出《張丘建算經》和《輯古算經》兩種，連同明刻本的《數術記遺》共計十種。這十部算經於乾隆三十八年（1773年）由孔繼涵刻入《微波榭叢書》，正

1 參見戴逸主編：《簡明清史》第2冊，人民出版社1984年版，第309頁。

式題名為《算經十書》。戴震還從《永樂大典》中抄輯出宋秦九韶的《數書九章》及楊輝的各種算書。《算經十書》和《宋元算書》是我國漢唐以來數學成就的結晶，是我國人民極為珍貴的文化遺產。這些著作在長期失傳後，經戴震之手，又複與世人見面。清代學者對戴震「網羅算氏，綴輯遺經」的功勞，十分重視。自此以後，整理、校勘、注釋古代天算著作的學風大盛。乾嘉時期，李銳校訂注釋了元代李冶的《測圜海鏡》《益古演段》兩書，李潢校注了《九章算術》《海島算經》《輯古算術》，並撰寫了詳細的解題圖説。阮元和羅士琳先後找到了元代朱世傑的名著《四元玉鑒》和《算學啟蒙》，羅士琳用了 12 年時間，鑽研天元術和四元術，補漏正誤，推演訂正，寫出《四元玉鑒細草》一書，於道光十四年（1834 年）刻印出版，使亡佚了 500 年之久的天元四元術又重放異彩。

我國古代的數學成就激起了清代學者的民族自尊心和深入鑽研古算的興趣。清代數學人才輩出，著作繁多，大約有 500 人寫了 1000 多種數學著作，超過了以往任何一個朝代，但因受乾嘉漢學的影響，多集中在對古算的整理、注釋方面。在若干領域內，清代學者也作出了創造性的貢獻。如陳世仁發展了宋元以來垛積術的研究，即高階等差級數求和的方法；焦循注釋《九章算術》，提出了加減乘除的交換律；還有汪萊和李銳繼承宋代天元術和四元術，發展了方程論的研究，對方程根的性質以及根和系數的關係等進行探討，都獲得了很大的成績。[1]

1 參見戴逸主編：《簡明清史》第 2 冊，人民出版社 1984 年版，第 309—310 頁。

三　清王朝的對外交往

清政府一建立，就從順治元年（1644 年）到康熙二十三年（1684 年）的四十年間，實行了「片板不准下海，片帆不准入口」的海禁政策。康熙二十三年（1684 年），開放海禁，並在廣州、漳州、寧波、雲台山四個口岸通商。康熙五十六年（1717 年），清政府又頒佈禁海令，只保留東洋貿易；允許南洋外人來華，不准中國商人前往。雍正五年（1727 年），清政府曾解除中國商人往南洋貿易的禁令。但到乾隆十二年（1747 年），又恢復了這條禁令。乾隆二十二年（1757 年），清政府關閉了其他三個口岸，只留廣州一處作為外商來華的通商口岸。還設立了控制對外貿易的公行制度，並禁止浙絲、土絲、湖蠶、綾緞匹的輸出。

受封建自然經濟的影響，清政府不僅在國內實行重本抑末的政策，而且對海外貿易也極其輕視。清政府的閉關禁海政策在經濟上限制了海外市場的發展和資本的原始積累。當時，中國國內市場相當狹小，由於封建經濟結構的異常堅固，市場的開拓也十分艱難。而中國商品在海外市場還有很大的潛力。如果能開拓海外市場，不僅對社會經濟的發展將開闢一條新路，而且將會給中國的資本原始積累提供重要的來源。當時有人估計，如果在國內貿易得利是一的話，那麼將商品運至日本，可得利為五；再從日本載貨回國販賣，又可獲利。如果到南洋進行對外貿易，利潤更加豐厚，「其利十倍」。

明清之際，西方科學技術正在迅速發展，處於世界的領先地位。明代末葉，西方的許多現代科技知識，像天文、數學、物理、軍事技術等曾經不斷傳入中國。當時日本也要藉助漢語譯本來學習西方的科學技術。清政府實行閉關鎖國的政策，限制了科學技術的發展，使我國的社會生產力長期處於停滯狀態，與西方近代工業革命的發展形成巨大的反差。由於禁海，中國的航海業和造船業也由世界領先地位而一落千丈。16 世紀前，中國的造船技術仍居世界領先地位，明萬曆二十五年（1597 年），中國的遠洋帆船有 137 艘，清嘉慶二十五年（1820 年）前後，行駛東南亞和日本的遠洋帆船才為 295 艘，總噸位為 85.2 萬噸，230 多年的時間，船隻增長了一倍多。而英國 1770 年航海船隻為 70 萬噸，至 1792 年，20 年間發展到 154 萬噸，也是增長一倍多。[1]

行商制度在清朝政府閉關政策中佔着極重要的地位。它一方面是壟斷性的商業組織，一切外國進口貨物，由其承銷，內地出口貨物，由其代購，並負責規定進出口貨物的價格。另一方面，行商又受政府的委托，執行政治上的職能，外國商人來華貿易，並不直接向粵海關納稅，一律由行商代收代納，若有漏稅欠稅，行商負責賠償。行商又代政府辦理交涉事宜，外商不准和官府直接交往，一切命令、文書都由行商轉達。所以，行商實兼有商務和外交的兩重性質。

閉關政策導致了中國航海業的衰落。在明代以前，中國的航海業居於世界的先進行列。15 世紀初，鄭和下西洋是世界航海史上的壯舉，到明嘉靖十六年（1537 年），外國人還見到擁有 40 艘大帆船的中國商船隊航行於南中國海。此後，歐洲殖民主義勢力到達遠東，世界航海事業突飛猛進；而中國政府卻在閉關自守，千方百計限制

1 參見史仲文、胡曉林主編：《中國全史》第 17 卷《中國清代經濟史》，人民出版社 1994 年版，第 84—86 頁。

航海事業。清政府規定：出海商船不得超過 500 石，「如有打造雙桅 500 石以上桅式船隻出海，不論官兵民人，俱發邊地充軍」，乘船出海的水手、客商「各給腰牌，刻明姓名、年貌、籍貫，庶巡哨官兵易於稽查」。中國的航海業，受到種種束縛，無法趕上外國。昔日出沒於東南亞海面上的大型中國船隊遂告絕跡。

閉關政策也嚴重地打擊了中國的對外貿易商人和華僑。中國的商人和華僑很早就在東南亞各地活動。對當地和中國的經濟交流作出了貢獻。清政府不但不給予支持、鼓勵，反而多方阻撓他們出國貿易。如雍正帝對出國的商人和華僑極為歧視，他說：「此輩多係不安本分之人，若聽其去來任意，伊等益無顧忌，輕去其鄉而飄流外國者益眾矣。嗣後應定限期，若逾限不回，是其人甘心流移外方，無可憫惜，朕亦不許令其復回。如此則貿易欲歸之人，不敢稽遲在外矣」（《皇朝文獻通考》卷三十三，第十二頁，雍正五年諭）。

中國一直是對外貿易的出超國，有發展貿易的有利條件，18 世紀和 19 世紀初，到廣州的外國商人日益增多，貿易規模越來越大。但由於清政府禁令森嚴，中國的大商人都視遠洋貿易為畏途，只有一些小商小販零星地販運貨物出洋，對外貿易的主動權和高額利潤長期由外國商人所壟斷。當時也有個別商人，積攢了資本，自造了船隻，具有與外商競爭的雄心和一定實力，但在清政府的打擊下不能開展業務，反而家破人亡。如康熙時上海的大商人張元隆「廣置洋船，海上行走」，「聲名甚著，家擁厚資，東西兩洋、南北各省，傾財結納」，張元隆還想打造遠洋帆船 100 艘與外國商船競勝。而當時的江蘇巡撫、頑固的理學家張伯行把這樣的大商人視為眼中之釘、肉中之刺，竟製造冤獄，誣陷張元隆結交海盜，羅織株連，嚴刑逼供，夾斃船戶 12 人，拖延五年不結案。在這樣的封建統治下，中國商人的對外貿易根本無法開展。

閉關政策對中國的社會經濟危害極大。如中國出口貨物的大宗是茶葉，產於福建、安徽。清政府規定：茶葉必須在內地陸路運輸到廣州，不准由海上就近運輸。經過長途迂回，沿途關卡，層層勒索，不但成本增加，而且運輸期長，茶葉易變質。嘉慶年間，有人請求准許福建茶葉在廈門出口，清廷「傳旨申飭」，說是「明係由奸商慫恿，冒昧陳請」，頑固地堅持長途運輸茶葉的舊政策，說什麼「虔受約束，為法甚善，必應永遠遵行」。類似這種不合理的規章制度嚴重地阻礙了生產的發展和人民生活的改善。

閉關政策也妨礙了中國人學習世界先進的思想文化和科學技術。17 世紀和 18 世紀，西歐走出了中世紀的牢籠，文化思想和自然科學迅速發展，放射出光輝異彩。而中國知識界閉目塞聰，沉溺於理學、八股、考據、詞章之中，踏步不前。清政府十分害怕中外文化的交流，把外國文化科學視為離經叛道的邪說，限制外國書籍、文字的流傳。康熙時，北京和各地方有一批外國耶穌會傳教士，他們帶來某些科學知識，但由於中國的社會條件和政府禁令，這點有限的科學技術知識也得不到傳播、推廣，不可能在中國生根、開花和結果。康熙末，清朝和羅馬教廷發生爭執，限制了傳教活動。雍正初，完全禁止天主教，這就像把髒水和孩子一起傾倒掉一樣，掐斷了中西文化僅有的一點薄弱聯繫。中國被緊密地封閉着，知識界不但不可能向外國學習，也根本不了解中國以外的情況。資本主義的歐美諸國日新月異，而封建的中國停滯不前，依然故我，越來越落後下去。[1]

1 參見戴逸主編：《簡明清史》第 2 冊，人民出版社 1984 年版，第 519—524 頁。

四 鞏固封建專制

(一) 秦朝：專制主義中央集權制度的建立

公元前 221 年，秦王政（前 246—前 210 年在位）統一六國，結束了長期的諸侯割據局面，建立了一個以咸陽為首都的幅員遼闊的國家。這個國家的疆域，東至大海，西至隴西，南至嶺南，北至河套、陰山、遼東。秦王政兼採傳說中三皇五帝的尊號，宣佈自己為這個國家的第一個皇帝，即始皇帝，後世子孫代代相承，遞補稱二世、三世皇帝。他認為帝王死後以其行為為諡的制度，是「子議父，臣議君」，有損於帝王的尊嚴，所以宣佈取消。他規定皇帝自稱「朕」，並制定了一套尊君抑臣的朝儀和文書制度。這些都為了顯示皇帝的無上權威，表示秦的統治將萬世一系，長治久安。

周代以來封國建藩的制度，與專制皇權和統一國家是不相容的，所以必須加以改變。秦始皇二十六年（前 221 年），丞相王綰請封諸皇子為燕、齊、楚王，得到群臣的贊同。廷尉李斯力排眾議，主張廢除分封諸侯的制度，全面推行郡縣制度。秦始皇接受了李斯的建議，把全國分成三十六郡，以後又陸續增設至四十餘郡。這些郡完全由中央和皇帝控制，是中央政府轄下的地方行政單位。中央集權的制度從此確立。秦始皇二十八年（前 219 年）的嶧山刻石辭說:「追念亂世，分土建邦，以開爭理」;「乃今皇帝，壹家天下，兵不復起」。這說明秦始皇認為廢分封行郡縣是消除各地兵爭所必需的。

秦始皇以戰國時期秦國官制為基礎，把官制加以調整和擴充，建成一套適應統一國家需要的新的政府機構。在這個機構中，中央設丞相、太尉、御史大夫。丞相有左右二員，掌政事。太尉掌軍事，不常置。御史大夫是丞相的副貳，掌圖籍祕書，監察百官。丞相、太尉、御史大夫以下，是分掌具體政務的諸卿，其中有掌宮殿掖門戶的郎中令，掌宮門衛屯兵的衛尉，掌京畿警衛的中尉，掌刑辟的廷尉，掌穀貨的治粟內史，掌山海池澤之稅和官府手工業製造以供皇室的少府，掌治宮室的將作少府，掌國內民族事務和外事的典客，掌宗廟禮儀的奉常，掌皇室屬籍的宗正，掌輿馬的太僕等。丞相、太尉、御史大夫與諸卿議論政務，皇帝作裁決。

地方行政機構分郡、縣兩級。郡設守、尉、監（監御史）。郡守掌治其郡。郡尉輔佐郡守，並典兵事。郡監司監察。縣，萬戶以上者設令，萬戶以下者設長。縣令、長領有丞、尉及其他屬員。郡、縣主要官吏由中央任免，縣下有鄉，鄉設三老掌教化，嗇夫掌訴訟和賦稅，遊徼掌治安。鄉下有里，是最基層的行政單位。里有里典，後代稱里正、里魁，以「豪帥」即中強有力者為之。此外還有司治安，禁盜賊的專門機構，叫做亭，亭有長。兩亭之間，相距大約十里。

早在秦獻公十年（前 375 年），秦國就建立了以「告奸」為目的的「戶籍相伍」制度。……秦王政統治時期，戶籍制度趨於完備。……秦始皇統一六國以後，以秦律為基礎，參照六國，制定了全境通行的法律。秦律經過漢朝的損益，成為唐以前歷代法律的藍本。

維持一個大國的統一，還需要強大的軍隊，秦軍以滅六國的餘威，駐守全國，南北邊塞是屯兵的重點。秦制以銅虎符發兵，虎符剖半，右半由皇帝掌握，左半在領兵者之手，左右合符，才能調動軍隊。這是保證兵權在皇帝手中的重要制度。秦軍是一支前所未有的巨大的震懾力量。近年發掘的秦始皇陵側的兵馬俑坑，估計其中

秦始皇像

兩坑有武士俑7000件，戰車百乘，戰騎百匹。武士俑同真人一樣高大，所持武器都是實物而非明器。這種車、步、騎兵混合編組的大型軍陣，其規模之大，軍容之盛，是秦軍強大的表征。

秦始皇不但建立了一套專制主義中央集權的統治機構和制度，而且還採用了戰國時期陰陽家的終始五德說，以辯護秦朝的法統。終始五德說認為，各個相襲的朝代以土、木、金、火、水等五德的順序進行統治，周而複始。秦得水德，水德尚黑，所以秦的禮服旌旗等都用黑色；與水德相應的數是六，所以符傳長度、法冠高度各為六寸，車軌寬六尺。水德主刑殺，所以政治統治力求嚴酷，不講究「仁恩和義」；與水德相應，曆法以亥月即十月為歲首；等等。秦始皇還確定了一套與皇帝地位相適應的複雜的祭典以及封禪大典，擇時進行活動。秦始皇在咸陽附近依照關東諸國宮殿式樣營建了許多宮殿，並於渭水之南修造富麗宏偉的阿房宮。咸陽宮殿佈局取法於天上的紫微宮，儼然是人間上帝的居處，天下一統的象徵。秦始皇還在驪山預建陵寢，墓室中以水銀為百川、江河、大海，機相灌輸，上具天文，下具地理。他採取這些措施，和他採用皇帝的名號一樣，是要表示他在人間的權力與上帝在天上的權力相當，從而向臣民灌輸皇權神祕的觀念。皇權神祕觀念，是專制主義中央集權制度的思想基礎。

皇權的加強和神化，郡縣制的全面推行，體現專制皇權的官僚機構和各種制度的建立，法律的完備和統一，皇帝對軍隊控制的加強等，這些就是專制主義中央集權制度的主要內容。專制主義中央集權制度，在當時的條件下是維持封建統一所不可少的條件。但是這種政治制度對百姓的束縛極大，而且它對經濟文化發展的促進作用也可以轉變為阻滯作用，這在封建社會後期更為顯著。[1]

（二）宋朝：專制主義中央集權制度的完善

在消滅各封建割據政權的同時，宋太祖、宋太宗還逐步加強了專制主義中央集權制的統治。安史之亂以來，藩鎮之所以能夠與中央皇室對抗，主要在他們「既有其土地，又有其人民，又有其甲兵，又有其財賦」，掌握和控制了地方的各種權力。為改變這種情況，宋太祖採取如下措施：

（1）削奪其權。為削弱節度使的行政權力，把節度使駐地以外的州郡——「支郡」直屬京師。同時派遣中央政府的文臣出任知州、知縣，「列郡各得自達於京師，以京民權知」。這一制度逐步推行後，到宋太宗初年，西北邊境州

宋太祖像

1 參見周一良、鄧廣銘等編：《中國歷史通覽》，東方出版中心 1994 年版，第 167—170 頁。

郡也都換上了文官。宋代雖然保留了節度使的名義，但在北宋初年，事實上已降為某一州郡的長官，後來更徒具空名，而不到節度使駐地赴任。即使如此，宋太祖仍恐州郡長官專權，一面採取三年一易的辦法，使州郡長官頻頻調動，一面又設置通判，以分知州之權，利用通判與知州之間的相互制約，使一州之政不致為知州把持，防止偏離中央政府的統治軌道。

（2）制其錢穀。宋初於各路設置轉運使，將一路所屬州縣財賦，除「諸州度支經費」外，全部運輸至宋統治中心開封。前此藩鎮以「留州」「留使」等名目而截留的財物，一律收歸中央。

（3）收其精兵。宋太祖繼承了周世宗的許多做法，派遣使臣到各地，選拔藩鎮轄屬的軍隊，「凡其材力伎藝過人者，皆收補禁兵，聚之京師以備宿衛」。藩鎮的兵權也逐步被剝奪淨盡。與此同時，在次第削平南方諸國後，下令拆毀江南、荊湖、川峽諸地的城郭，於是可能被藩鎮用來抗拒中央的城防也被撤除了。

在上述變革之下，全國各地的「兵也收了，財也收了，賞罰刑政一切收了」，從而極大地加強了中央政府的統治力量。就宋代行政體制看，「收鄉長、鎮將之權悉歸於縣，收縣之權悉歸於州，收州之權悉歸於監司，收監司之權悉歸於朝廷」，「以大系小，絲牽繩連，總合於上」，把中央集權制強化到空前未有的程度。前此那些藩鎮割據勢力被完全鏟除。在宋朝統治的300餘年中造成一個「無腹心之患」的統一的政治局面。

軍隊和官僚機構是維護和運轉中央集權制的兩個重要工具，宋太祖、太宗採取種種防微杜漸的政策和措施，極力使這兩個工具適應專制主義的需要，從而表現了皇帝權力的空前加強。范浚在《五代論》中指出：「兵權所在，則隨以興；兵權所去，則隨以亡。」這段話揭示了唐末五代以來，在政治局面變換中，兵權所起的決定性作用。

此外，在設官分職、科舉考試制度等方面，也都體現了專制主義中央集權的加強。

宋太祖、太宗建立的一些制度，大大加強了宋朝的專制主義中央集權，造成了統一的政治局面，為經濟、文化的高度發展創造了良好條件。但是由於「以防弊之政，作立國之法」，一些強化專制主義中央集權制的政策和措施，轉化成為它的對立面「冗長」「冗官」和「冗費」與日俱增，使宋封建國家陷於積貧積弱的局勢中。[1]

（三）明朝：專制主義中央集權制度的發展

（明朝）中央機構的設置最初沿襲元朝制度。洪武十三年（1380年）胡惟庸案發後，廢丞相不設，使吏、戶、禮、兵、刑、工六部直隸於皇帝，並令後代不得再置丞相。明初設大都督節制中外諸軍事，但因其權太重，也於同年廢除，改由前、後、左、中、右五軍都督府分領全國各衛所，並使其與部分權。後部有出兵之令而無統兵之權，五軍都督府有統兵之權而無出兵之令，軍權自此也被分割。……洪武十四年到十五年（1381—1382年），明太祖又設立都察院和大理寺兩個機構，與刑部合稱為「三法司」。刑部受天下刑名，都察院糾察百官，大理寺司駁正，最後由皇帝裁決。洪武九年（1376年），明朝政府即在中央設置通政使司，接納天下臣民的章奏。這樣，就使政、軍、法集中於皇帝一身。

1 參見周一良、鄧廣銘等編：《中國歷史通覽》，東方出版中心1994年版，第492—496頁。

地方官制最初也沿襲元代制度，置行中書省或中書分省，有平章政事、參知政事等官，平章政事總攬一行省中的兵、刑、錢、穀等事，職權甚重，中央極難駕馭。洪武九年（1376年），明朝政府改行中書省為承宣佈政使司，與提刑按察使司和都指揮使司合稱三司，布政使掌民政和財政，提刑按察使掌刑，都指揮使掌兵，分三衙門互不統屬，分別隸屬於朝廷各部院。邊方各地則執行都指揮使司或由宣慰使司、宣撫使司統管。無論內地或邊方，都須分別聽命於朝廷。

明太祖為了加強監察機構的職能，改御史台為都察院，設都御史、副都御史、僉都御史等官，下屬十二道或十三道監察御史。都御史、副都御史或尚書、侍郎，永樂後多掛銜出使，為地方的巡撫或總督，事畢撤除。監察御史雖為七品小官，但可訪風問俗，提調複審冤案，罷黜官吏，一般事皆可自決，大事可直奏皇帝，為天子耳目之臣。這種制度，起到了加強朝廷控制地方的作用。

明太祖像

明朝政府設置了比唐、宋更為完備的科舉和學校制度，以培養封建政權的候補官僚。學校分為府州縣和國子學兩種，國子學後改名國子監，在府州縣學讀書的學生稱生員，在國子學讀書的學生稱監生，監生大多數是地方官僚的子弟，其中還有一部分是土司的子弟。府州縣生員可入國子學讀書，也可以通過考舉人、進士得官。國子學結業後則可直接做官，或經科舉做官。……永樂後，學校和薦舉並存，但科舉最為通行，仕途日狹。

為了加強封建國家的武裝力量，明太祖仿唐府兵制，參以元法，頒行衛所制度。軍隊的來源有從征、歸附、謫發、垛集，主要是靠垛集，即徵兵，軍士別立戶籍，叫做軍戶。軍戶出正軍，但防守或屯種也由其出餘丁供給。遇國家有事，兵部派遣都督充總兵官統領，事罷撤除。這樣，兵部、都督府、總兵官都不能獨專兵權。

明太祖提倡法制，刑用重典。他和他的臣屬用了二三十年的時間來制定《大明律》。該律在佃農、雇工、奴婢對田主的人身依附關係方面雖比以前略有鬆弛，但更重要的是明朝政府為維護地主階級國家的統治，在新的歷史條件下，把地主階級的特權在法律上重新鞏固下來。明律簡於唐律，嚴於宋律。所規定的擅專銓法、糾集朋黨者斬等律令均為首創。明太祖在明律外，又頒佈《大誥》《大誥續編》《大誥三編》和《大誥武臣》，記載了很多有關打擊豪強、懲治貪污以及防止人民流亡的事例和法令。凡《大誥三編》所列，淩遲、梟首、族誅成千上百，斬殺不下萬數。

洪武十五年（1382 年），設專門從事特務工作的錦衣衛，其下有鎮撫司，設有法庭、監獄和各種殘酷的刑具。錦衣衛由皇帝直接派人率領，職能是侍衛皇帝，司儀仗，特別是專門鎮壓京師地區勞動人民的祕密結社組織和反抗活動，同時也偵察、逮捕那些企圖反叛皇帝的勳臣和官僚。鎮撫司的法庭、監獄叫「詔獄」，俗稱「天牢」，仿自前代，刑罰最為兇殘。明朝酷政之一的廷杖，在洪武時已開其先。

專制主義中央集權政治的加強還表現在對人民和土地的嚴格控制上。洪武十四年（1381 年），明朝政府在洪武三年制定的戶貼的基礎上，經過長期的戶籍調查，在各地編製了賦役黃冊。二十四年（1391 年）准奏攢造賦役黃冊格式。黃冊以戶為主，詳細登錄各戶人丁、事產及其變動的情況，每隔十年要重新編造一次。洪武二十年（1387 年），明朝政府又經過普遍丈量土地，在各州縣編製了魚鱗圖冊，以土地為主詳細記載了每鄉每里每戶土地的類別、畝數和方圓四至，有的魚鱗圖冊在地主土地項下還附有佃戶的姓名。明朝統治者通過黃冊和魚鱗圖冊來掌握和控制戶籍和土田，進行賦稅和傜役的剝削。

明朝政府還設立了里甲制和關津制。裏甲是與黃冊同時規定的，是一種役法，按丁多少分為上、中、下三等戶，以 110 戶為一里，推舉有錢有勢的十家地主輪流擔任里長，其餘百戶分為十甲，每甲十戶。各設甲首一人，里長和甲首各十年輪充一次。每里設老人一名，司教化，勸農桑，平訴訟，止流亡。里甲內不得隱藏人口，亦不得任意流徙，否則四鄰都要連坐。關津制係里甲的補充，是在全國沖要去處，分設巡檢司盤查行人。明律規定，出行百裏外，沒有州縣衛發給的路引（通行證）者，民以逃民論，軍以逃軍論。里甲和關津把農民牢固地管束起來，強制他們屈從於地主和封建國家的統治。

明太祖在加強專制集權政治過程中，對某些地區的豪強地主進行了打擊，他曾經籍沒蘇州、嘉興、松江、湖州等地豪族富民的土地，並把全國各地近兩萬戶的富民強行遷徙到臨濠和南京，避免他們為害地方，也為借其力量，充實和繁榮京師。為制止嚴重的貪污行為，明太祖對貪官污吏實行苛刑峻法。在洪武十五年（1382 年）的空印案和十八年（1385 年）的郭桓案中，數百名官吏被處死刑，下獄達數萬人，追贓達數萬石。加強中央集權的統治和肅清吏治方面有積極作用。明太祖還兩次興起大獄，打擊功臣和官吏、富豪，十三年（1380 年）丞相胡惟庸案，牽連被殺者達 30000 人，公侯伯坐死者 20 餘人；二十六年（1393 年）藍玉案，被殺者亦有 15000 餘人，公侯伯坐死者 15 人。兩案初為解決統治階級內部相權與君權的矛盾而興，後發展為明皇室與功臣之間的矛盾鬥爭。「胡藍之獄」其實是朱元璋為加強中央集權、提高皇權而使用的手段，但殺戮太過，株連甚眾，給明朝政權的鞏固帶來了嚴重的後果。[1]

（四）清朝：封建專制主義皇權的加強

清朝政權是以滿族貴族為主體的滿漢地主階級的聯合專政，是專制主義中央集權制度的高度發展形態，皇權是這一政治制度的核心。

清王朝吸取了歷代專制統治的經驗，從一開始就嚴密防範可能動搖、侵犯和篡奪皇帝權力的弊端。在歷史上，宰相擅權、母後專政、外戚篡奪、宦官橫行、大臣朋黨、士民結社，幾乎與專制皇權的發展形影不離，使得皇權經常發生劇烈的動盪。而清朝專制皇權，除了到清末慈禧太后擅權數十年之外，沒有發生像漢、唐、宋、明母後、外戚、宦官、朋黨所造成的政治動亂，主要因為清朝統治者採取了種種防範措施。如順治時就作出太監幹政，結納官員，擅奏外事，淩遲處死的規定，特立鐵牌，世世遵守。太監受內務府衙門的嚴格管理，不能形成自身的權力系統，各級官吏可以監督外出的太監。乾隆時，一個很低微的熱河巡檢張若瀛杖責不法太監，受到獎勵，特旨擢升七級。又如對於朋黨問題，清初就嚴厲禁止，在各

1 參見周一良、鄧廣銘等編：《中國歷史通覽》，東方出版中心 1994 年版，第 712—715 頁。

地的府學、縣學內設立臥碑。順治十七年（1660 年）上諭：「士習不端，結社訂盟，把持衙門，關說公事，相煽成風，深為可惡，著嚴行禁止。」同時借奏銷案、科場案、通海案、明史案，對江南地主階級知識分子大肆鎮壓，明朝以來結社分黨的風氣逐漸收斂。以後清朝的幾個皇帝都再三禁止朋黨。康熙說：「人臣分立門戶，私植黨羽，始而蠹國害政，終必禍及身家。」（《東華錄》康熙朝，卷二十）雍正痛恨朋黨，因此寫了一篇《朋黨論》，告誡百官，以維護專制皇權集於一身。[1]

清朝的俸祿制度，存在重大的缺陷，主要是官員的俸祿很低而不足以維持官吏本人和家屬生活，這不啻是驅使各級官吏對人民進行勒索和掠奪的原因。一個七品知縣歲俸銀僅 45 兩，即使是總督、巡撫這樣的封疆大吏，每年俸銀也只有 150~180 兩，這戔戔之數，還不夠大官僚們一衣和一餐之費。當國家財政困難的時候，還要在官吏的俸祿上打主意，要他們減俸、捐俸。還有地方上存留的公費，本屬地方辦公開支，數額本就很少，清初因軍需孔亟，一再裁減。……這樣，官吏們不但生活費無保證，連辦公費用也予以克扣，因此不得不從老百姓身上進行搜刮。這種體制實際上就是鼓勵各級官吏的層層朘削。上諭中也承認：「今部中每遇事，輒令地方官設法料理，皆掩飾美名。實則加派於地方耳」（《清聖祖聖訓》卷四《聖德》，康熙四十九年十月）；有的官吏也說：「遠則西征之雇車，北口之運米（指征討噶爾丹時的後勤供應），近則修葺城垣，無不責令設法」（宋犖：《西陂類稿》卷三十八《條陳畿東十事》）。所謂「設法」就是貪污勒索的別名。

1 參見戴逸主編：《簡明清史》第 1 冊，人民出版社 1984 年版，第 267—269 頁。

康熙時，官場貪污之風已極盛。當時掌握權力的大官僚都斂財納賄，如索額圖「貪侈傾朝右」，明珠「簠簋不飭，貨賄山積」(《清史稿》卷二六九《索額圖》《明珠》)。還有徐乾學、高士奇等也是貪贓不法，聲名狼藉，「徐健庵乾學昆仲(指徐乾學、徐秉義、徐元文兄弟)與高江村(士奇)比昵，時有『九天供賦歸東海(指徐乾學)，萬國金珠獻澹人(指高士奇)』之謠。上知之，惟奪其官而已。嘗諭近臣曰：諸臣為秀才，皆徒步布素，一朝得位，便高軒駟馬，八騶擁護，皆何所來，可細究乎？」(昭槤：《嘯亭雜錄》卷一《優容大臣》)

康熙也曾有志於整飭吏治，煞住貪風。他把治河與懲貪當作兩項要政，希望做到「河清」與「官清」。他一度懲辦了一批貪官污吏，並表揚了於成龍、彭鵬、張伯行、張鵬翮等，作為清官的榜樣。可是在實踐過程中，他逐漸懂得在封建的政治體制之內，是不可能根絕貪污行為的。所以康熙晚年不再強調澄清吏治，對官吏的貪污納賄行為多加寬容，睜一眼閉一眼不作深究。……由於康熙的放縱寬容，各級官員肆無忌憚地勒索攘竊，吏治更加敗壞，「各省庫項虧空，動盈千萬」(《清實錄》雍正朝，卷三，雍正元年正月)。

雍正上台，銳意改革積弊，整頓吏治，限期各省補足藩庫的虧空銀兩，並嚴厲打擊貪污犯，追贓索賠，查抄家產。例如川陝總督年羹堯和吏部尚書隆科多的得罪，雖有其他政治原因，但列舉的罪狀中貪污是很重要的原因。年羹堯的 92 條罪狀中，貪黷罪達 33 條；隆科多的 41 條罪狀中貪黷罪也達 16 條。雍正為了清理財政，杜絕貪污，也從賦稅和俸祿制度的改革入手，實行「耗羨歸公」。……「耗羨歸公」是雍正時的一項重要改革，這一措施集中了徵稅的權力，減輕了人民的負擔，對整頓吏治，減少貪污，起了一定的作用。當然，這並不是根本的辦法，乾隆以後，貪污之風又惡性發展，吏治廢弛，官常大壞。[1]

五　獨尊儒術，禁錮思想

清朝在思想文化上，把儒學提高到無以複加的地位，特別用力倡導程朱理學，執行「獨尊儒術」的文化政策。一方面引導知識分子以朱子的注釋為準則鑽研儒家經典，另一方面採取高壓政策，大興文字獄，從而禁錮了人的思想，禁錮了人的創造性。使當時中國的思想文化領域萬馬齊喑，如一潭死水般的沉寂。

（一）倡導理學，編纂書籍

清朝是以滿族親貴為核心的滿漢地主階級的聯合專政，它一方面採取種種軍事和政治措施，鎮壓漢族及各族人民的反抗鬥爭；另一方面又十分注意利用漢族儒學、藏族蒙古族的喇嘛教，在意識形態領域中加強控制，以鞏固自己的統治。清王朝竭力吸取並利用漢族和其他民族思想文化，以服從於自己的統治需要。在這方面，它比歷史上各少數民族建立的其他王朝花費了更多的精力，也收到了更大的成效。

清朝入關以後，很快就舉行科舉考試，大力提倡尊孔讀經。給孔子上尊號，稱「大成至聖文宣先師」（後又稱「至聖先師」），大修孔廟，每年舉行祭孔典禮，給孔子的後裔衍聖公以種種榮耀和特權，給孔府增撥土地、賞賜財物。康熙南巡，過曲阜，謁孔廟，召集官吏儒生，講論經義，甚至以天子之尊，向孔子行三跪九叩首之

1　參見戴逸主編：《簡明清史》第 2 冊，人民出版社 1984 年版，第 370—372 頁。

禮。對歷代重要的儒家代表人物都優禮有加，為他們建祠廟，立牌坊，賜匾額。「先儒」的後裔都世襲五經博士，倍加榮寵。康熙九年（1670年），根據儒家學說，制定和頒發了「聖諭」十六條，作為人們的行為準則，其內容是：敦孝弟以重人倫，篤宗族以昭雍睦，和鄉黨以息爭訟，重農桑以足衣食，尚節儉以惜財用，隆學校以端士習，黜異端以崇正學，講法律以儆愚頑，明禮讓以厚風俗，務本業以定民志，訓子弟以禁非為，息誣告以全良善，誡窩逃以免株連，完錢糧以省催科，聯保甲以弭盜賊，解仇忿以重身命。雍正又給這「十六條」做了注釋發揮，稱之為《聖諭廣訓》。它是宗法社會中封建專制統治者對被統治者的政治和道德訓誡，典型地表現了儒家的社會理想和生活信條。雍正二年（1724年），將《聖諭廣訓》頒發全國，廣為宣傳。吏部通知各省督撫，在各地遴選秀才，進行宣講，「句詮字釋，闡發音義，毋得虛應故事」。例如，直隸獲鹿縣「每月朔望為講約期，於西門外為講約所，上供聖諭牌，設講案於中間，令生員一人，以為講約正，再選二人以為值月。是日清晨，縣官率僚屬士民齊集講所行禮，令約正宣講聖諭十六條。……各鄉村則於居民稠密之處，或就義學相近，設講約所。本鄉所舉約正與文學師會同宣講」（壽頤：《光緒獲鹿縣志》卷八，學校）。清政府千方百計把儒家思想貫徹到全國的每一個角落裏去。

《康熙字典》

清朝對程朱理學，尤其用力提倡。康熙特別尊崇朱熹，他說：「宋儒朱子，注釋群經，闡發道理。凡所著作及編纂之書，皆明白精確，歸於大中至正，今經五百餘年，學者無敢疵議。朕以為孔孟之後，有裨斯文者，朱子之功，最為宏鉅」(《東華錄》康熙朝，五十一年二月)。又說朱熹的「文章言談之中，全是天地之正氣，宇宙之大道。朕讀其書，察其理，非此不能知天人相與之奧，非此不能治萬邦於衽席，非此不能仁心政施於天下，非此不能外內為一家」(《御纂朱子全書序言》)。對朱熹的推崇，達到無以複加的程度。並且，把朱熹從孔廟兩廡的先賢中抬出，放在大成殿四配十哲之次，成為第十一哲。清代科舉，考四書五經要以朱熹的注釋作為準則。因此，程朱理學成為官方哲學，炙手可熱。善於拍馬屁的大臣李光地揣摩皇帝的心意，遂鼓吹道統說，他說朱熹承接了堯舜禹湯文武周公孔孟的道統，「五百年必有王者興」，「自朱子而來，至我皇上，又五百年，應王者之期，躬聖賢之學。……伏維皇子承天之命，任斯道之統，以昇於大猷」(李光地:《榕村全集》卷十《進讀書筆錄及論說序記雜文序》)。李光地吹捧康熙接儒學道統，而且把道統與治統結合在一起。康熙聽了，非常高興，說「知光地者莫若朕，知朕者莫若光地」。在清廷的獎勵提拔下，除李光地外，還有大批信奉程朱的「理學名臣」，如魏裔介、熊賜履、湯斌、張伯行等都位居極品，很受重用。清朝之所以大力尊崇孔子，倡導儒學，目的是用以鞏固封建秩序，加強專制統治。雍正帝有一段話說得很清楚，「若無孔子之教……勢必以小加大，以少陵長，以賤妨貴，尊卑倒置，上下無等，干名犯分，越禮悖義，所謂君不君，臣不臣，父不父，子不子，雖有粟，吾得而食諸？其為世道人心之害，尚可勝言哉」(《東華錄》雍正朝，五年七月)。

為了籠絡漢族知識分子，表示「稽古右文，崇儒興學」之意，清政府招羅大批知識分子，大規模地蒐集、編纂和注釋古代典籍，屬於儒家經典的四書五經，自然最受重視。一大批「御纂」和「欽定」的注經作品連續出版。順治時有御注《孝經》，康熙時有御纂《周易折中》《日講四書解義》及欽定《詩經傳説匯纂》《書經傳説匯纂》《春秋傳説匯纂》等。雍正時有御纂《孝經集注》。乾隆時有御纂《周易述義》《詩義折中》《春秋直解》以及欽定《周官義疏》《儀禮義疏》《禮記義疏》，又修明史、續三通、編方略。此外，又編纂《古今圖書集成》，此書由陳夢雷主持編纂，分列門類綱目，薈萃群書，是一部大型的類書，從各種典籍中按類採擇摘錄，彙編成書，但每種書籍不是完整地著錄保存。《古今圖書集成》分六彙編，32 典，全書 10000 卷，歷康熙、雍正兩朝，全書才編印完竣。

最大規模的編書是乾隆朝所編的《四庫全書》。這是我國歷史上最大的一部叢書。它把我國古代重要的典籍首尾完整地抄錄下來，分編於經、史、子、集四部 44 類之下，共收圖書 3457 種，79070 卷，包羅宏大，豐富浩瀚，為我國古代思想文化遺產之總匯。編纂工作從乾隆三十八年（1773 年）正式開設四庫館起，至乾隆五十二年（1787 年）《四庫全書》繕寫完畢止，歷時 15 年。以後又檢查書籍內容，校對錯誤缺漏，並補充一批書籍入四庫，直至乾隆五十八年（1793 年）編纂工作才完全結束。《四庫全書》共繕寫七部，另有副本一部，分藏於北京故宮文淵閣、圓明園文源

文津閣

閣、瀋陽文溯閣、承德避暑山莊文津閣、揚州文匯閣、鎮江文宗閣、杭州文瀾閣，副本藏於北京翰林院。參加編纂工作的有 360 名官吏和知識分子，集中了當代的大批名流學者，其中出力較多、名聲較高的有於敏中、金簡、紀昀、陸錫熊、任大椿、陸費墀、戴震、邵晉涵、程晉芳、周永年、朱筠、姚鼐、翁方綱、王念孫等。四庫著錄的書除小部分御製作品和奉旨撰述的官書之外，都是從全國蒐羅來的歷代典籍，其來源：有的是內廷藏書，有的是從各省採進，有的是各地官吏和藏書家私人進獻，也有的是從明代《永樂大典》中輯出的已散佚的古書。在編纂過程中，紀昀等作《四庫全書總目提要》，共 200 卷，對著錄的 3457 種書籍以及未著錄而存其目的 6766 種書籍都作了介紹和評論，簡要地敘述每部書籍的內容，評論其優劣得失，探討其學術源流和版本同異。阮元評論說：「高宗純皇帝命輯《四庫全書》，公（紀昀）總其成。凡六經傳注之得失，諸史記載之異同，子集之支分派別，罔不抉奧提綱，溯源徹委。所撰定總目提要，多至萬餘種，考古必衷諸是，持論務得其平」（阮元：《揅經室三集》卷五《紀文達公集序》）。《四庫全書》在我國學術文化史上佔有很重要的地位。我國古代的書籍，在戰亂和社會動盪之中，損失嚴重，清政府投入大量的人力物力，蒐集全國圖書，輯錄已佚書籍，保存下許多有價值的古代典籍。乾隆帝趁編纂《四

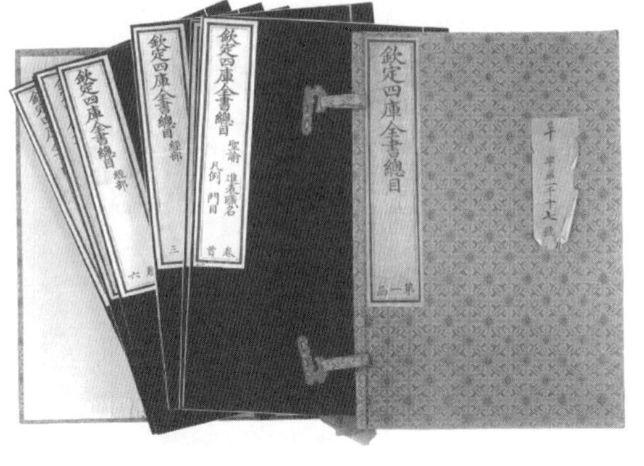

《欽定四庫全書》

庫全書》的機會，對全國書籍作了一次大規模的檢查，查禁、銷毀和刪改了許多所謂「悖逆」和「違礙」書籍。就在開設四庫館徵求天下遺書的第二年，即乾隆三十九年（1774 年）上諭中提出，「明季末造，野史甚多，其間毀譽任意，傳聞異詞，必有詆觸本朝之語。正當及此一番查辦，盡行銷毀，杜遏邪言，以正人心而厚風俗，斷不宜置之不辦」（《東華錄》乾隆三十九年八月）。此後，各地「刊刷謄黃，遍貼曉諭」，勸令呈交「違礙」書籍。一方面，官府派人各處查訪，對各類書籍進行甄別，將查交的禁書送往北京；另一方面四庫全書館從採進本中查尋禁書。這兩方面的書籍都送到軍機處，然後由翰林院詳細審查，將「悖謬」之處寫成黃簽，貼在書眉上，由乾隆帝過目批准後，將書籍燒毀。違禁書籍的範圍越來越大，「初下詔時，切齒於明季野史。其後，四庫館議，維宋人言遼金元，明人言元，其議論偏謬尤甚者，一切擬毀……隆慶以後，至於晚明，將相獻臣所著，靡有孑遺矣」（章太炎：《哀焚書》第五十八）。明末清初時，黃道周、張煌言、袁繼咸、錢肅樂、顧炎武、黃宗羲、孫夏峰諸人的著作，均幹例禁。後來稍稍放寬，有些人的著作，只要「改易違礙字句，無庸銷毀。但對錢謙益、呂留良、屈大均、金堡以及戴名世、王錫侯、尹嘉銓諸人的作品，查禁特別嚴厲。乾隆時被銷毀的書籍將近三千餘種，六七萬卷以上，種數幾與四庫現收書相埒」（孫殿起輯：《清代禁書知見錄・自序》）。[1]

（二）文字獄

清朝除了銷毀、篡改不利於自己統治的書籍之外，還大興文字

1 參見戴逸主編：《簡明清史》第 2 冊，人民出版社 1984 年版，第 227—232 頁。

獄，以達到消滅異端，禁錮思想的目的。所謂文字獄，就是以文字作品定罪，絕大多數的文字獄都是望文生義，捕風捉影，任意羅織罪狀的。文字獄是封建社會中沒有政治民主和言論自由的必然產物，也是專制皇帝用以震懾官吏、知識分子的重要手段。在中國兩千多年封建社會裏，文字獄屢見不鮮，而清朝的文字獄，次數之頻繁、株連之廣泛、處罰之殘酷，超過以往的朝代。

清代文字獄是從康熙朝開始的。

清朝最早的文字獄是對清初十分流行的民族思想和反清意識的一種反應，是清廷為了阻遏反清復明思潮而採取的嚴酷措施。但康熙一朝，文字獄還不多，最大的案件是莊廷鑨的《明史》案和戴名世的《南山集》案。這兩大案件，都是由於作品中有眷念明朝的民族意識而引起的。

《明史》案發生在康熙二年（1663年）鼇拜當權的時候。浙江富戶莊廷鑨購得明末人朱國楨所撰《明史》，攘為己作，並補寫了崇禎朝和南明史事，其中奉南明弘光、隆武、永曆的正朔，又有指斥清朝的詞句，被人告發，釀成大獄。時莊廷鑨已死，剖棺戮屍，誅其弟廷鉞。此案株連甚眾，「名士伏法者二百二十一人，莊、朱（指南潯人朱佑明，牽連在此案內）皆富人，卷端羅列諸名士，蓋欲借以自重。故老相傳，二百餘人中，多半不與編纂之役，甚矣，盛名之為累也」（陳康祺：《郎潛紀聞》卷十一）。

《南山集》案發生在康熙後期，翰林院編修戴名世著《南山集》，其中有根據方孝標所作《滇黔紀聞》來議論南明史事，用南明諸帝年號，觸犯忌諱。康熙五十年（1711年），左都御史趙申喬告發戴名世「妄竊文名，恃才放蕩……私刻文集，肆口游談，倒置是非，語多狂悖」。康熙處理此案，最初也追根刨底，雷厲風行，除戴名

呂留良像及手稿

世、方孝標兩族外，牽連甚眾，為《南山集》作序的、刊刻的、販賣的，與戴名世交往的很多人，均得罪被捕，其中有名士方苞、王源等。但結案時還算寬大，除戴名世外，其他許多人得以寬釋。

雍正時，案件數目增多，罪名苛細，吹毛求疵，故意羅織成獄。許多案件，並不單純由於文字內容獲罪，而是雍正以文字為借口，打擊政治上的異己勢力。例如大將軍年羹堯恃功驕縱，雍正蓄意誅殺他，給年羹堯製造了很多罪狀，其中重要的一條是年羹堯在奏折內將「朝乾夕惕」錯寫成「夕惕朝乾」，雍正指責「年羹堯非粗心辦事之人，直不欲以朝乾夕惕歸於朕耳。……觀此，年羹堯自恃己功，顯露不臣之跡，其乖謬之處，斷非無心」(《東華錄》雍正三年三月)，這分明是羅織罪狀。汪景祺寫《西征隨筆》，因其中有譏訕康熙的字句，被處決；

錢名世是當時名士，雍正很討厭他，給他一塊「名教罪人」的匾額羞辱他，因為汪、錢二人都是年羹堯的黨羽，汪是年的記室，錢則在詩文中吹捧了年，這是他們得罪的真實原因。考官查嗣庭，出了「維民所止」的試題，被認為是將「雍正」二字砍去了腦袋。

雍正帝開了很惡劣的先例，他大興文字獄，以之作為控制思想、打擊政敵、提高自己權威的手段。從此以後，清政府經常以文字罪人，而且都以大逆不道論處，治罪重，株連眾。乾隆朝，文字獄成了家常便飯，案件比康熙、雍正兩朝合計增加四倍以上。康熙、雍正時的文字獄，主要打擊對象是具有反清思想的士大夫或政治上的反對勢力，獲罪的大多是官吏和上層知識分子，儘管也是隨意羅織罪狀，但多少還抓了點治罪的理由；乾隆時的文字獄，更是望文生義，捕風捉影，硬加上莫須有的罪名，獲罪的人有很多是下層知識分子。除了幾起追查清初人著作中的反清思想之外，乾隆朝的絕大部分文字獄並沒有反清抗清的政治傾向，純屬濫殺無辜。它的唯一作用就是在知識分子中造成嚴重的恐怖氣氛，顯示皇帝生殺予奪的專制淫威。

18 世紀，中國的知識分子處在如此的文化專制主義的統治下，綴文命筆，動輒得咎，因此大家都提心吊膽，不敢議論當代的社會問題，也不敢編寫歷史，脱離實際，逃避現實，埋頭於故紙堆中，養成了煩瑣的學風，窒息了思想，摧殘了人才。……直到 18 世紀 80 年代，大約乾隆四十七年（1782 年）以後，文字獄才較為放寬。[1]

1 參見戴逸主編：《簡明清史》第 2 冊，人民出版社 1980 年版，第 233—240 頁。

長夜無歌

「康乾盛世」100 多年的中國社會，由於清朝極端的閉關，拒絕開放，把中國與西方之間的距離大大拉開。

一　工業

（一）大機器工業

大機器工業對於 18 世紀的中國來說自然是遙遠的事情。傳統手工業生產的發展只能是老牛拉破車似的前進。

紡織業，不論是西方還是中國，都是工業生產的重要部門。在西方，隨着工業革命的開展，機器的採用，生產率成十倍百倍的增長，而此時中國的紡織業卻仍然是元明水平。「棉紡為紗，紡車所架只一錠，抽緒只一條，每人日可五六兩」。又「紡者日查得紗四五兩」。「阿爾（彈棉）日一筐，小姑（紡紗）日五兩」。這種是指單錠手搖車，大約平均每個工作日（10—12 小時），紡紗五兩，可視為常例。[1]

17 世紀 70 年代初，英國每年加工製作的棉花僅 500 萬公斤，到 19 世紀 30 年代末，則一躍而為 5 億公斤，增加了 100 倍。

1　參見郝俠君等主編：《中西 500 年比較》，中國工人出版社 1989 年版，第 252—253 頁。

法國工業革命的發展和科學技術的繁榮，極大地提高了法國的社會生產率。法國一向是世界精美絲綢的供應者，絲綢業中機器的使用使它的絲織品生產更上一層樓，有將近一半輸出國外。毛織業由於 20 年代發明了較完善的剪毛機和毛紡機，剪毛機一台機器可以代替 60 個人的工作，使毛紡織品生產得到迅速發展，毛紡織品開始出口，並很快在出口貿易中佔據第一位，成為英國的主要對手。[1]

（二）交通

工農業生產的迅速發展，推動着交通運輸業的重大革新和發展。「工農業生產方式的革命，尤其使社會生產過程的一般條件即交通運輸手段的革命成為必要。……工場手工業時期遺留下來的交通運輸手段，很快又轉化為具有狂熱的生產速度和巨大的生產規模、經常把大量資本和工人由一個生產領域投入另一個生產領域並具有新建立的世界市場聯繫的大工業所不能忍受的桎梏」[2]。因此，在這些工業革命興起的國度裏，隨着工業生產的迅速發展，隨着火車的發明、鐵路的通行和輪船的啟航，整個交通運輸業產生巨大改觀。

18 世紀末，在歐洲就有一些人試圖用瓦特蒸汽機去推進船舶。19 世紀初，利用蒸汽推動的木船，幾乎同時在美國和英國製造出來。第一只下水試航成功的載客汽輪，是 1807 年美國人富爾頓首先建成的。但英國人很快就利用了這項發明。1812 年，英國第一艘汽輪「彗星號」下水。接着就又製成了蒸汽推動的鐵製海輪。很快，在商業

1 參見郝俠君等主編：《中西 500 年比較》，中國工人出版社 1989 年版，第 248—249 頁。

2 《馬克思恩格斯全集》第 44 卷，人民出版社 2001 年版，第 441 頁。

範圍內，英國就成了使用汽船擔任世界運輸的先驅國家。美國自 20 年代起，汽船便在各大河流上定期開航。1840 年，在密西西比河流域交通中，汽船所佔的比重即達 4/5。德國的第一艘汽船於 1824 年開始在萊茵河上航行，1825 年成立了普魯士萊茵汽船公司。1847 年則成立了漢堡至美洲汽船公司，漢堡成為海運業的中心。

火車的發明似乎比輪船的發明還要早幾年。1804 年，一個名叫特裏維希克（Richard Trevithick，1771—1833 年）的人製造出了第一台實用性輪軌蒸汽機車，能拖十噸鐵。1814 年，一個煤礦工人的兒子斯蒂芬森（George Stephenson，1781—1848 年）製成了牽引用的蒸汽機車，幾經改進，到 1821 年，機車趨於完備。1825 年，英國建成了世界上第一條鐵路，長 56 公里。這一年，斯蒂芬森駕駛着由他設計和指導製造的「旅行號」機車，牽引着載客 450 人和貨物 90 噸的列車在這條鐵路上試車，淨運行兩個小時，成功地到達目的地。1829 年 10 月，斯蒂芬森又駕駛着他的「火箭號」機車，牽引列車在火車的比賽中獲得第一名，引起更多人的重視，從此，火車正式登上歷史舞台，開闢了陸路運輸的新紀元。

英國的蒸汽船「大東方號」

隨着火車的出現，鐵路建築業蓬勃興起。英國繼 1825 年修建第一條鐵路後，到 30 年代，便出現了興建鐵路的狂潮，從 1834 年到 1836 年，短短兩年間，投入鐵路建築的資金就達 7000 萬英鎊，很快形成了全國鐵路網。美國於 1828 年開始修建第一條鐵路，1830 年有 13 英里的線路開始通車，到 1840 年，美國鐵路的總長達 2818 英里。法國 1831 年開始修築第一條鐵路，長 39 公里，但到 1848 年，鐵路總長就達 1931 公里。德國於 1835 年修成了紐倫堡至費耳特的第一條鐵路，長約 12 公里，接着開始修築連接全國各主要城市的鐵路幹線，到 1848 年，德國的鐵路幹線就達 2500 公里，世界鐵路在 1840 年共約 9000 公里。西方進入了鐵路和汽輪時代。[1]

蒸汽船和火車的速度和力量，象徵着工業革命期間的時代精神，「開動蒸汽」「鐵路速度」，掃除了中世紀留下的悠閒懈怠的貴族習氣，代之而起的是緊張、忙迫的新鮮氣息。「蒸汽和新的工具機把工場手工業變成了現代的大工業，從而把資產階級社會的整個基礎革命化了。工場手工業時代的遲緩的發展進程轉變成了生產中的真正的狂飆時期。」[2] 工業生產的成倍增長、農業經濟的空前繁榮、交通運輸的巨大改觀，使 19 世紀初年西方各國呈現出一派欣欣向榮的景象。[3]

自從 1814 年英國人斯蒂芬森發明了鐵路機車之後，鐵路在各大洲陸地上的擴展同工業革命向全世界各地的擴展幾乎是同步進行的。鐵路延伸到哪裏，哪裏的新資源就被開發，所有過慣了慢節奏低效

---

1 參見郝俠君等主編:《中西 500 年比較》，中國工人出版社 1989 年版，第 250—252 頁。

2 《馬克思恩格斯全集》第 25 卷，人民出版社 2001 年版，第 381 頁。

3 參見郝俠君等主編:《中西 500 年比較》，中國工人出版社 1989 年版，第 252 頁。

率生活的人們就被火車這個鐵的龐然大物拖到商品經濟的浪潮中，社會原來的經濟秩序被破壞，這也自然會引起社會政治生活的動盪和改觀。

中國近代鐵路的鋪設和發展，是這個古老帝國從古代邁向現代時艱難步伐的最好的寫照。

1865 年，英國商人在北京修了一段一公里的鐵路試跑火車，清廷以「觀者驚駭」為由，限期拆除。1876 年，英國商人在上海和吳淞口之間修了一條長 20 公里的窄軌鐵路，中國官員堅決反對，最後以 28 萬兩的銀子買下拆除，並在上海一端的車工站原址上修建了一座天妃宮。

英、法經第二次鴉片戰爭，把中國的大門打得更大了。中國土地廣袤，交通閉塞，為了便於深入內地，擴展勢力，從 19 世紀 60 年代起，西方列強開始向清政府提出修築鐵路的要求，最先提

來往於口外的經商車隊

清政府出賣鐵路主權的漫畫

出這種要求的，是英國駐廣州領事館翻譯梅輝立（William Frederick Mayers，1831—1878 年）。他於 1862 年，向廣東當局提議修築廣東至江西的鐵路，並至大庾嶺踏勘。以後，西方的外交官、商人又多次提出修路之請，均被清政府所拒。[1]

至於交通運輸業，嘉道年間中國仍然是一派舊時的風貌：古老的帆船，原始的牛車，狹窄泥濘的鄉間古道。19 世紀 30 年代一個外國人在考察了中國的帆船業之後就曾經這樣寫道：「中國帆船的構造與設備極為落後，中國人除知道使用羅盤以外，不諳航海技術。」火車、輪船、鐵路，這些近代化的交通運輸工具，對於 19 世紀前期的中國來說，仍然是遙遠且聞所未聞的事情。[2]

李鴻章乃清朝高級官員中主動提出修鐵路的第一人。列強見清

---

1 參見李占才編：《中國鐵路史》，汕頭大學出版社 1994 年版，第 82 頁。

2 參見郝俠君等主編：《中西 500 年比較》，中國工人出版社 1989 年版，第 257 頁。

政府拒修鐵路，自己又未獲在華修路之權，在已發展成中國最大通商口岸的上海擅修鐵路。

為便利吳淞口與租界（由美英租界合並而成）的陸上交通，美駐副領事奧立維．布拉特福（OliverBradford）開始籌備築路事宜，後因築路事繁費巨，路工轉交經濟實力雄厚的英商怡和洋行。1876年，該行將鐵路器材謊稱「馬路」器材，蒙混進口……12月1日，江灣至吳淞鎮段建成，全線通車。吳淞鐵路全長14.5公里，單線，軌距0.762米，機車自重僅15噸，牽引小型客貨車，時速為24~32公里。吳淞鐵路雖未能保存下來，但它畢竟是古老的中華大地上出現的首條鐵路，產生了轟動效應。[1]

（三）冶煉

18世紀末19世紀初中國的鐵產量是極低的。直到鴉片戰爭前，清代最先進的煉鐵爐，仍是廣東明末遺制的瓶形高爐，這種高爐的最高產量一晝夜應是3600斤。廣東是清代冶鐵業最發達的地區，嘉慶四年（1799年），有材料説，廣東共有高爐25座；到道光時，大約20座，亦説有30座。據嘉慶二年（1797年）的一個材料，廣東高爐每座年產生鐵在80萬~90萬斤。高時按40座計，年產量在3500萬斤左右；低時按規定5座計，在2000萬斤左右。又清代廣東的鐵課，高時達714萬斤，低時589萬斤，按二八抽計，產量高時達3570萬斤，低時2940萬斤。比明代最高產量，高時亦不過增加25%強，低時反有減少。陝西原有鐵礦開採，嘉慶以後大興，成為一個大鐵產區。據記載，這時有爐100餘座。陝西高爐屬中型，每

---

1 參見李占才編：《中國鐵路史》，汕頭大學出版社1994年版，第63—65頁。

爐日產 700 斤，每年生產按 180 天計，每爐年產量在 126000 斤，總計十爐，年產共 1200 餘萬斤。與陝西相鄰的是四川，四川冶鐵發展於乾隆年間，也是清代一個重要的鐵產區，據統計，乾嘉年間，四川省鐵爐亦不下 70~80 座。四川鐵爐都屬小型，每爐年產量為 4800 斤，全省年產量不過 35 萬斤，除上述三省外，其餘各省有數可查的鐵爐約 144 座。考慮到未全數字，若湖南、雲南、山西、安徽等省共有 250 座爐，均按四川小型爐計，每年產量共約 120 萬斤。折合噸位 20000 噸左右，最多時不到 25000 噸。這個數字不及法國的 1/10，不及英國的 1/40，僅相當於德國的 1/10。如果按人口平均計，其懸殊就更大了。[1]

英國工業革命的完成和科學技術的發展，使英國社會生產率空前提高。1770 年到 1840 年間，英國工人每天工作的生產率提高了 20 倍。1790 年英國的生鐵產量只有七萬噸，到 1835 年則一躍為 102 萬噸，使英國從生鐵輸入國變成了輸出國。隨着生產產品的迅速增長，英國主要工業生產指數也大大增加：鋼鐵工業 1800 年為 0.9，1940 年上升為 7.8；棉紗 1800 年為 2.4，1840 年為 21.1；棉織品 1800 年為 2.4，1840 年為 17；國民收入 1740 年為 64 萬英鎊，1840 年增加到 515 萬英鎊，增長了近八倍。英國工業的發展，闊步走在其他國家前面，成了世界工廠。1820 年英國採煤總量佔全世界的 75%，1839 年則比法國、比利時、普魯士的總和還多三倍。生鐵產量則佔世界的 40%。在 19 世紀中期，英國的機器與車床製造業，在世界上居於壟斷地位。[2]

---

1 參見郝俠君等主編：《中西 500 年比較》，中國工人出版社 1989 年版，第 254 頁。

2 參見郝俠君等主編：《中西 500 年比較》，中國工人出版社 1989 年版，第 248 頁。

二　軍事

清朝入關以前和入關之初，八旗兵是一支強悍善戰的軍隊，但僅僅過了一代人的時間，八旗兵已漸腐敗，戰鬥力大大削弱。康熙時平定三藩之亂，八旗兵軍紀廢弛，士無鬥志，上諭中指出：「用兵地方，諸王將軍大臣於攻城克敵之時，不思安民定難，以立功名。但志在肥己，多掠佔小民子女。或借名通賊，將良民廬舍焚毀，子女俘獲，財物攘取。」這些軍隊只知燒殺搶劫，蹂躪平民，作戰中屢次敗績。[1]

八旗騎兵在入關後，日以征服者自居，養尊處優，武備廢弛，變成了寄生階級。[2]

清朝在入關前最初不會製造和使用火器，攻克瀋陽、遼陽後，繳獲了大批明軍的火器，但沒有加以重視和利用，只作為信炮使用。

清朝入關後，在康熙年間火炮的製造和使用又有新的發展。為平定三藩之亂，康熙起用比利時傳教士南懷仁製造的火器，清代火器製造到康熙朝，共鑄各種火炮 987 尊。

康熙中葉以後，隨着國內局勢的穩定，火炮的研製停滯不前。自雍正、乾隆以後，製炮技術沒有什麼發展，而且製造的數量也很少，嘉慶一朝僅鑄炮 55 尊。直到鴉片戰爭爆發，使用的仍是清初的過時炮。[3]

清朝時期，中國的火器沒有任何重大的改進，甚至放棄了明代

1　參見戴逸主編：《簡明清史》第 2 冊，人民出版社 1984 年版，第 378—379 頁。

2　參見劉子明：《中國近代軍事史研究》，江西人民出版社 1993 年版，第 14 頁。

3　參見史仲文、胡曉林主編：《中國全史》第 17 卷《中國清代軍事史》，人民出版社 1994 年版，第 209—210 頁。

的不少發明，主要以騎兵起家的清王朝以鳥銃和冷兵器裝備步騎兵，大炮的重量儘管增大了，其質量反而比明末降低了。隨着乾隆後期戰事的減少，軍隊的訓練已不如以前嚴格，軍隊的戰鬥力一直趨於降低。

正當西方國家軍隊全部裝備火器的時候，清廷還堅持「槍箭並重，不可偏廢」的迂腐觀念，遠遠落後於時代發展，使清軍遠遠落後於西方國家軍隊。[1]

道光皇帝在紫禁城閱兵的情景

1 參見劉子明：《中國近代軍事史研究》，江西人民出版社 1993 年版，第 14 頁。

三　科學技術

（一）明朝和明朝以前

我國是礦冶技術發展最早的國家之一。春秋末期已能煉生鐵，先於歐洲 1700 多年。戰國時期的冶煉技術達到世界最高水平，到明代，我國礦冶技術也有了較大的發展，仍然處於世界的先進行列。

首先，從冶金設備來看，冶金主要設備是煉鐵爐和鼓風機。我國早在漢代已有適合不同用途的六種開頭的煉鐵爐和橢圓形高爐，發明了水力鼓風機。到了明代，煉鐵爐得到了較大改進，一般用「鹽泥」砌成。遵化的煉鐵爐深一丈二尺，可容礦石 2000 多斤，每天能煉六次，每次出鐵 200 斤。佛山的煉鐵爐更大，每天能煉 20 多次，每次出鐵 300 斤，每天產 6000 多斤。明代發明了活塞式風箱，有一人高，風壓可達 300 毫米水銀柱。西歐人到 12 世紀才從阿拉伯人那裏得到煉金術。開始是較小的熔煉爐，到 15 世紀中葉，西歐煉鐵爐的數量大大增加，16 世紀末，英國已經有 800 座每周平均生產三噸至四噸的煉鐵爐。在德意志、法蘭西等地出現了鼓風爐，這使歐洲冶金業開始發生技術變革。

其次，在冶煉工藝技術方面，明代發明了生熟連續生產法，生鐵出爐後，憑經驗撒入適量的「潮泥灰」攪拌而成硬度隨意的熟鐵，煉鐵燃料已大部分用煤，達到煤炭居 17、木炭居 13 的程度。西歐這時期冶煉工藝也達到了一定水平，煉鐵燃料德國有的地方開始用煤。但是總的來說歐洲直到 18 世紀才主要用煤作為冶煉的燃料。

最後，採礦方面，這個時期中西方採礦的技術水平都比較低。

鐵礦大都是露天礦，採礦工具基本上都是錘頭、鋤鎬、鏟子等，運載工具也多半是筐裝袋背。幾乎是在同一個時候中西方在採礦方法上都發明了「燒爆法」，即火燒水淋，利用礦石熱脹冷縮，發生爆裂進行開採。但是這個時期西歐有少數國家，如德國開始逐漸實現採礦業的機械化。德國學者波義耳曾詳細描述當時比較複雜的礦井設備，他還提到用一個水輪同時帶動搗礦機、粉碎機和攪拌機三部機器等。英國在礦井排水中開始利用空氣泵，這對採礦業的發展是一個很大的促進。

這個時期的機械製造業，中西方各有自己的優勢。明代的造船技術先進於西歐。當時廣東、福建、江南的造船廠擁有世界的頭等水平，開始向大型化、高速化方面發展。所造的大型海船，不僅供國內使用，而且出口，廣船、福船馳名於世界。鄭和七次下西洋，每次都有「巨舶百艘」，最大的寶船長 48 丈，寬 18 丈，船隊的舵手、各種工匠、水手、辦事、醫師、翻譯、士兵等總數達 27000 人。此後 60 年，當哥倫布駛往美洲的時候，他所帶領的是載着 88 人的三隻小船，最大的「聖瑪麗號」才五丈長，一丈八尺寬。這兩次著名的遠航，再次説明直到 15 世紀，西歐國家的造船技術仍比我國落後。但是這個時期，西方國家金屬加工機械製造業則比明代興旺，出現了許多專門化的製造部門。同時，西歐出現了比較簡單的旋床、鑽床、磨床，以及拔絲機、壓延機、起重機，甚至出現了 1 ～ 2 噸的重力錘，能生產帶錘的齒輪時鐘，鐵和銅已被抽成絲，能生產許多精良的武器，步槍出現了，佛羅倫薩已經生產了鐵鑄的大炮。這意味着西方國家的金屬機械製造業達到了一個較高的水平。

可見，15、16 世紀中國和西歐國家在手工業生產和技術方面也是各有優勢，總的來説，兩者也是處在同一個水平線上。[1]

明代以至中國古代的生產和技術的發展具有鮮明的獨創性。中國是一個富於創造性的國家。明代以至中國古代社會生產和科學技術幾乎都是中國人民自己獨創出來的。正是這個獨創的成就的長期發展和歷代繼承，才形成了中國氣派的社會生產和科學技術體系。明朝以前，在世界古代社會生產和科學技術各個領域中，屬於中國首創之項，其量之多，水平之高，是當時世界上任何一個國家和民族所不及的。據 1975 年出版的《自然科學大事年表》記載，明朝以前，世界上的重要的發明和重大的科學成就大約 300 項，其中中國 175 項，佔總數的 57% 以上，世界各國才佔 42% 多。英國劍橋大學凱厄斯學院院長李約瑟博士通過 30 多年對中國古代社會生產和科學技術歷史發展的研究後指出，中國的發明和發現，遠遠超過同時代的歐洲，特別是在 15 世紀之前更是如此，關於這一點可以毫不費力地證明。

中國科學技術的重大發明和創造從公元 11 世紀開始，也呈下降的趨勢。據 1975 年《世界自然科學大事年表》記載，公元前 6 世紀至 11 世紀，世界上的重要的科學成就、發明或創造共 231 項，其中我國有 135 項，佔總數的 58.4%；從 11 世紀到 16 世紀，世界上的科學成就、發明或創造有 67 項，其中我國有 38 項，佔 54%。可見這個時期比前個時期下降 4.4%。西歐恰恰相反，重大的科學成就、發明或創造，絕大部分是在 10 世紀至 16 世紀期間取得的，呈明顯上升的趨勢。[2]

---

1 參見郝俠君等主編：《中西 500 年比較》，中國工人出版社 1989 年版，第 6—8 頁。

2 參見郝俠君等主編：《中西 500 年比較》，中國工人出版社 1989 年版，第 9、11—12 頁。

（二）清朝

中國科學技術的落後早在 16、17 世紀即已開始。但是，如果説 16、17 世紀中國科學技術的落後還僅僅是表現在某些方面的話，那麼經過整個 18 世紀的發展，到了 19 世紀初年，中國科學技術的落後就不再是某些方面的了，在封建主義的嚴重障礙下，呈現在歷史面前的，是整個科學技術的全面落後。

數學的落後：在古代，我國的古代數學成就曾名列世界前茅，明清之際，在吸取西算的基礎上又有了新的發展，在某些方面還開始了由傳統數學向近代數學的轉變。但是到了乾嘉年間，這一發展中斷了，在封建文化專制主義的禁錮下，中國數學轉向了挖掘和整理古算，數學工作者大多投入了對古算的整理工作。如果説數學家們還進行某些探求，那就是探求更準確的圓周率、三角函數、數字級數求和法及方程理論等。儘管在這些方面也取得許多成就，如嘉慶二十四年（1819 年）刊行的董佑成的《割圜比例圖解》等，是這一時期數學研究的重大成果。但同西方數學的微積分、級數展開式、交易學、橢圓函數論相比，那就大為遜色了。

天文學的落後：明末清初，在吸取西方古典天文學和數學知識的基礎上，中國傳統的天文學也有新的發展，如前述順治二年（1645 年）頒行的《時憲曆》以及以後編纂的《曆象考成》和《曆象考成後編》，這都是明清之際中國傳統天文學發展的標誌。然而，也就到此為止。來到中國的傳教士，囿於宗教偏見或限於科學水平，並沒有把當時歐洲最革命的哥白尼的天文學系統地傳到中國來，中國學者們只能跟着傳教士們在歐洲古典天文學的圈子裏轉來轉去。中國封建社會對天文學的需要是制定曆法，傳教士帶來的天文知識對於制曆已經夠用了，故而沒有動力和條件繼續進行新的探索和提高，再加上乾嘉統治者對於一切新的思想都視為異端邪說，發展的道路被完全堵塞了，這樣到了18世紀末19世紀初，天文學方面的更新成果就完全看不到了。乾隆二十五年（1760年）法國傳教士蔣友仁獻《坤輿全國》，向我國介紹哥白尼的日心說和開普勒的行星運動三定律，這竟然引不起清政府和學者們的興趣。阮元曾是這一時期中國著名的學者，竟也攻擊哥白尼「其為說至於上下易位，動靜倒置，則離經叛道，不可為訓，固未有若是甚焉者也」。至於繼哥白尼之後進一步發展的康德和拉普拉斯關於太陽系起源的星雲假說，就更是鮮為人知了。18世紀末19世紀初，中國天文學的發展陷入停滯狀態。

明末清初，西方的一些機械製造原理和日用技術也傳到中國，曾引起知識分子和手工藝人的極大興趣，仿製者不斷出現，並取得了許多成就。如清初江蘇的一位青年科學家黃履莊曾經根據西方機械學原理，製造和仿製了許多自動機械和儀器，機械自行車、望遠鏡、顯微鏡、體溫表、溫度計、瑞光燈以及多級螺旋水車等，他發明的瑞光燈，大者口徑五六尺，夜以一燈照之，光射數里，可是，到雍正以後，這些發明就大都被當作雕蟲小技，不受重視，很快失傳了。嘉慶年間，華亭諸生徐朝俊精於天文學，曾試製龍尾車，作灌溉之用，一車以一童運之，進水退水，無立踏坐踏之勞，但因此時的中國仍在封建制度下，農村又有大量人口，勞動力過剩，不需要新技術。因此，這類農業生產工具的零星改革旋生旋滅，都未能推廣。

除上述外，還有化學、地質學、生物學等這些研究高級運動形式的近代科學，對於18世紀末19世紀初的中國來說，就更是無從談起了。化學，中國的煉丹術在明亡以後，日漸式微，直到鴉片戰爭以後，近代化學才從歐洲傳入中國。地質學，直到鴉片戰爭前，在許多領域裏仍無科學可言。如我國的探礦技術，長期以來一直停留在憑經驗識別地勢、地貌和地質物等傳統的找礦方法上，在嘉道年間，這種方法幾乎不見任何新的發展。道光年間成書的吳其濬《滇南礦廠圖略》一開始即説：山有蔥，下有銀；山有磁石，下有銅若金。後名還是引用《管子·地教篇》的説法，其實磁石和銅並無關係，又把銅的硫化物混為金了。至於書中所載，踩廠之人必相山勢，與堪輿家卜地相等，要求勢壯氣雄，重關緊鎖，以聚財寶，以及金為水母，貴陰忌陽等説法，亦大都無科學根據，最多不過是些經驗而已。生物學，直到鴉片戰爭爆發還未形成一個獨立的學科。至於研究的方法，則仍然停在傳統的基礎之上，表現為經驗的總結，現象的描述，猜測性的思辨以及某些直觀的、零散的原理或結論。而且這些原理或結論，在敍述時還往往是以倫理上或政治上的論證面目出現，而不是作為科學理論體系本身的建立。

總之，綜觀 18 世紀末 19 世紀初的中國科學技術，就是這樣，在近代科學的園地裏仍然是空白一片；在傳統科學的發展中，則由於中西文化交流的中斷而陷入停滯。至於中國長期積累起來的諸多科研成果、發明創造，則在封建專制主義的高壓政策下，或被埋沒，或被扼殺，或被人遺忘。整個中國科學技術在封建專制主義的嚴重束縛下，走進了死胡同。在西方科學技術普遍繁榮的年代，中國科學技術卻陷入了停滯狀態，這對中國歷史的發展，就不能不是一個極大的悲劇。[1]

---

1 參見郝俠君等主編：《中西 500 年比較》，中國工人出版社 1989 年版，第 244—247 頁。

馬克思、恩格斯及西方思想家對 17、18 世紀中國的評述

一　馬克思、恩格斯對中國的評論

資本主義以前的、民族的生產方式具有的內部的堅固性和結構，對於商業的解體作用造成了多大的障礙，這從英國人同印度和中國的通商上可以明顯地看出來。在印度和中國，小農業和家庭工業的統一形成了生產方式的廣闊基礎。此外，在印度還有建立在土地公有制基礎上的村社形式，這種村社在中國也是原始的形式。在印度，英國人曾經作為統治者和地租所得者，同時使用他們的直接的政治權力和經濟權力，以便摧毀這種小規模的經濟公社。如果説他們的商業在那裏對生產方式產生了革命的影響，那只是指他們通過他們的商品的低廉價格，消滅了紡織業——工農業生產的這種統一的一個自古不可分割的部分，這樣一來也就破壞了公社。但是，就是在這裏，對他們來説，這種解體工作也是進行得極其緩慢的。在中國，那就更緩慢了，因為在這裏直接的政治權力沒有給予幫助。因農業和手工業的直接結合而造成的巨大的節約和時間的節省，在這裏對大工業產品進行了最頑強的抵抗；因為在大工業產品的價格中，會加進大工業產品到處都要經歷的流通過程的各種非生產費用。同英國的商業相反，俄國的商業則沒

有觸動亞洲生產的經濟基礎。[1]

1800年，輸入中國的鴉片已經達到2000箱。在18世紀，東印度公司與天朝帝國之間的鬥爭，具有外國商人與一國海關之間的一切爭執都具有的共同點，而從19世紀初起，這個鬥爭就具有了非常突出的獨有的特徵。中國皇帝為了制止自己臣民的自殺行為，下令同時禁止外國輸入和本國人吸食這種毒品，而東印度公司卻迅速地把在印度種植鴉片和向中國私賣鴉片變成自己財政系統的不可分割的部分，半野蠻人堅持道德原則，而文明人卻以自私自利的原則與之對抗。一個人口幾乎佔人類1/3的大帝國，不顧時勢，安於現狀，人為地隔絕於世界並因此竭力以天朝盡善盡美的幻想自欺。這樣一個帝國注定要在一場殊死的決鬥中被打垮；在這場決鬥中，陳腐世界的代表是激於道義，而最現代的社會的代表卻是為了獲得賤買貴賣的特權——這真是任何詩人想也不敢想的一種奇異的對聯式悲歌。[2]

中國連綿不斷的起義已經延續了十年之久，現已匯合成了一場驚心動魄的革命；不管引起這些起義的社會原因是什麼，也不管這些原因是通過宗教的、王朝的或民族的形式表現出來，推動這次大爆發的毫無疑問是英國的大炮，英國用大炮來強迫中國輸入名叫鴉片的麻醉劑。滿族王朝的聲威一遇到英國的槍炮就掃地以盡，天朝帝國萬世長存的迷信破了產，野蠻的、閉關自守的、與文明世界隔絕的狀態被打破，開始同外界發生關係，這種關係從那時起就在加利福尼亞和澳大利亞黃金的吸引下迅速地發展起來。同時，這個帝

1 參見《馬克思恩格斯全集》第25卷，人民出版社1974年版，第372—373頁。

2 參見《馬克思恩格斯選集》第1卷，人民出版社1995年版，第716頁。

國的銀幣——它的血液——也開始流向英屬東印度。

在 1830 年以前，中國人在對外貿易上經常是出超，白銀不斷地從印度、英國和美國向中國輸出。可是從 1833 年，特別是 1840 年以來，由中國向印度輸出的白銀，幾乎使天朝帝國的銀源有枯竭的危險。因此皇帝下詔嚴禁鴉片貿易，結果引起了比他的詔書更有力的反抗。除了這些直接的經濟後果之外，和私販鴉片有關的行賄受賄完全腐蝕了中國南方各省的國家官吏。正如中國皇帝通常被尊為中國人的君父一樣，皇帝的官吏也都被認為對他們各自的管區維持着這種父權關係。可是，那些靠縱容私販鴉片發了大財的官吏的貪污行為，卻逐漸破壞着這一家長制權威——這個廣大的國家機器的各部分間的唯一的精神聯繫。存在這種情況的地方，主要正是首先起義的南方各省。所以幾乎不言而喻，隨着鴉片日益成為中國人的統治者，皇帝及其周圍墨守成規的大官們也就日益喪失自己的統治

馬克思（1818—1883 年）　恩格斯（1820—1895 年）

權。歷史好像是首先要麻醉這個國家的人民，然後才能把他們從世代相傳的愚昧狀態中喚醒似的。

中國過去幾乎不輸入英國的棉織品，英國毛織品的輸入也微不足道，但從 1833 年對華貿易壟斷權由東印度公司手中轉到私人商業手中之後，這兩種商品的輸入便迅速增加了。從 1840 年其他國家開始參加和中國的通商之後，這兩項輸入增加得更多了。這種外國商品的輸入，對本國工業也發生了恰似過去對小亞細亞、波斯和印度所發生的那種影響。中國的紡織業者在外國的這種競爭之下受到很大的損害，結果社會生活也受到了相應程度的破壞。

中國在 1840 年戰爭失敗以後被迫付給英國的賠款，大量的非生產性的鴉片消費，鴉片貿易所引起的金銀外流，外國競爭對本國工業的破壞性影響、國家行政機關的腐敗，這一切造成了兩個後果：舊稅更重更難擔負，舊稅之外又加新稅。因此，1853 年 1 月 5 日皇帝在北京下的一道上諭中，就責成武昌、漢陽南方各省督撫減緩捐稅，特別是在任何情況下均不准額外加徵；否則，這道上諭中說，「小民其何以堪？」又說：「……庶幾吾民於顛沛困苦之時，不致再追呼迫切之累。」這種措辭，這種讓步，記得在 1848 年我們從奧地利這個日耳曼人的國家同樣聽到過。

所有這些同時影響着中國的財政、社會風尚、工業和政治結構的破壞性因素，到 1840 年在英國大炮的轟擊之下得到了充分的發展；英國的大炮破壞了皇帝的權威，迫使天朝帝國與地上的世界接觸。與外界完全隔絕曾是保存舊中國的首要條件，而當這種隔絕狀態通過英國而為暴力所打破的時候，接踵而來的必然是解體的過程，正如小心保存在緊密封閉棺材裏的木乃伊一接觸新鮮空氣便必然要解體一樣。可是現在，當英國引起了中國革命的時候，便發生一個問題，即這場革命將來對英國並且通過英國對歐洲產生什麼影響？這個問題是不難解答的。[1]

美洲的發現、繞過非洲的航行，給新興的資產階級開闢了新天地。東印度和中國的市場、美洲的殖民化、對殖民地的貿易、交換手段和一般商品的增加，使商業、航海業和工業空前高漲，因而使正在崩潰的封建社會內部的革命因素迅速發展。[2]

美洲金銀產地的發現，土著居民的被剿滅、被奴役和被埋葬於礦井，對東印度開始進行的征服和掠奪，非洲變成商業性地獵獲黑人的場所：這一切標誌着資本主義生產時代的曙光。這些田園詩式的過程是原始積累的主要因素。接踵而來的是歐洲各國以地球為戰場而進行的商業戰爭。這場戰爭以尼德蘭脫離西班牙開始，在英國的反雅各賓派戰爭中具有巨大的規模，並且在對中國的鴉片戰爭中繼續進行下去，等等。[3]

由於世界各國機器勞動不斷降低工業品的價格，舊的工場手工業制度或以手工勞動為基礎的工業制度完全被摧毀。所有那些迄今或多或少置身於歷史發展之外，工業迄今建立在工場手工業基礎上的半野蠻國家，隨之也就被脫離了它們的閉關自守狀態。這些國家購買比較便宜的英國商品，把本國的工場手工業工人置於死地。因此，那些幾千年來沒有進步的國家，例如印度，都已經進行了完全的革命，甚至中國現在也正在走向革命。事情已經發展到這樣的地步：今天英國發明的新機器，一年之後就會奪取中國千百萬工人的

---

1 參見《馬克思恩格斯選集》第 1 卷，人民出版社 1995 年版，第 690—693 頁。

2 參見《馬克思恩格斯選集》第 1 卷，人民出版社 1995 年版，第 273 頁。

3 參見《馬克思恩格斯選集》第 2 卷，人民出版社 1995 年版，第 265 頁。

《德意志意識形態》手稿

飯碗。這樣，大工業就把世界各民族互相聯繫起來，把所有地方性的小市場聯合成為一個世界市場，到處為文明進步做好了準備，使各文明國家裏發生的一切必然影響到其餘各國。[1]

在中國進行的戰爭給古老的中國以致命的打擊。閉關自守已經不可能了；即使是為了軍事防禦的目的，也必須鋪設鐵路，使用蒸汽機和電力以及創辦大工業。這樣一來，舊的小農經濟的經濟制度

1 參見《馬克思恩格斯選集》第 1 卷，人民出版社 1995 年版，第 234 頁。

（在這種制度下，農戶自己也製造自己使用的工業品），以及可以容納比較稠密的人口的整個陳舊的社會制度也都在逐漸瓦解。千百萬人將被迫離鄉背井，移居國外；他們甚至會移居歐洲，而且是大批的。而中國人的競爭一旦規模大起來，就會給你們那裏我們這裏迅速造成極端尖銳的形勢，這樣一來，資本主義征服中國的同時也將促進歐洲和美洲資本主義的崩潰。[1]

二　伏爾泰對中國的評述

伏爾泰（Francois Marie Voltarie，1694—1778 年），法國偉大的作家、哲學家，重要的啟蒙思想家。生於巴黎一個中產階級家庭。中學時酷愛戲劇與文學，畢業後不顧父親的反對，決心獻身文學事業。1718 年發表第一部悲劇《俄狄蒲斯王》，一舉成名。1726 年因與權貴發生衝突，被投入巴士底獄。後又被放逐，流亡英國兩年。這段經歷對其思想有重大影響。1834 年完成《哲學書簡》，十分推崇英國的政治制度、商業和文學。這部書因反對現行宗

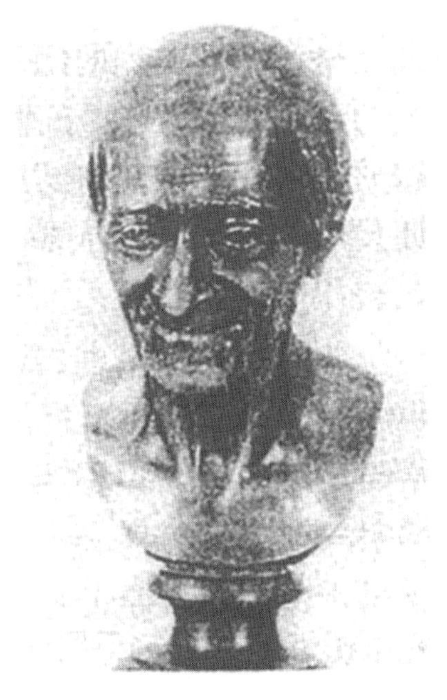

伏爾泰像

1　參見《馬克思恩格斯選集》第 4 卷，人民出版社 1995 年版，第 737 頁。

教和政治體制而立即遭到查禁，伏爾泰也幾乎因此被捕入獄。1742 年，路易十五祕密派其赴柏林，爭取普魯士國王腓特烈二世的支持。此後成為路易十五的寵信，被任命為史官和法蘭西學院院士。1750 年受腓特烈二世之邀去柏林，在此期間，倡導開明君主專制。1753 年遷居日內瓦，一面從事寫作，一面結交各方知名人士，積極參加針對教會的社會鬥爭，同歐洲各國人士廣泛通信。伏爾泰對政治思想最突出的貢獻是闡述了寬容與人權問題，反對暴政。大革命爆發後，其遺體於 1791 年被移至先賢祠。他在各方面均有很多著作，主要代表作有：《路易十四時代》《風俗論》《天真漢》《哲學辭典》《歷史哲學》以及多部戲劇。

伏爾泰《風俗論》對中國評論的摘錄：

如果說有些歷史具有確實可靠性，那就是中國人的歷史。正如我們在另一個地方曾經說過的：中國人把天上的歷史同地上的歷史結合起來了。在所有民族中，只有他們始終以日食月食、行星會合來標誌年代；我們的天文學家核對了他們的計算，驚奇地發現這些計算差不多都準確無誤。其他民族虛構寓言神話，而中國人則手中拿着毛筆和測天儀撰寫他們的歷史，其樸實無華，在亞洲其他地方尚無先例。

我不想在這裏研究已能認識並運用一切有益於社會的智慧的中國人，為什麼今天在科學方面沒有同我們一樣取得長足進步。我承認，中國人今天跟 200 年前的我們和古希臘人、古羅馬人一樣都是並不高明的物理學家；但是他們完善了倫理學，倫理學是首要的科學。

當我們還是一小群人並在阿登森林躑躅流浪之時，中國人的幅員遼闊、人口眾多的帝國已經治理得像一個家庭，國君是這個家庭的父親，40 名公卿大夫則被視為兄長。

當他們已經有單純、明智、莊嚴、擺脫了一切迷信和野蠻行為的宗教時，我們的德洛伊祭司把小孩裝在大柳筐裏作為犧牲來祭祀的托達泰斯（按：托達泰斯是高盧人所信奉的最高神靈）還沒有出現哩！

中國皇帝每年兩次親自用收穫物來祭玉皇，祭「上帝」，祭天，祭「萬有之本元」。而且，用的是什麼收穫物呢？是皇帝親手播種的東西。這種習慣一直保持了 4000 年，即使是動亂時期和極嚴重的災年，也不例外。

皇帝和官員們的宗教從未受到偽善者的玷污、政教之爭的干擾和乖謬的革新教派的誣衊。革新教派常以同等乖謬的論據互相攻訐，結果是狂熱信徒在叛逆者的引領下彼此兵戎相見。中國人特別在這方面勝過世界上任何其他民族。

他們的孔子不創新說，不立新禮；他不做受神啟者，也不做先知。他是傳授古代法律的賢明官吏。我們有時不恰當地把他的學說稱為「儒教」，其實他並沒有宗教，他的宗教就是所有皇帝和大臣的宗教，就是先賢的宗教。孔子只是以道德諄諄告誡人，而不宣揚什麼奧義。在他第一部書中，他說為政之道，在日日新。在第二部書中，他證明上帝親自把道德銘刻在人的心中；他說人非生而性惡，惡乃由過錯所致。第三部書是純粹的格言集，其中找不到任何鄙俗的言辭，可笑的譬喻。孔子有弟子 5000 人，他可以成為強大的黨派的領袖，但他寧願教育人，不願統治人。

中華帝國從它存在之時起，就比查理帝國幅員廣闊；如果把中國人當時的藩屬高麗和安南包括在內，就更是如此。中國面積大約橫跨

30經度，縱跨24緯度。我們已經指出，這個國家已有4000多年光輝燦爛的歷史，其法律、風尚、語言乃至服飾都一直沒有明顯變化。

中國的歷史，就其總的方面來說是無可爭議的，是唯一建立在天象觀察的基礎之上的。根據最確鑿的年表，遠在公元前2155年，中國就已有觀測日食的記載。這次日食觀測業經前幾個世紀派往這個陌生國度的一些西方傳教士數學家驗證。這些數學家對這個民族贊佩不已，並且向他們傳授了有關知識。宋君榮神甫核對了孔子的書中記載的36次日食，他只發現其中兩次有誤，兩次存疑。這有懷疑的兩次日食確曾發生過，但是從人們所假設的該觀察者所在地，不可能觀測到。但即使這樣，也足以證明當時中國的天文學家已能測算日食，因為他們只有兩次計算有誤。

中國在查理曼時代和在此很久以前都不僅疆域遼闊，而且人口眾多。據我們所知的最後一次在中國本土15個省進行的人口統計，能打仗的男人多達6000萬人，老兵，60歲以上的老人、20歲以下的青少年、官員、和尚、大批的士人都不算，婦女更不計在內。而婦女的數目，根據更為準確地統計世界人口的人的觀察，到處都與男人相等，至多相差不過1/15或1/16。按這一計算，中國的人口似乎不會少於1.5億；而我們歐洲的人口，法國2000萬、德國2200萬、匈牙利400萬、整個意大利直至達爾馬提亞（按：今克羅地亞共和國的一個區，瀕臨亞得里亞海）1000萬、大不列顛和愛爾蘭800萬、西班牙和葡萄牙800萬、俄國歐洲部分1000萬或1200萬、波蘭500萬、土耳其歐洲部分和希臘及列島也是500萬、瑞典400萬、挪威和丹麥300萬、荷蘭及鄰近的低地國家約400萬計算，總共不過1億多一點。

在波斯鑄造大流克金幣以前很久，中國人便已有鑄造的金幣和銀幣。康熙皇帝收集了 3000 枚這樣的硬幣，其中有許多來自印度。這是亞洲人工藝歷史悠久的另一個證據。但是很久以來，在中國，金子已不再是一種通用的支付手段，黃金在中國就像在荷蘭一樣是商品；銀子也不再是貨幣，而按重量或成色作價。人們只造銅幣，在這個國家，只有銅幣才具有法定價值。政府在困難時期以紙幣支付，就像以後不少歐洲國家做的那樣。但中國從來沒有官辦的銀行，這種銀行可通過信貸增加國家的財政收入。

中國得天獨厚，有着幾乎所有已經移植於我們歐洲的以及許多我們還沒有的果木。小麥、稻子、葡萄、蔬菜、各種樹木布滿大地。但他們只是在最近才釀造葡萄酒，因為他們滿足於用大米釀制的相當強烈的燒酒。

能吐絲的蠶原產於中國。很晚以後，蠶才跟織造絲綢的技術一道傳到波斯。這種絲綢在查士丁尼（按：查士丁尼，東羅馬帝國皇帝，527—565 年在位）時代還是如此稀有，所以從前歐洲絲綢的價格等於黃金。

中國人早在上古時代便造出潔白柔細的紙張。他們用煮爛的竹漿造紙。至於瓷器以及歐洲開始仿造而且趕上其水平的優美的漆器始於什麼年代則不清楚。

他們製造玻璃已 2000 年，但不及我們的美觀和透明。

與此同時，他們發明了印刷術。我們知道，這種印刷術是在木板上刻字，就像古登堡 15 世紀在美因茨首先採用的方法。在中國，在木板上刻方塊字的工藝更為完善。我們使用的活字和鑄字比他們優越得多，但未被他們採用，因為這樣便須使用字母而他們卻從來都不願放棄他們的象形文字；他們就是這樣迷戀着他們的一切古老方法。

他們在上古時代便使用大鐘，而我們法國直到6世紀才有大鐘。他們從未成為優秀的物理學家，但他們致力於化學，發明了火藥；不過他們只拿火藥來製造煙火，用於節日。在這方面，他們勝過其他民族。幾個世紀以前，教他們使用火炮的是葡萄牙人，而教會他們鑄造大炮的則是耶穌會士。中國人沒有致力於發明這些毀滅性工具，但不應因此稱頌他們的德行，因為他們的仗並沒有少打。

他們深入研究天文，但只是把天文學作為眼睛的科學而靠耐心取得成果。他們孜孜不倦地觀天，注意一切天象，並將觀察的結果傳之後代。跟我們一樣，他們把地球繞日的行程分為365又1/4部分。他們知道兩分（春分、秋分）兩至（夏至、冬至）的歲差，但是比較模糊。可能最值得注意的是他們在上古時代便把一個月分成幾個星期，每個星期7天。印度人是這樣做的，迦勒底人也應用此法，這方法後來又傳至小國猶太國，但希臘沒有採用。

北京有一座裝有許多測星儀和渾天儀的天文館，那些儀器的精確度實際上不如我們，但卻是中國人勝過亞洲其他民族的馳名於世的實證。

他們有指南針，但並未真正用以指引船舶航行。他們只是在近海航行。他們的土地能提供一切，用不着像我們這樣奔赴天涯海角。羅盤，就像發射用的火藥一樣，對他們來說，只是純粹的玩物，他們也不因此感到可惜。

奇怪的是，這個有發明能力的民族在幾何學方面從沒有超出基本知識的範圍。確實，中國人比希臘的歐幾里得在亞歷山大城撰寫幾何學原理前好幾個世紀已經具有這方面的基本知識。康熙皇帝曾告訴御前的最博學、最明達的傳教士之一帕爾南神父，3960多年前，禹帝曾利用直角三角形的原理來測定一個省的地理位置；帕爾南神父本人還引證過一本公元前 1100 年寫的書，表明在西方認為是畢達哥拉斯發現的那個著名的理論是中國人很久以前便已熟悉的一個定理。

人們要問，既然在如此遙遠的古代，中國人便已如此先進，為什麼他們又一直停留在這個階段；為什麼在中國，天文學如此古老，但其成就卻又如此有限；為什麼在音樂方面他們還不知道半音？這些與我們迥然不同的人，似乎大自然賦予他們的器官可以輕而易舉地發現他們所需的一切，卻無法有所前進。我們則相反，獲得知識很晚，但卻迅速使一切臻於完善。他們由於輕信，總是把他們佔星術中的錯誤跟天文學的真正知識混淆在一起，這是不足為奇的。這種迷信是一切人所共有的，我們糾正這一謬誤為時也並不久，可見謬誤似乎是人類所固有的東西。

如果要問，中國既然不間斷地致力於各種技藝和科學已有如此遙遠的歷史，為什麼進步卻微乎其微？這可能有兩個原因：一是中國人對祖先留下的東西有一種不可思議的崇敬心，認為一切古老的東西都盡善盡美；另一原因在於他們的語言的性質——語言是一切知識的第一要素。[1]

三　萊布尼茨對中國的觀點

萊布尼茨（Gottfried Wilhelm Leibniz，1646—1716 年）是近代德國哲學的先導者，也是近代德國思想家中對中國文化傾注了最大的興趣和耗費了最多精力的人。

萊布尼茨與中國文化聯繫過程中的主要事件有：

1　參見〔法〕伏爾泰著，梁守鏘譯：《風俗論》上冊，商務印書館 2017 年版。

萊布尼茨像

17 世紀 60 年代，他閱讀了克察（A. Kircher）的《中國文物圖志》（1667 年版）和斯比拿斯（Th. Spicelius）的《中國文學》。

1666 年，作《結合論》一書，其中提到了中國文字，以此為例說明了自己的觀點，後來他回憶，這一思想的產生還更早些，在十八九歲的時候。

1669 年，起草《關於獎勵藝術及科學德國設立學士院制度論》一文，以肯定的口吻提到了中國的醫學等。

1675 年，寫信給法國宰相柯爾貝爾（Jean-Baptiste Colbert，1619—1683 年），說道，「歐洲傳教士的幾何學，正確得驚動了中國官吏」。

1676 年 2 月，在巴黎作日記，設想包括異教徒的世界教會，最先網羅世界的全部知識，編纂百科全書辭典，並設想通過俄皇彼得大帝，從西伯利亞方面與中國接近。

1676 年 3 月 26 日，寫作的文章中又說到了中國文字。

1676 年，在漢諾威圖書館，研究了孔子的學說。

1679 年，對柏林教會會長米勒（Provost Andreas Müller of Berlin）印刷中國經典（即《中國孔門哲學》）的計劃，發生了很大興趣，從有關書信中可知，他的中國知識已經相當可觀。

1687 年，《中國之哲人孔子》一書出版，他給茵黑森的伊倫斯特（Landgrave Ernst of Hessen-Rheinfels）寫信，稱之為「在巴黎刊行的中國哲學之王——孔子的著作」，明白表示已細心地閱讀過此書。

1689 年，遊羅馬，與剛從中國返回的耶穌會士閔明我邂逅，兩人交往達 8 個月。以後閔明我回中國，兩人書信往來頻繁。這是萊布尼茨認識和研究中國文化的一大轉折。

1697 年，刊行《中國新論》，這本書用拉丁文出版，副題為:「現代史的材料，關於最近中國官方特許基督教傳道之未知事實的説明，中國與歐洲的關係，中華民族與帝國之歡迎歐洲科學及其風俗，中國與俄羅斯戰爭及其締結和約的經過」。全書 174 頁，均為在華耶穌會士的通信，萊布尼茨寫了導論《致讀者》，長達 24 頁，是萊氏中國文化觀的綱領性文字。

1697 年 10 月 18 日，白晉由中國返歸巴黎，第一次與萊布尼茨通信，並附贈所著《康熙皇帝傳》一書（該著後由萊氏從法文譯成拉丁文，收入 1699 年《中國新論》第 2 版，並附康熙皇帝肖像）。

1697 年 12 月 2 日，萊布尼茨在漢諾威複函感謝白晉的通信和贈書。以後兩人多有書信往返，到 1702 年 12 月，計有 7 次。這些書信表明萊布尼茨對中國文化的研究卓有成效。

1697 年 12 月 12 日，致書東方學者羅道福（Ludolf），希望俄皇能使歐洲與中國相結合，竭力計劃在法、德、奧、俄設立學士院，其中均設中國研究部門。

1700 年，普魯士學會在萊氏的促成下成立。四年後維也納學會也誕生，這些學會幾年中就出版了不少關於中國文化的書籍，而且從事桑蠶培養。

1715 年 4 月 1 日，萊布尼茨致法國當時的攝政顧問向德雷蒙（M.

de Remonde）寫一長信，全面闡述他對中國哲學中「理」「氣」題的看法，駁斥耶穌會士龍華民和方濟各會士栗安當的觀點。

由上可知，萊布尼茨從不到 20 歲至臨死前一年，始終對中國文化極為關注。他從思想和文化交流的角度對中國文化表達了如下主要觀點：

中國文化對於西方文化具有互補作用。萊布尼茨一般從兩個方面説明這一作用：第一方面，由於中國文化的古老，萊布尼茨寫道：「中國是一個大國，它在版圖上不次於文明的歐洲，並且在人數上和國家的治理上遠勝於文明的歐洲。在中國，在某種意義上，有一個極其令人贊佩的道德，再加上有一個哲學學説，或者有一個自然神論，因其古老而受到尊敬。這種哲學學説或自然神論是自從約三千年以來建立的，並且富有權威，遠在希臘人的哲學很久很久以前。」第二方面，由於中國文化在實踐方面，如政治、道德等方面優於歐洲文化，萊布尼茨説：「在實踐哲學方面，換言之，即生活與人類實際方面之倫理及政治的綱領裏面，我們實在相形見絀了（這是必須忍受的屈辱）。」他特別提到了康熙皇帝，並以此為典範。所以，為了使人類文化互相交流和補充，萊布尼茨對傳教士的行為表示了很高的贊賞，説：「它可以將中國數千年努力的結果輸入歐洲，同時又將歐洲所有的輸入中國。」他甚至希望中國也能派出傳道士去歐洲。對於中國文化，萊布尼茨並沒有流於一概否定和全盤肯定的時俗，只不過，從文化交流和互補的需要出發，他更傾向於多多介紹中國文化的優點，他覺得：「如果能夠給它以一種正確的意義，那將是非常合理的。」他自信：「我給中國官方權威的信條以合理的意義，而從中抽出來的東西是更為可靠的，並且很好，可能被視為恭維之辭。」

中國思維和西方思維有同構性。最令人驚歎不已的是萊布尼茨發明的二進制和中國古代易學中的八卦圖的一致。我們知道萊布尼茨一直在追求一種明晰簡便、精巧嚴密的思維方式，去表達深奧紛繁的哲學思考，這是當時不少理性主義思想大師所追求的境界，這也是和當時各種自然科學，特別是數學、幾何學成就互為因果的現象。萊布尼茨為此在數學、邏輯學和語言學等領域中作了大量研究，提出了著名的「普遍文字説」，即用一種新文字（萊氏很希望能從伏羲畫卦得到的文字學意義上的啟示）作為哲學符號，來表示抽象的必然的真理，這將有利於消除各民族間的語言隔膜。在 17 世紀 70 年代，萊氏就提出了二進制，並用它來改進了帕斯卡發明的加法器（被認為是計算機的鼻祖），使之能作乘除法運算。17 世紀末和 18 世紀初，他在與白晉往來信件中共同討論了《易經》卦爻的二進位制，並發現六十四卦圖之數字的配列順序，與他當年發明的二元算術在思維建構的方式上完全相同：兩者都採用了兩個符號交錯使用的方法，來表示不同的事物和數字；兩者都引進了「位」的概念，以增大兩個簡單符號的容量；兩者都用「位」數的增加來表示量的增加，而且是呈二倍遞增。當然，萊布尼茨的二進制和中國易學中的二分法還是有很多的不同處，最根本的不同在於兩者建立的基礎不同，前者是歐洲近代科學發展的產兒，後者則是人類猜想和附會的結果。但是，東方與西方、古人與今人的共同努力，並且取得了令人歎服的類似的結果，卻明白不過地表明了人類思維有着何等深刻的共通性。難怪，萊布尼茨要自豪地自稱是第一個能懂得《易經》的德國人，並認為，如果沒有他發明的二進制，那麼什麼六十四卦體系，什麼伏羲易圖，都是不可理喻的。

中國的理與西方的實體一致。萊布尼茨以贊成的口吻來論證「中國人的理就是我們在上帝的名稱之下所崇拜的至上實體」。他寫道:「我並不想知道中國人的祭祀禮節可以譴責或原諒到什麼程度，我只是要研究他們的學説。我認為（總的來説）他們古代聖賢的意圖是尊敬理或至上的理性。」[1]

四 孟德斯鳩對中國的觀點

孟德斯鳩（Charles Louisde Secondat Montesquieu，1689—1755年）是法國啟蒙運動中最早和最重要的思想家之一。由於家境的優裕，使得他得以在多方面接受教育，涉獵知識，特別是他一度躋身法國政界，後又周遊列國，使他受到了雙重的感染：法國封建主義和專制主義的腐朽與歐洲大地新的社會形態和意識形態的魅力。孟德斯鳩是繼意大利人維柯之後又一個從大文化的角度，去研究各民族各社會階段的歷史、生活、風俗習慣等方面的人的精神的底蘊的。不過維柯重文化藝術，而孟德斯鳩重政治法律；維柯重初民社會，孟德斯鳩重古今社會；維柯把被笛卡兒拋棄的人類歷史納入科學，孟德斯鳩在笛卡兒區分神學與科學之後，進一步區分了上帝和人；維柯的思想理論意味淵深些，孟德斯鳩的思想實踐意義強烈些。尤其在18世紀的法國，也許是天時、地利、人和的緣故，在對中國文化的認識、研究和見解上孟德斯鳩與法國啟蒙運動思想界巨子們都勝過了維柯。在孟德斯鳩之前，大概只有萊布尼茨可以和他匹敵，不過萊布尼茨具有德意志式的教授氣，而孟德斯鳩卻有典型的法蘭西式的凡俗味。

1 參見忻劍飛:《世界的中國觀》，學林出版社1991年版，第172—178頁。

孟德斯鳩像

1748 年，孟德斯鳩出版了其一生辛勤研究的最後成果——《論法的精神》。這是一本引起轟動的書，不到兩年就印行了 22 版，並有了許多外文譯本。但也引起了包括耶穌會在內的各派教會會士的嫉恨和攻擊。因此，1750 年，孟德斯鳩又匿名發表了《為〈論法的精神〉辯護與解釋》一文《論法的精神》中所闡述的社會演變論和理性論，提出的關於政體分類的學説，分權説、君主立憲説、地理環境説，以及許多法律理論、經濟理論，對後人產生了巨大的影響。美國獨立宣言、法國人權宣言，包括我國民國時代的憲法和法制，等等，無不包含了《論法的精神》的精髓。

從中外文化交流史的角度看，孟德斯鳩在《論法的精神》一著中寫下了大量的討論中國歷史、政治、經濟、宗教、習俗、環境，以及國民性等社會文化問題的文字。

關於中國的政治和法律。孟德斯鳩指出，法律和風俗是有區別的，法律主要是規定「公民」的行為，風俗主要規定「人」的行為；風俗和禮儀又有區別，風俗主要是關係內心的動作，禮儀主要是外表的動作。但是，在中國立法者們那裏，這三者是混淆的；不僅這三者，而且道德也與之混淆。而在法律、風俗、禮儀、道德中，道德更具主導性和代表性。統治者制定了最廣泛的「禮」的原則，文人用之以施教，官吏用之以宣傳。而中國人把整個青年時代用在學習這種禮教上，並把整個一生用在實踐這種禮教上。孟德斯鳩認為這種禮即法、禮即風俗的道德化傾向，對內，隱飾了人的邪惡的一面，強化了人與人之間的依賴關係，造成了社會生活的平靜；對外，可以抵禦征服者的同化，因為征服者的風俗、習慣、法律、宗教都不是一個東西，所以要同時改變中國人上述四方面難，分別地改變征服者的這四個方面易，這就在歷史上造成了「中國並不因為被征服而喪失它的法律」，反之，「改變的一向是征服者」。其實，在中國傳統文化中，並沒有近代西方意義上的法律，即便有一些名義上的法律，也是早被道德浸透了的，不大有正義、平等、自由的內涵，有的只是刑事和罰的意義，至多也講一點「公正」罷了。然而，與高居於一切人之上的法律不同，刑或罰畢竟是一部分人對另一部分人的專政，此所謂「刑不上大夫」。具有典型意義的是所謂「大逆罪」，即任何人對皇帝不敬就要處死刑。孟德斯鳩認為，因為沒有明確規定什麼叫不敬，所以任何事情都可以拿來作借口去剝奪任何人的生命，去滅絕任何家庭。看來，法律上的含糊不清，也是東方專制主義的特產，孟德斯鳩指出，如果大逆罪含義不明，便足以使一個政府墮落到專制主義中去。專制主義恰是中國政制的根本性質。孟德斯鳩在另一處又評述，在中國，人們曾經想使法律和專制主義並行，但任何東西和專制主義聯繫起來，便失掉了自己的力量。中國的專制主義，在禍患無窮的壓力之下，雖然曾經願意給自己帶上鎖鏈，但卻徒勞無益；它用自己的鎖鏈武裝了自己，而變得更為兇暴。既然中國的法律湮沒於道德之中，那麼如何理解中國的道德呢？在中國，以儒學為核心的禮教，把綱常名分作為宣傳和教育的主要內容，實際上是把這一套作為倫理原則去規範、約束人們的言行。但眾所周知，這恰是家族化、倫常化的道德，是家與國的混同，是對義務的強調。而與中國的道德相對應的西方的自然法，同樣具有道德體系的特徵，同樣有着倫理價值的標準，但都表現為一種政治正義論，乃是社會化、政治化的道德，是家與國的分離，是對權利的重視。孟德斯鳩也看到了這一點，他尖銳地指出，這個政府與其説是管理民政，毋寧説是管理家政。他舉出中國式道德最極端也是最常見的例子：為妻的品行。孟德斯鳩看到中國等東方國家實際上實行的是多妻制，他認為在多妻的場合，家庭越失去單一性，法律便越應該把那些支離分散的部分團結在一個共同的中心。這個中心便是「單純地對家庭的依戀」，這是依靠幽閉來實現的，財產越多，就越有能力把妻子嚴禁在深閨裏，並防止她再進入社會。但是，由於這樣，東方治家的方式就不是妻子掌管家政，而是把家政交給別的人，如閹人。這種狀況，使人想到皇宮中的太監。孟德斯鳩認為在中國的歷史上，我們看到許多剝奪太監一切文武官職的法律，但是太監們卻老是又再回到這些職位上去，東方的太監似乎是一種不可避免的禍患。孟德斯鳩還從歷史發展的角度談到了中國的政制和法律，總的説來，孟德斯鳩認為是「今不如昔」。他贊賞了中國最初立法者由於創造一種寬和的政治環境和根治了洪水，所以，建設了中國的江南（即今江蘇、安徽兩省和浙江），於是帝國版圖上便出現了這兩個「最美麗的省份」。但並不是中國所有地方都如此了，它甚至到孟德斯鳩的時代成為一種假象——給歐洲人一個印象，仿佛這個大國到處都是幸福。他還肯定了中國曾有幾個朝代規定由皇帝的兄弟繼承大統，而不由他的子女繼承，批評有一些著者曾把這些兄弟看作是帝位的篡奪者，但是這些著者的判斷是以中國的法律思想為依據的。可見，中國的法律思想，從根本上説還是一種以倫常化的道德為掩飾的家長式的專制主義政治體制的附庸。

關於中國的家教。孟德斯鳩的前提是：最真實、最聖潔的教義，如果不同社會的原則聯結在一起的話，可能產生極惡劣的後果；反之，最虛偽的教義，如果同社會的原則發生關係的話，卻可能產生美好的後果。據此，他這樣評價中國的儒、釋、道三教。他説，道教和佛教相信靈魂不死，但是從這條這樣神聖的教義卻引申出一些可怕的結論來。稍作分析，便可知孟德斯鳩並沒有贊賞中國的任何一個教派，他不過指出了在中國佔統治地位的「孔教」，與中國的社會原則結合得很好這一事實。而中國的社會原則，不過是東方專制主義的原因，在這個意義上，我們才能理解何以孟德斯鳩有時贊賞中國立法者的明智，因為他們不是從人類將來可能享受的和平狀態去考慮人類，而是從適宜於履行生活義務的行動考慮人類，所以他們使他們的宗教、哲學和法律全都合乎實際。在我們看來，這種只強調義務的思想，無非是家族化、倫常化的道德實踐罷了，正如它如此深紮於中國社會實踐的土壤之中，才使割除它的工作變得特別繁難。孟德斯鳩還分析了外來宗教進入中國的情況。孟德斯鳩是天主教的猛烈抨擊者，但他仍是一個宗教的保存論者，他主張宗教的多元化，並更傾向於新教。所以，他不相信耶穌會士關於中國的奇妙的報道，他發問，是不是我們的教士們被秩序的外表所迷惑了呢？是不是因為在那裏，不斷地行使單一的個人意志，使他們受到了感動了呢？這就是説，由於耶穌會士習慣於羅馬教皇單一個人統治，所以他們也欣賞起中國皇帝的專制統治來，而且他們到那裏去的使命只是要提倡巨大的變革，那麼要説服君主們使君主相信自己什麼都能夠做，總比説服人民使人民相信自己什麼都能忍受，要容易些。但是，要在中國建立基督教，幾乎是不可能的事，因為專制主義把一切，特別是婦女們，隔離開來；而基督教的各種儀式卻「似乎要求一切都要在一起」，這就從根本上「推翻這個國家的風俗和習慣，同時也觸犯它的宗教和法律」。相反，伊斯蘭教在中國的情況則要好得多。

關於中國的經濟生活。孟德斯鳩批評中國的商貿，讚賞中國的農墾。前者或許是歐洲資本主義初期重商主義的產物，後者則成為後來的法國重農學派的先導。孟德斯鳩指出，中國內部的貿易比整個歐洲的貿易還要龐大。如果歐洲的對外貿易沒有增加歐洲的內部貿易的話，情況可能就是如此。孟德斯鳩還記錄了有的商人和旅行家的觀感：向中國人買東西，要自己帶秤，因為，中國商人每人有三杆秤，一種是買進用的重秤，一種是賣出用的輕秤，還有一種是準確的秤，這是用於那些有所戒備的買者的。孟德斯鳩贊賞了中國古代對江南的開發，他指出，有關中國的記述談到了中國皇帝每年有一次親耕的儀式，這種公開而隆重的儀式的目的就是要鼓勵人民從事耕耘，不但如此，中國皇帝每年都要知道誰是耕種上最優秀的農民，並且給他八品官做。他在這一節使用了「中國的良好風俗」的標題。孟德斯鳩還討論了中國的奢侈和節儉問題，他認為這首先要「考察那裏的人口數目和謀生的道路二者間的關係」，他舉出唐高祖、明永樂帝和建文帝等一系列詔令的事例説明在中國，奢侈是有害的，必須有勤勞和儉約的精神。不過，這些往往都是開國或開國不久的皇帝，他們是在戰爭的艱苦中成長起來的，他們推翻了耽於逸樂的皇室，當然是尊崇品德，害怕淫佚。但是，三四代之後，後繼的君主便成為腐化、懶惰、逸樂的俘虜，終於，奢侈導致了滅亡，然後，又起來一個新的皇室，如此循環不已。

關於中國的國民性。這是一個現代的字眼，但孟德斯鳩當年確實討論過與此類似的問題。孟德斯鳩的基本理論是，人類受多種事物的支配，就是氣候、宗教、法律、施政的準則、先例、風俗、習慣，結果就在這裏形成了一種一般的精神，在每一個國家裏，這些因素中如果有一種起了強烈的作用，則其他因素的作用便將在同一程度上被削弱。由此，他指出「中國人受風俗的支配」。按照孟德斯鳩的定義，風俗被規定為「人」的行為，在那裏還沒有法律上的「公民」的範疇，而且風俗又主要是關係內心的動作，與關係外表的禮儀也有區別，可知，中國人的一般精神是建築在初民的自身向內的行為基礎上的，而且宣傳和教育又一再強化這種精神，甚至把法律和禮儀也與之拴在一起，成為仍然是注重內省修養的「禮教」，禮教構成了國家的一般精神。在這種情況下，民氣可以是淳樸憨厚的，但同時也可以是刁鑽奸猾的。孟德斯鳩主要持批評態度。他認為中國人的生活空氣以禮為指南，但他們卻是地球上「最會騙人」的民族，這特別表現在他們從事貿易的時候。接着，他就講了上述三杆秤的情形。他認為「禮」和「騙人」並不矛盾，在中國，一切用暴力行為獲得的東西都是禁止的，一切用術數或狡詐取得的東西都是被許可的。孟德斯鳩認為各民族的不同性格都是品德與邪惡的混合，是好的和壞的品質的混合。混合得好還是壞關係甚大。然而在中國，這是一種壞的混合，中國人生活得不穩定，使他們具有一種不可想像的活動力和異乎尋常的貪得欲，所以沒有一個經營貿易的國家敢於信任他們。看得出，孟氏對中國的國民性沒什麼好感，他是耶穌會士的反對者，比較傾向於相信商人和旅行者的説法。孟德斯鳩對「禮教」給予民氣的消極影響和把中國國民中的劣根性放到初民風俗的水准上去檢視，也是具有相當的尖鋭性的。

關於種種中國文化現象之因。孟德斯鳩作為一個自然神論者，他拋棄了上帝對人世間種種現象的控制和解釋，把探根溯源的目光投向客觀的自然的因素，從而形成了他那著名的「地理環境説」。其實，他除了十分突出地理的原因之外，同樣很重視各種人化自然的原因，所以，更準確地，倒不如稱孟氏的這方面理論為「環境説」。對上面提到的中國文化的各種表現，孟德斯鳩也充分地運用他的「環境説」去解釋之。

氣候。「亞細亞是沒有溫帶」的，這是孟德斯鳩的結論。這一結論導致另一個結論「在亞洲，自由沒有增加過」。因為，在孟氏看來，包括中國在內，亞洲是嚴寒地區與炎熱地區緊接着的，所以一邊是強國（寒冷地區），一邊是弱國（炎熱地區），一邊是征服者，一邊是被征服者。他還説過，在中國「北方人比南方人勇敢」。當然，如前所述，在中國，常常是被征服者同化了征服者。孟德斯鳩顯然過於偏愛他的氣候説了。他甚至認為這就是歐洲之所以強而有自由，亞洲之所以弱而受奴役的重要原因，還頗為自得地説「這個原因，我不知道曾有人指出過沒有」。氣候還影響到道德，孟氏認為有的地方因氣候關係，自然的衝動極強，道德幾乎是無能為力的，倘若讓一個男人和一個女人單獨在一起，誘惑將帶來墮落，必然會有進攻而不會有抵抗，這些國家，不需要鐵窗門閂。他舉例説，中國古書中曾把一個男人在偏僻的房屋內遇到一個女人，而不逞暴行，看作是了不起的德行。

土壤和疆域。按孟德斯鳩的説法，土地肥沃，宜養成人的依賴性，最常見個人的統治。而土地磽薄則使人勤勉，不過，他似乎並不認為中國的土壤完全屬於貧瘠之例，因為他稱贊過古時江南「土地肥沃異常」。但是他也承認中國老百姓是具有勤勞和儉約精神的，而中國的政制卻又是專制主義的。孟德斯鳩的這些理論本來説遠非天衣無縫。不過，他還是提出了一些其他因素彌補土壤說的矛盾。他認為：中國疆域過於遼闊，這一方面可以說明還有許多地方並不及江南地區那麼富庶；另一方面更表明，中國只能適宜於專制統治，因為，帝國幅員遼闊會「發生各種恐怖」，最甚者是出現割據局面。從歷史上看，在最初的那些朝代，疆域沒有這麼遼闊，政府的專制精神也許稍微差些。

人口。孟德斯鳩對此相當重視。他指出，人口增加使中國的君主「只能像尼祿一樣，希望全世界的人只有一個領袖」。但同時，中國的人口將永遠地繁殖下去，並戰勝暴政。為什麼？因為，人口這樣眾多，如果生計困乏便會發生紛亂，所以，腐敗的統治便收到急遽的顯著的警告。然而，在經濟上卻常常出現人民繁衍了，而饑饉摧毀了他們的情形。另外，由於中國人口天天在增加，所以需要辛勤勞動，使土地生產足以維持人民的生活。中國統治者的親耕，重農都源於此，特別是這種狀況還造成了中國統治者把民政當作家政來管理的傾向。這就是關於中國家與國的關係的又一種別開生面的說法，可以聊備一說。

文字。孟德斯鳩是繼萊布尼茨以後又一個關注中國文字的大思想家。他認為「禮教」何以能那麼容易地銘刻在中國人心靈和精神裏，首要的原因就是中國文字的作用。他指出，中國的文字的寫法極端複雜，學文字就必須讀書，而書裏寫的就是禮教，結果中國人一生的極大部分時間，都把精神完全貫注在這些禮教上。

實用原則。除文字外，第二個對「禮教」的深入人心發生重大影響的是：禮教裏面沒有什麼精神的東西，而只是一些通常實行的規則而已，所以比智力上的東西容易理解，容易打動人心。這種情況我們權且稱為「實用原則」。其實也是以家政、家事、家務為出發點的傳統的中國式政治、經濟、文化的一個表現。孟德斯鳩對此看得很清楚，曾經多次講過類似的話，他指出在表面上似乎是最無關緊要的東西卻可能和中國的基本政制有關係。這個帝國的構成，是以治家的思想為基礎的，孟德斯鳩把這一點看作中國人如何實現宗教、法律、風俗、禮儀的結合的基本法則，看作中國國家的一股精神。這實際上是說出了中國傳統文化的根本問題。這些話出自 200 多年前的一位西方思想家之口，不能不令我們敬佩和歎佩。[1]

孟德斯鳩《論法的精神》有關中國問題章節的摘錄：

一些國家因特殊原因，要制定節約法。氣候能讓人口大大膨脹，但也能讓這些人謀生的方法充滿變數，因此有個很好的應對方法就是讓所有人都參與農業生產。奢侈在這種國家中很危險，要有極為嚴格的節約法。所以要先關注人口數與生計難度的關係，然後才能了解對奢侈應持何種態度，是鼓勵還是禁止。英國的土地產出的糧食數目，比農民和服裝製造者需要的數目多得多，所以當地出現了一些生產時尚產品的藝術門類，奢侈也隨之發展起來。法國的小麥產出用於滿足農民和工人的需求綽綽有餘。而外貿又能用大量生活必需品交換時尚產品，因此奢侈不會讓法國人感到畏懼。

中國卻剛好相反，女性有着非常強大的生育能力，人口迅速膨脹，再怎樣開墾土地都只能勉強維持生計。中國跟所有共和國一樣[2]，需要勤儉節約的精神，奢侈會為其帶來害處。一定要避開那些只能提供享樂的工藝，參與創作生活必需品的工藝。

1 參見忻劍飛：《世界的中國觀》，學林出版社 1991 年版，第 188—196 頁。

2 共和政體一直禁止奢侈。——原注

中國歷朝歷代的皇帝在詔書中體現的精神就是如此。唐朝有位皇帝在詔書中表示：「我們的先人告誡我們，只要有一個男人不耕田，一個女人不織布，帝國就會有人捱餓受凍……」他據此頒佈命令，拆掉了大量寺廟[1]。

第二十一個朝代的第三位皇帝[2]掌權期間收到了別人進貢的寶石。由於寶石不能為百姓提供食物和衣服，皇帝不想將百姓的勞動浪費在這種東西上，於是下旨將出產這些寶石的礦山關閉了。

建文帝曾表示[3]：「連平民百姓不得不賣出的女兒都穿着繡花鞋，我們居然奢侈到了這種地步。」莫非要滿足很多人的穿衣需求，就要讓一群人給一個人做衣服？要滿足很多人的食物需求，就要讓十個人給一個人耕田？[4]

…………

在說到面積廣闊的中華帝國時，我們的傳教士表示其政體讓人驚歎，其原則兼具恐懼、榮譽、美德。如此說來，我提出的對三種政體原則的劃分就變得毫無意義了。

一個國家只有靠暴力才能讓人民工作，其口中的榮譽是什麼，我搞不清楚。[5]

而從我們的商人口中，基本感受不到傳教士提到的那些美德。

---

1 考杜赫德《中華帝國全志》第二卷的一篇詔書。——原注

2 參考杜赫德《中華帝國全志》第一卷對中國第二十一個朝代第三位皇帝的記錄。——原注

3 杜赫德《中華帝國全志》第二卷第 48 頁。——原注

4 參見〔法〕孟德斯鳩著，歐啟明譯：《論法的精神》，譯林出版社 2016 年版，第 85—86 頁。

5 杜赫德神父說過，中國靠大棒維持統治。——原注

商人們對中國官員欺騙搶掠的描述[1]，倒是可以聽一聽。

另外還能讓了不起的安森勳爵[2]來作證。

巴多明神父的信件中記錄了皇帝懲處了幾名親王，因為他們信奉了基督教，令皇帝不悅，從中能看出貫穿始終的暴政和對人性的無情傷害，後者被當作再正當不過的事。

德美朗先生與巴多明神父同樣留下了討論中國政府的信件。那些讓人驚歎的地方，在讀過幾個合情合理的問題及解答後蕩然無存。

傳教士可能是被表面的秩序迷惑了，可能是一個人連續行使個人意志讓他們難以忘卻，畢竟他們同樣被一個人的意志統治，他們還極力想在印度諸王的朝廷中尋覓這種連續行使的個人意志。他們就是為了掀起一場大變革才到那兒去的，相較於讓平民相信自己能容忍一切，讓君主相信自己能做到一切要簡單很多[3]。

但某些真實卻經常存在於錯誤中。中國的政體因為一些特殊狀況或獨有狀況，並未腐壞到其應有的程度。該國的道德原因被大部分建立在氣候基礎上的物質原因壓抑，由此產生了各種奇跡。

中國的氣候對人口增長極為適宜。中國女性的生殖能力超過了其他任何地區。哪怕是最殘酷的暴政，也無法減慢人口增長的速度。中國皇帝不能效仿法老，說:「我們想個聰明的法子鎮壓他們吧！」中國皇帝只能像尼祿一樣，希望全世界的人只有一個領袖。暴政不能阻止氣候讓中國的人口不斷增長，最後擊敗暴政。

---

1 例如朗科（18 世紀早期曾擔任俄國駐華商務代表）的記錄。——原注

2 18 世紀英國皇家海軍上將，曾在環球航行途中經過中國，之後在《環遊世界航行錄》中記錄了這段經歷。——譯注

3 杜赫德神父的作品中談到，利用康熙的權力，傳教士讓那些再三表示外國人在中國設立宗教違背了中國法律的官員，不敢再提出抗議。——原注

中國跟一切水稻產國一樣[1]，時常會出現災荒。快要餓死之際，人們便到處尋找食物。這些人淪為盜匪，在各地成群結隊，其中大多都被消滅了，餘下的小部分規模不斷擴大，可最終還是要被消滅。但有那麼多個省距離京城十分遙遠，免不了會有幾個團夥發展壯大起來，成了軍隊，攻破京城，由首領來做新皇帝。

自然性質導致中國的壞政府迅速遭到懲處。當大批百姓難以謀生時，就會突然出現混亂局勢。所以其他國家很難消除弊病，因為弊病的影響無法讓人感知，中國君主能接收到快速、清晰的預警，這些國家的君主卻接收不到。

我們的君主明白，若治理不好國家，今生就得不到多少權力與財富，來生也很難獲得幸福。中國的君主卻不一樣，他們明白若治理不好國家，帝國便會覆滅，自己也將喪命。

中國的人口持續增長，即便經常有遺棄嬰兒的事件發生，也沒能改變這一點[2]，所以為了從土地中獲得維持生計的糧食，一定要辛勤耕作。這要求政府予以高度關注。政府要讓所有人都能放心耕作，不用擔心自己的勞動成果會被別人搶走。這樣一個政府，說其在管理民事，倒不如說在管理家政更準確。

飽受議論的各類法律制度，就是由此誕生的。曾有人想讓法律和專制主義共存，可專制主義能消除一切與其有所牽涉的事物的力量。在數不清的災難打擊下，專制主義一度嘗試給自己戴上枷鎖，結果卻因這種枷鎖的武裝更加令人恐懼，白白浪費了這番心機。

因此中國是一個專制國，以恐懼為原則。最開始的幾個朝代，

1 參考本書第二十三章第十四節。——原注

2 參考《耶穌會士書信函匯總》第二十一輯，記錄了一名總督倡導開荒。——原注

疆土不及現在廣闊，專制精神也可能稍遜於現在，但時至今日，情況已非過去所能比擬。[1]

…………

中國的立法者做了更多[2]。他們將宗教、法律、風俗、禮儀融合成為倫理、美德。所謂禮儀，便是跟宗教、法律、風俗、禮儀相關的勸誡。對禮儀的嚴格遵守，是中國政體如此成功的原因所在。中國人早年學習禮儀，之後將一生都用於禮儀的實踐。讀書人傳授禮儀，官員宣傳禮儀。禮儀存在於大大小小一切事務之中，因此一旦找到了一種方法，能嚴格遵守禮儀，就能很好地治理中國。

有兩種原因導致禮儀輕而易舉地在中國人的內心和精神生活中佔據了重要地位。首先，中國的文字非常難寫，因此中國人要將一生之中相當一部分時間傾注於禮儀的學習中[3]，因為讀書才能認識字，禮儀又充斥了所有書。其次，禮儀完全是樸素的日常行為準則，不帶有半點宗教成分，因此相較於智力方面的事物，禮儀更容易讓人信服、感動。

有些君主治理國家不靠禮儀，而靠刑罰，想用刑罰建立好的禮儀，事實上，在這方面，刑罰根本發揮不了任何作用。刑罰當然可以把一個因拋開好的禮儀而犯罪的人驅逐出去，但要是所有人都拋開了好的禮儀，刑罰還能將其重建嗎？刑罰不能鏟除弊端，只能阻止一般的弊端造就的種種後果。因此只要中國拋開政體原則，喪失

1 參見〔法〕孟德斯鳩著，歐啟明譯：《論法的精神》，譯林出版社 2016 年版，第 106—108 頁。

2 參考杜赫德神父幫我們從中國古代經典中挑選出的精彩片段。——原注

3 這使得他們積極進取，戰勝懶惰，推崇知識。——原注

道德，就會馬上陷入無政府狀態，引發革命。[1]

…………

中國的立法者治理國家的最大目標是國家穩定。服從是他們心目中維持國家穩定的有效方法。他們據此判斷，應鼓勵人們尊重父親，並竭盡所能促成此事。為了在父親生前、死後表示對其的尊重，他們制定了無數禮儀和禮法。若父親生前得不到子女的尊重，那死後也不能得到子女的供奉。祭祀已故的父親跟宗教有更緊密的關聯，奉養在生的父親跟法律、風俗、禮儀有更緊密的關聯。但這都屬於一部法典，只是分屬於不同的部分。

尊重父親必會關係到對一切能等同於父親的人，如長輩、師長、官員、皇帝的尊重。尊重父親就表示父親要回饋給子女以關懷。而長輩回饋給晚輩以關懷，官員回饋給下屬以關懷，皇帝回饋給臣民以關懷，也是一樣的道理。全部這些組成了禮儀，禮儀又組成了民族普遍精神。我們會感受到，表面看來最不重要的事物，實際卻關係到中國的基本政體。中華帝國以治家的思想作為建立的基礎。對父權，甚至是彰顯對父權敬重的禮儀的削減，都不遜於削減對被視為父親的官員的尊重，官員本應將百姓視為子女，現在卻不再關懷他們了，君主和臣民的彼此關懷也逐漸不複存在。削減其中之一就能動搖整個國家。原本兒媳婦是不是每天早上都要去照料婆婆並不重要。但是想到這些生活細節不停地在喚醒一種務必要銘記在心的感情，而中華帝國的治國精神便是由所有民眾內心的這種感情共同

1 參見〔法〕孟德斯鳩著，歐啟明譯：《論法的精神》，譯林出版社 2016 年版，第 262 頁。

形成的，便會明白這些具體的做法全都很有必要。[1]

…………

中國人的生活完全遵守禮儀，但中國人卻是全世界最狡猾的民族，這讓人非常驚訝。在商貿活動中，這種現象格外突出，雖然商貿活動最能順理成章地刺激人的誠信，卻對刺激中國人的誠信毫無作用。生意人要自己準備秤[2]，中國所有生意人都有三種秤，買入時用重秤，賣出時用輕秤，對有防備的人則用精確的秤。面對這種矛盾，我想我能給出解釋。

中國的立法者有兩項目標：一是民眾要服從、安穩，二是民眾要勤勞、苦幹。中國民眾因氣候、土壤的原因，生活非常不安穩，要得到生活保障，只能依靠勤勞苦幹。

國家在所有人都服從、肯幹時一片繁榮。中國人可能是因為必要性或氣候的原因，導致所有人都貪心到了無法想象的地步，但法律卻沒有從中阻止。法律禁止了所有依靠暴力獲利的做法，卻沒有禁止所有依靠手段或奸詐獲利的做法。不要比較中國人和歐洲人的道德。所有身處中國的人都一定要留意對自身有利的東西。若騙子已在密切留意自己的利益，那容易受騙的人也應留意自己的利益。在斯巴達，偷盜是被准許的；而在中國，欺詐是被准許的。[3]

---

1 參見〔法〕孟德斯鳩著，歐啟明譯：《論法的精神》，譯林出版社 2016 年版，第 263—264 頁。

2 朗科：《北方地區旅行記》第八卷，「1721 年至 1722 年日記」。——原注

3 參見〔法〕孟德斯鳩著，歐啟明譯：《論法的精神》，譯林出版社 2016 年版，第 264 頁。

五　亞當·斯密對中國的觀點

亞當·斯密（Adam Smith，1723—1790 年）的主要著作《國民財富的性質和原因的研究》（又譯名《國富論》），發表於 1776 年。

在《國民財富的性質和原因的研究》一書關於中國和中國文化的論述中，亞當·斯密早於我們近 200 年提出了一個問題。這個問題即悠久而燦爛的文明古國，何以會長期落伍，落後至此？

亞當·斯密寫道：「中國一向是世界上最富的國家，就是說，土地最肥沃，耕作最精細，人民最多最勤勉的國家。然而，許久以來，這似乎就停滯於靜止狀態。今日旅行家關於中國耕作、勤勞及人口稠密狀況的報告，與 500 年前視察該國的馬可·波羅的記述比較，似乎沒有什麼區別。」

根據亞當·斯密的經濟學理論：社會財富來自勞動，與啟蒙經濟學者配第不同，他撇開了自然的因素，所以，所謂中國「土地最肥沃」，並不是現實的社會財富；社會財富的增長，不單是取決於參加生產的勞動者，而更重要的是取決於更大的勞動生產率，所以，「人民最多而且最勤勉」未必是提高生產率的決定性因素。而且，亞當·斯密打破了重農學派所設定的農業勞動那個狹窄的圈子，把勞

亞當·斯密像

動更一般化了，這樣，僅僅「耕作最精細」，就遠遠不夠了。可見，亞當．斯密把中國看成世界上最富的國家，同時又認為這個國家已處於停滯狀態了，這並沒有陷入自相矛盾，相反，卻是對重商主義者恥笑中國「貧窮」，和重農主義者推崇中國的「富裕」的雙重批評。他指出，中國許久以來就停滯於靜止狀態，既是基於「今日旅行家」的報告與馬可．波羅的記載這兩種實證材料間的比較，更是依據他自己的經濟學理論。因為，亞當．斯密關心的是創造中的財富，而不是固有的財富。亞當．斯密列舉了許多事例來說明中國的這種停滯狀況，如：中國勞動工資低廉和勞動者難以贍養家屬；中國技工為乞求工作而不斷在街市東奔西走；廣州附近數千百戶水上家庭爭食歐來船舶棄船外的最污穢廢物；各大都市每夜總有若干嬰孩被遺棄街頭巷尾，或者是像小狗一樣投在水裏……不過，「中國雖可能處於靜止狀態，但似乎還未曾退步。」為什麼？根據亞當．斯密的理論，勞動和財富處於這樣一種關係之中，即前者生產了後者，國民財富獲得和增加的源泉在於一國國民的勞動；後者又促進了前者，國民財富的增加必然會刺激對勞動的需求。對勞動的需求，實際上增加了對工資勞動者的需求，提高了工資勞動者的價值，所以，勞動報酬的優厚，是國民財富增進的必然結果，同時又是國民財富增進的自然征候。反之，貧窮勞動者生活維持費不足，是社會停滯不進的征候，而勞動者處於飢餓狀態，乃是社會急速退步的征候。此外，既然對勞動者的需求狀況表明了一個國家或社會是處於發展還是靜止，抑或後退的狀況，那麼，對勞動者的需求也就是對人口的需求，所以，這一需求可以通過人口的生產狀況看出來。根據這種「自然征候」，於是，在亞當．斯密的世界經濟的視界中，出現了三種狀況：第一種是歐美式的前進狀態，因為使勞動工資增高的，不是龐大的現有國民財富，而是不斷增加的國民財富，因此最高的勞動工資不在最富的國家出現，而卻在最繁榮、即最快變得富裕的國家出現。這正是歐美國家，特別是 18 世紀英國的情況。第二種是一些英屬殖民地的退步狀態，那裏勞動工資被減低到極悲慘極貧困的生活水準。即便如此，還有大量的失業者，所以，終至國內居民減少到經過苛政或為禍而碩果僅存的收入和資本所能容易維持的人數。第三種就是中國式的靜止狀態，與第二種狀態比較，那裏沒有被居民遺棄的城市，也沒有聽其荒蕪的耕地。每年被雇用的勞動，仍是不變，或幾乎不變。因此，指定用來維持勞動的資金也沒顯然減少。所以，最下級勞動者的生活資料雖很缺乏，但還能勉強敷衍下去，使其階級保持着原有的人數。但與第一種狀態相比較，則中國下層人民的貧困程度，遠遠超過歐洲最貧乏國民的貧困程度。就生活資料價格說，中國與歐洲有很大差異，而就勞動貨幣價格說，則有更大的差異。這是因為歐洲大部分處在改良進步狀態，而中國似乎處在停滯狀態，與中國的過去情況相比，居民的收入和資本，幾乎「數世紀不變」，人口也「不增不減」，這進一步證明了亞當·斯密的論斷。亞當·斯密感歎：一國儘管非常富有，如若長久陷於停滯狀態，我們就不能希望在那裏找到極高的工資。其實，停滯不前也就是落後、落伍，陶醉於悠久的歷史、古老的文化、前人的成就，實在是最昏瞶、最有害的思想和心理。

亞當·斯密不僅提出問題，而且力圖解答問題。他大體從這樣三個方面分析中國社會長期停滯的原因：

第一，停滯於農業和農業的停滯。亞當·斯密認為，一個國家的產業會按照這樣一個順序發展：農業——工業——國外貿易。所以，任何一種學說，如要特別鼓勵特定產業，違反自然趨勢，把社會上過多一部分的資本拉入這種產業，或要特別限制特定產業，違反自然趨勢，強迫一部分原來要投在這種產業上的資本離去這種產業，那實際卻和它所要促進的大目的背道而馳。那只能阻礙，而不能促進社會走向富強的發展；只能減少，而不能增加其土地和勞動的年產物的價值。亞當・斯密指的這種學說，就是重農主義的學說，而被重農學派作為範例的中國經濟狀況也理所當然地被亞當・斯密用來作為批評重農主義的一個典型。亞當・斯密充分估計了中國在農業方面的有利因素，他不僅看到中國較墨西哥或祕魯等新大陸更為富裕，而且看到中國亦有明顯優於歐洲之處。這主要就是在於中國土地的耕種和勞動的年產物是難以匹敵的。但亞當・斯密又毫不客氣地指出：中國就是一個特別注重而且只是特別重視農業的國家，在中國，每個人都是想佔有若干土地，或是擁有所有權，或是租地。中國政府的政策，也是特別愛護農業。亞當・斯密用這一觀點，解釋了曾為不少西方學者、傳教士、旅行家所贊賞的關於中國政府十分重視公路、通航水道等公共設施的建設的情況，他認為，這也是中國政府重視農業的一個例證，因為，土地稅或地租幾乎是中國君主收入的唯一源泉，為了使土地生產物又豐盈又有價值，必須使國內各地方的交通既極自由，又極方便，極便宜。這對於不是主要依賴於土地稅和地租的歐洲各國，就不那麼重要了。但是，中國對農業的特別鼓勵，「卻歸根到底實際上妨害了它們所愛護的農業」，停滯於農業的國策，帶來的卻是農業的停滯的結果。比如：中國政府和君主特別關心土地的耕作和改良，關心國內水道和陸路交通的擴展，是由於在中國實行的是一種可變額土地稅，中國帝王的主要收入，由帝國一切土地生產物的 1/10 構成。這種地稅或地租，像歐洲的什一稅一樣，包含一定比例的土地生產物（據說是 1/5），或由實物交付，或估價由貨幣交付，隨各年收穫豐歉的不同，租稅也一年不同於一年。這種稅制使君主和政府能夠坐享地主和農夫改良和精心耕作土地的利益，卻抑制和挫傷了土地經營者和耕作者的積極性，所以，這種稅具有「破壞性」，是一種「惡稅」(Destructive Tax)。當然，問題的症結遠不在於稅制，而是使這種稅制帶有必然性的理論和政策。亞當・斯密認為，這是一種「極微妙」同時又是「立足於形而上學的議論上」的學說，這首先是指重農主義，但也是指中國的政策。這種政策又從另一面得到了強化。

第二，對工業和商業的輕視。亞當・斯密並不一概否定中國製造業和商業，他曾指出，中國東部的幾個省，在極早的時候就有了農業和製造業的改良，而且那裏的一些大江大河，分成許多支流和水道，相互交通。直到近代，中國的工藝和製造業也遠較南美洲國家進步；與歐洲比，也相差不遠。所以，古代的埃及人和近代的中國人似乎就是靠耕作本國土地、經營國內商業而致富的。但是，中國對工業和製造業的輕視，卻也是由來已久的事實。據他說，中國和印度農村勞動者的地位與工資，都比大多數技工和製造工人高。在談到中國農民的貧困之後，亞當・斯密寫道：中國技工的狀況就更惡劣，歐洲技工總是漫無所事地在自己工場內等待顧客，中國技工卻是隨身攜帶器具，為搜尋，或者說，為乞求工作，而不斷在街市東奔西走。中國對商貿，尤其是對外貿易的忽視，更是「冰凍三尺，非一日之寒」。亞當・斯密感慨，令人奇怪的是，古代埃及人、印度人和中國人，都不獎勵外國貿易。如果說在古代由於種種原因還有可以理解之外，那麼到了近代，仍停留在古人那裏，無疑是作繭自縛。亞當・斯密記載了這麼一段軼事：當俄國公使蘭傑來北京請求通商時，北京的官吏以慣常的口吻對他說：「你們乞食般的貿易！」這種政策必然帶來嚴重後果：從經濟上説，製造業和商貿是密切相關的，所以，亞當・斯密對中國在廣東的國內市場之外，沒有能自覺地利用和擴大國外市場，不無遺憾。他認為：假使情況正相反，那麼更廣大的國外貿易，必能大大增加中國製造品，大大改進某製造業的能力。如果這種國外貿易有大部分由中國經營，則尤有這種結果。從技術上説，這使中國人在今日中國的情形下，他們除了模仿他們的鄰國日本以外，卻幾乎沒有機會模仿其他外國的先例來改良他們自己。重農和抑商，成為中國封建社會的經濟政策的一對怪胎，誰是真正的致畸者？亞當・斯密追究到了中國的法律制度。

第三，中國的法律制度已到了極限。一國的停滯和靜止，可以是由於自然資源、領土、資本的局限或飽和等情況，但亞當・斯密認為「沒有一個國家的財富曾經達到中國這種程度」。所以對中國的情況，亞當・斯密一再指出，也許在馬可・波羅時代以前好久，中國的財富就已完全達到了該國法律制度所允許的發展程度。中國似乎長期處於靜止狀態，其財富也許在許久以前已完全達到該法律制度所允許有的限度。對於中國的法律制度，亞當・斯密談得不很具體。他通過亞洲各國常有藏匿財產的現象，分析出這是一種專制和暴虐下的產物；他談到中國鄙視國外貿易，實際上是對其他法制國家的不寬容，甚至是出於使鄰國陷於貧困境況的目的；他抨擊了中國造成了一批從事非生產性勞動的人員，這不僅對創造國民財富不利，而且導致了貧富的嚴重分化和對立，大魚吃小魚的現象在執行法律的籍口下堂而皇之存在着，隸役（家僕）制度、高利貸制度都遠甚於歐洲，特別是形成了一大批營私舞弊、敲詐勒索的官吏階層，這些人都在徵收實物的稅收制度（慣例）下，成為社會的蛀蟲、人民的壓迫者和陳規陋習的維護者。所以，亞當・斯密假設：在中國若易以其他法制，那該國土壤、氣候和位置所可允許的限度，可能比上述限度大得多，當然，這談何容易。因為，法律制度並不是一種外在的東西，而是與文化傳統維繫在一起的。其實，亞當・斯密也看到了這一點，如他曾從人與人、國與國之間的平等觀念出發，抨擊了中國法律制度。

從《國民財富的性質和原因的研究》一書關於中國和中國文化的論述中，可以體會到他的另一個思想，就是作為經濟學家和思想家的亞當・斯密對東西方文化傳統之異的一些見解。

亞當・斯密詳細地觀察了歐洲農、工、貿三大產業的興衰和演革史。按照他的觀點，任何國家，都是最先發展農業的，這是出於人類的需要和天性，可稱之為一種人的「原始目標」和「原始職業」。但是即便在遙遠的古代，地中海地區已經由於初期航海的便利，而成為開化最早的地方，當然在尼羅河流域、恆河流域和中國東部的大江大河地區，由於水運的方便（但主要是內河運輸和國內通商），也成為文明最早發達的地方。可見，歷史已開始在東西方分岔。但是，亞當・斯密更注重政治、經濟等社會生活的現實的運動。他認為，歐洲社會走上都市優於農村，貿、工、農逆向發展的關節點，在於古羅馬帝國的崩潰。這是一次現實社會生活運動的巨大破壞，同時也是巨大的變革。從土地所有者一方説，少數民族的侵擾，長男繼承法和限嗣繼承法的推行，使土地兼併情況十分嚴重，從土地耕作者一方説，先後出現了奴隸耕作者、分益隸農（對分佃農）以及一定的租期內繳納了一定數額地租後，可以自由耕種的「真正的農民」。在這種狀況下，長時期來，歐洲的法律和政策是不利於農業和農村的，土地所有者和土地耕作者雙方都沒有改良土地和改進耕作的積極性。只有後起的、亞當．斯密所謂的「真正的農民」有所不同，不過，圍繞他們而產生的政策（如定額土地稅）和法律（如改佃訴訟法）已經是在起一種「促進現代英格蘭偉大光榮的作用」了。而這種新的情況出現，恰又是羅馬帝國崩潰以後，都市的勃興和進步所帶來的。都市的勃興在政治上造成了市民政府和市民階層，他們是抗衡封建領主的主要力量；在經濟上造成了自由市民和自由商人，甚至吸引了許多農民逃往都市，還促進了製造業的興旺（尤其在近海地區）；特別是都市的勃興最終促成了農村的改良與開發。亞當．斯密指出，在歐洲大部分地方，城市工商業是農村改良與開發的原因，而不是它的結果。上面提到的圍繞「真正的農民」所出現的一系列的政策和法律就是突出一例。當然，歐洲歷史的這一發展過程，並不完全符合亞當．斯密關於農、工、貿三者順序發展的規律，所以，他稱之為「反自然的退化的秩序」。對亞當·斯密來說，更合於理想的是北美的英屬殖民地的狀況，因為在北美，才真正體現了這三大產業的發展的合理過程，所以，歐洲是「緩慢進步」，而北美則是「急速的進步」。

顯然，中國的歷史進程既不同於歐洲式的「反自然的退化的秩序」，也沒有沿着北美式的「自然順序」走下去，而是停滯在那種把農業看作「原始目標」和「原始職業」的狀態，後來的政治和法律只不過是強化了這種原始狀態，使之變畸，更無法向其他產業作重點轉移，這種歷史過程的巨大差異，必然造成民族心理的差異，即東西方文化傳統的差異。

這些差異表現在許多方面。在人與自然的關係方面，停留在「原始目標」和「原始職業」狀態下的農業，只會繼續和強化對自然的依附。亞當．斯密在談到古埃及、古印度、古中國主要擅長農工業，國外貿易並不繁盛的情景時，指出了在這些國家人民中存在的對海洋「有一種迷信的畏懼心」。這種沒有從自然中超拔出來的人，儘管有相當的判斷力、思辨力、理解力（亞當．斯密認為在這一點上農村下級人民要比都市下級人民優秀），但終究鬥不過覺醒的主體的自覺行動。如：農民往往在都市居民和商人自覺自由的行動下，受到挫敗。所以，歐洲反自然的「退化的順序」倒贏得了一個重要的副產品：人的主體性力量的自覺和運用。

在人與人的關係方面，亞當．斯密指出了商業的繁盛對於公眾幸福所造成的「一種極重要的革命」，儘管完成這一革命的大領主和商人工匠本身並沒有使公眾幸福的動機，但他「只為一己的利益行事」的舉動，客觀上造成了一種競爭的環境、氣氛。在商業國，即使有極嚴厲的法規取締揮霍浪費，長期富裕的家庭仍屬罕見，但在商業不盛的國家即使沒有法規取締，亦多長富之家。這種競爭的狀況又與商業上的平等和貿易上的自由是連在一起的。一旦平等和自由在現實生活中成為司空見慣的東西，就必然帶來自由和平等的人際關係，培養出一種根本上區別於農業社會的文化心理，這甚至比外在的自由和平等的政治法律的制度還重要。在國家內，各個人為改善自身境遇自然而然地、不斷地所作的努力，就是一種保衛力量，能在許多方面預防並糾正在一定程度上是不公正和壓抑的政治經濟的不良結果。這段話是在批判重農主義時候說的，與魁奈相比，把自由平等看作人的內在的東西，是亞當．斯密在哲學上高於魁奈的地方。正是從這一哲學思想出發，亞當．斯密特別看重歐洲歷史上通過都市的勃興來促成農村的改良的深層意義，這就是：使農村居民從向來的對其鄰人的戰爭和對其上司的依附狀態中轉向「有秩序，有好政府，有個人的安全和自由」。亞當．斯密指出在他之前有休謨看到了這一點，而這卻是「最重要的」。當然，中國沒有這種歷史進程，也就沒有這種同時向外在的和內在的平等自由轉變的機會。

在國與國的關係方面，這是人與自然的關係和人與人的關係的延伸。畫地為牢，以鄰為壑，其實是束縛人的主體性和在人際關係中缺乏自由平等的態度的一種放大了的表現。亞當・斯密在分析中國輕視國外貿易時，一方面對中國的法律制度和對待外國的心理狀態進行了批評；同時，也看到了世界公民和世界文化的意識和觀念，只有在一定的現實生活的歷史演變中才會出現和被接受。顯而易見，中國當時並沒有走這一步。這種歷史造成的文化傳統，甚至還在影響中國以後的歷史，使後人肩上創造歷史和更新文化的擔子變得十分沉重。[1]

---

1 參見忻劍飛：《世界的中國觀》，學林出版社 1991 年版，第 223—242 頁。

附錄

一　從全盛到衰微

——18世紀清帝國的盛衰之變

高　翔

本報2000年6月19日A3版刊登了中共中央黨校《學習時報》編輯部的《落日的輝煌》一文，引起了讀者的濃厚興趣和學界的廣泛關注。中國社會科學院歷史研究所的高翔先生特為本刊撰文《18世紀清帝國的盛衰之變》，力圖從更深的層次揭示康乾盛世的衰變原因，以期引起讀者和學界的進一步思考。

——《光明日報》編者按

史學研究與其說是面對過去，不如說是面對未來，正因如此，每一時代的人對歷史都有不同的感受。今天我們重新審視康乾盛世，亦可以從中得到新的啟發。

——作者

持續百餘年的康乾盛世，曾以國力強盛、氣象宏偉震撼一時，其時國家統一，經濟發展，文化繁榮，時人所謂「德業於今臻盛大，直超三五辟鴻蒙」，「舞遍兩行紅結隊，兒童齊唱太平年」，即是對當時繁榮景象的生動描述，而在朝官僚和皇帝更對大清帝國的未來充滿了自豪和自信，堅信「海甸鞏於金甌，邦家奠於磐石」。

然而，歷史並沒有沿着統治者所希望的方向發展，康乾盛世並未長期延續。自 18 世紀 80 年代以後，民眾反抗就不斷爆發，嘉慶初年的白蓮教起義，更為清朝的盛世畫上了一個並不圓滿的句號。大清帝國從此一蹶不振，墜入淒風苦雨、蕭條冷落的中衰之世。「變起一朝，禍積有素」，清帝國的盛衰之變，既源於傳統社會「盛極而衰」的一般規律，更源於當時統治者在指導思想、內外政策等方面的一系列嚴重失誤。

持盈保泰：一個不思進取的治國方略

每一個時代，統治者都要根據形勢的需要，制定自己的施政方針。乾隆二十年（1755 年）前後，隨着統一新疆戰爭的順利進行，乾隆帝感到清朝進入了「全盛」「盛滿」時期，從此將「持盈保泰」作為自己基本的治國方略。乾隆帝談論「持盈保泰」並非始於中葉，但作為一個基本的為政方針，它是在統一新疆過程中逐漸確立的。乾隆二十三年（1758 年）時，阿睦爾撒納已經覆滅，乾隆帝在詩中寫道:「重熙累洽誠斯日，保泰持盈亦此時」,「遺孽廓清永砥厲，持盈益勵敬皇皇」。及西師徹底告捷,「持盈保泰」更是屢屢見諸詩文，如「赤縣東西一蔚侯，黃圖南北共車書。家饒室備均希彼，保泰求安敢懈予」「於今祇凜持盈念，絕域寧誇拓土材？耆定新疆籌善後，共勤耕牧辟污萊」。乾隆二十四年（1759 年），在關於統一新疆的上諭中更明確宣佈: 此後,「惟益勵持盈保泰之心，夙夜倍切，永兢此意，願與中外臣民共之」(《乾隆朝上諭檔》乾隆二十四年十月)。

「持盈保泰」，作為中國傳統社會思潮的一部分，主要指當事者處盈泰之時，更滋敬慎之心，以保持事物的圓滿狀態。《詩》「高岸為谷，深谷為陵」，講的就是「處泰慮否」。《論語》所謂「君子泰而不驕」《抱樸子》所謂「每居卑而推功，處泰而滋恭者，謙人也」，均要求人們以謙慎之心處盈泰之時。就防止個人因盈泰而驕奢，「持盈保泰」當然具有一定的積極意義。但從社會發展的角度看，它實際上是一種保守觀念的產物。「持盈保泰」，説穿了，就是要維持現狀。而在歷史上，通過墨守成規是不可能長期維持繁榮狀態的，只有不斷向社會注入新的活力，向社會成員提出理性而富有刺激性的新的奮鬥目標，才能促進繁榮的深入發展。社會演變是不可能停止的，停止的只可能是人們的進取與奮鬥。而統治者一旦喪失了開拓的動力，喪失了努力的方向，陶醉於眼前的繁榮，沉醉於已有的輝煌，各種危機和矛盾就會醞釀和滋生。18 世紀就是這樣，乾隆皇帝「持盈保泰」的結果，就是集中精力「護守成憲」，對眼前的問題作小修小補，而用更多的時間享受盛世的繁華。我們看到，乾隆中葉以後，清朝統治者逐漸喪失了過去長期保持的那種積極進取、奮發有為的精神，點綴盛世、裝點繁華成為皇帝和官僚的重要工作，享受升平之福成為危害清朝統治前途的巨大政治問題。當時對清朝微妙的社會形勢保持着清醒頭腦的著名理學家蔡新對此憂心忡忡，在給皇帝的經筵講義中，他將「堂陛之玩愒」作為盛衰之變最重要的征兆。他説：天下之亂也，不於其亂而生於極治之時。何也？開創之始，國勢方興，人心未固。君若臣早夜孜孜，無非為天下謀治安，為子孫措磐石。其精神之所周貫，天人實系賴之。履泰以後，上恬下熙，漸忘其舊。君以聲色逸遊為無害民生，臣以持祿養交為安享暇豫。進諫者，謂之沽直；遠慮者，謂之狂愚。其上下之精神謀畫，莫不狃目前之安而圖一己之利。夫圖一己之利者，未有不貽天下之害者也；狃目前之安者，未有不來日後之悔者也。則堂陛之玩愒，其一也（《皇朝經世文編》卷十）。隨精神萎靡、持盈保泰而來的是嚴重的政治腐敗。

腐敗嚴重：盛衰之變的直接根源

腐敗，必然導致衰微和滅亡。在中國歷史上，朝代之興亡，國運之盛衰，從根本上講，直接取決於人心之向背，而人心之向背，又系於政風之好壞。乾隆中葉以後，清朝政治的最大問題是：官僚隊伍出現了嚴重的一發不可收拾的腐敗局面。這種腐敗具有以下顯著特點：一是普遍公行，呈集團腐敗趨勢。「大抵為官長者廉恥都喪，貨利是趨，知縣厚饋知府，知府善事權要，上下相蒙，曲加庇護，故恣行不法之事」(《朝鮮李朝實錄中的中國史料》第 11 冊，第 4810 頁)。比較典型的如乾隆中葉的甘肅省，大小官員串通一氣，捏報災情，貪污賑災款項，結果被處死的貪官就多達 22 人。乾隆後期福建吏治敗壞，「上下通同分肥飽囊」，以致倉庫「無處不缺」，其情形較甘肅更有過之而無不及。二是貪污數額巨大。乾隆前期，官僚貪污數額較小，多者不過數萬兩，極少有上十萬兩者。中後期不同，官僚貪污動輒上萬，甚至多至數十萬。像閩浙總督伍拉納，貪污事發，僅抄家發現銀子就多達 40 萬兩，同案所涉福建巡撫浦霖家中僅現銀就多達 28 萬兩。乾隆帝怒道：「二人貪黷營私，殊出情理之外。」但是他沒有注意到，他身邊的大學士和珅，貪污數量更大，多至 2000 萬兩。三是高級官僚犯案增加。一般來說，高級官僚作為朝廷意志的體現者，精心選拔於千萬人中，皇帝對他們信任倚重，俾以事權，所作所為應該對得起自己的政治良心，保持起碼的清廉品行，而實際情況遠非如此。乾隆中葉以前，高級官僚貪污營私者尚少，到中期以後，形勢為之一變，「各省督撫中廉潔自愛者，不過十之二三」(《乾隆起居注》乾隆六十年八月)。甚至連官至「宰輔」的大學士，也肆意營私。像大學士於敏中，不但「潛受苞苴」，而且令地方官為自己修造花園，開了乾隆朝「首輔」勒索地方官的先例。至於和珅，貪污所得更不計其數，嘉慶帝驚呼：「似此貪酷營私，實從來罕見罕聞」(《嘉慶起居注》嘉慶四年正月)。

腐敗嚴重的直接後果主要有兩個：一是社會矛盾激化，「官逼民反」。腐敗的最終受害者是普通百姓，而一旦百姓不能安居樂業，社會動盪就會來臨。所謂「民生不遂，由於吏治不清，長吏賢，則百姓自安」講的就是這個意思(《聖祖仁皇帝起居注殘稿》)。二是政府統治能力下降。在任何時候，人們都不能指望一個萎靡、腐敗的官僚隊伍能實現對國家的有效治理。腐敗，必然破壞行政機制的正常運轉，降低朝廷的治事能力(像在鎮壓白蓮教起義中，清朝帶兵大員「在軍營中酒肉聲歌，相為娛樂」，出師三載，耗資七千餘萬，「皆由各路領兵大員任意濫用所致」《清仁宗實錄》卷三十九)，這在客觀上又為民眾反抗創造了有利的政治條件。而康乾盛世的終結，也是由民眾的反抗最終完成的。

安全與發展：一個艱難的戰略抉擇

和以前各代相比，清朝歷史有一個十分顯著的特徵，那就是西方殖民勢力正在東來，中國傳統的以「貢」「賞」為特徵的外交體制逐漸面臨着日益嚴峻的挑戰，對外交往中許多不為時人注意的新現象、新變化，正預示着未來國際形勢的巨大變遷。康乾時期中國所處國際環境的基本情況是：以產業革命、啟蒙運動和資產階級革命為標誌的社會變革，將西方社會推向了一個新的階段。隨着社會進步和技術革新，西方國家綜合國力大為增強，歐洲列強按自己的意志重新改造世界，不但成為可能，而且正在變成現實。相形之下，中國作為世界大國的國際地位日漸衰落。如果我們將康乾盛世說成是一幕輝煌的悲劇的話，那麼，這齣悲劇最發人深省的地方就在於中國是在全盛的時候，在盛世的喧囂聲中落後於世界的！

從知識結構上講，康乾時期的中國皇帝和官僚們絕非平庸之輩，他們大多學問淵博，貫通古今。儘管他們對歐洲新的文化革新和政治變革知之不多，但對下面兩點是非常清楚的：一是中國在科學技術和軍事力量上已經落後於西方。有鑒於此，康熙帝以濃厚的興趣向傳教士學習天文、數學、醫學等方面的知識，乾隆帝及其皇子也對外國的科學發明保持着相當的興趣，並主動了解英國造船業方面的情況，對西洋的軍艦尤其印象深刻，「喜歡詢問外國事物，對外國科學發明俱感興趣」[1]。而清廷「欽天監用西洋人，累進為監正、監副，相繼不絕」（《清史稿》卷二百七十二，南懷仁傳），也反映出清廷對西方科技水平先進地位的承認。二是西方殖民勢力的進逼。清廷用於戰爭的「制勝要器」如大炮等，其製造技術傳自西方，而西洋船舶之堅，火器之猛，都不能不使統治者在處理中外關係時惟慎惟謹，動以安危為慮。更重要的是，康乾時期的中國確實面臨着西方侵略的嚴重威脅。沙俄對中國領土的蠶食，對分裂勢力的支持，促使清朝統治者不得不採取措施加強對陸疆的防禦，而西方列強在遠東地區肆無忌憚的擴張，在中國沿海地區的非法活動，也使清廷深感憂慮。面對來自海上的威脅，康熙帝強調「海防為要」，「凡事不可小視，往往因小失大」，預言：「通海口子甚多，此時無礙，若

1 〔英〕斯當東著，葉篤義譯：《英使謁見乾隆紀實》，商務印書館 1963 年版，第 384、406 頁。

千百年後，中國必受其害矣」[1]，即生動反映了清廷對西方侵略的擔心。正是嚴峻的國際形勢迫使清朝統治者必須在安全與發展中尋找到一個平衡點：要發展，要改變中國在科學技術等方面的落後，就必須和西方交往，就必須適當開放門戶，以便先進科學技術知識的引進。而要擴大交往，就得冒招致西方更大侵略的風險，就得冒國內反清勢力、分裂勢力和西方侵略勢力勾結串通的風險，如何處理二者間錯綜複雜的關係，就成為擺在盛世時期清朝統治者面前的一個重大課題。限於當時的認知水平，清朝統治者對這一複雜問題的處理是十分簡單的，那就是通過減少和西方的往來，求得暫時的安全。一些西方學者說：「掠奪、謀害及經常訴諸武力，為歐洲國家與中國開始貿易的特色」，「外國商人自己的殘暴行為應視為他們被享以閉門羹的主要原因」[2]，即反映了這一歷史實際。從雍正起，清廷開始厲禁天主教傳播，「耶穌會士，由利瑪竇迄於當時，一切傳教之設，一一銷毀，不遺餘跡」（《燕京開教錄·中篇》）。乾隆時又實行嚴格的限關政策。當時，清廷鑒於西洋人「非我族類，其心必異，利之所在，瑕釁易滋」，更定章程，千方百計將洋船限制在廣州（《乾隆朝東華錄》卷四十六）。隨之而來，中西交流減少了，儘管中外貿易在嚴格的限制下仍在進行，但其發展十分有限，而西方科技文化的傳入，則基本上限於停滯狀態。在此後數十年中，大清帝國憑借其統一的雄姿，繁榮的國內形勢，遼闊的領土，眾多的人口，發達的

---

1 中國歷史第一檔案館整理：《康熙起居注》第3冊，中華書局1984年版，第2324-2325頁。

2 姚賢鎬編：《中國近代對外貿易史資料（1840—1895）》第1冊，中華書局1962年版，第126頁。

文化，以及她在東亞地區源遠流長的國際影響，在短期內保持住了作為東方大國的地位，但中國和西方在社會發展水平上的差距則越拉越大，近代落後捱打的命運實際上已經注定。1793 年英使馬戛爾尼來華時，他就敏鋭地察覺到了清朝的衰落，將之視為「一艘破爛不堪的舊船」，預言「英國從這樣急劇的變化中它將獲得最大的利益，並加強它的霸權地位」[1]。果然，康乾盛世結束後不到半個世紀，鴉片戰爭就爆發了，中國隨之陷入喪權辱國的苦難深淵。從清朝統治者處理國際事務的教訓中，我們可以看到，如果一定要在安全和發展之間做非此即彼的選擇，選擇安全當然是正常的，也在情理之中，但不能忘記，沒有發展的安全，歸根到底是不可靠的，苟且偷安，換來的只能是落後捱打的歷史屈辱。

康乾盛世衰落了，封建的盛世一去不返，中華民族的偉大復興任重道遠，它需要的是崇高的精神，堅韌的意志，開闊的視野，辯證的睿智，需要的是萬眾一心，幾代人持之以恆的努力和奮鬥，這將在未來的歷史中得到充分説明。

（原載《光明日報》2000 年 6 月 30 日）

---

1 〔法〕阿蘭 · 佩雷菲特著，王國卿等譯：《停滯的帝國：兩個世界的撞擊》，生活 · 讀書 · 新知三聯書店 1993 年版，第 520-525 頁。

二　以史為鑒　思進圖強

——《落日的輝煌》讀後感

梁炳泉

讀《學習時報》編輯部文章《落日的輝煌》，思緒萬千，徹夜難眠，它給我警醒、催我奮起、催我思進！

康乾盛世間，我國經濟總量佔世界第一，農業、手工業、貿易、城市發展等都曾達到世界先進水平，但是，由於康雍乾三代君主「妄自尊大、拒絕開放、囿於傳統、反對變革、滿足現狀、故步自封」，導致了「中國在封建主義的遲暮中步履蹣跚，落日雖然輝煌，跟踵而來卻是長夜無歌」。然而，由於西方在同期的革命變革，僅僅100多年的時間就徹底改變了中國在世界格局中的地位，「由一個洋洋自得的天朝大國急劇地墜入落後捱打的境地而一蹶不振」，最後造成了中國長期的落後。此段歷史被馬克思稱為「奇異的悲歌」，發人深省。

我是個企業經營管理者，十多年前，我和一幫農民兄弟辦起了鄉鎮企業——廣東省南海市科派企業有限公司，並逐步創出了氣霧殺蟲劑的系列品牌產品——「寶力殺」。企業有了名氣，自己也當上了政協委員。這時，企業內部有些人產生了安於現狀的思想，疏於學習，滿足於已有的成績，使企業發展徘徊不前。讀了《落日的輝煌》一文，給了我很大啟示：現代企業的生存與發展，離不開技術的進步，需要持續注入與時代相適應的技術含量。企業不進取，就要被淘汰！小平同志講，「發展才是硬道理」。企業要發展，在於不斷地創新，包括產品的創新、制度的創新、管理的創新等。而創新的核心是思想的創新、企業文化的創新。特別是在知識量、信息量急劇增長，智能化、知識化、知識生產力成為經濟增長關鍵因素的今天，管理思想的創新、企業文化的創新更加具有決定性的意義。創新的關鍵是特色，特色的核心是品牌，品牌的保障是質量。我們要做到人無我有，人有我優，堅持不唯上、不唯下、不唯心、只唯實的企業經營理念，放眼於高處，立足於大處，持續走創新之路，只有這樣，我們才能把握住企業的命運，不是「落日的輝煌」，而是朝陽的燦爛，才能使企業在大浪淘沙的激烈市場競爭中得到持續發展。

我們要吸取康乾王朝禁錮思想、閉關自守、使中華民族被西方列強宰割的慘痛歷史教訓。「致富思源，富而思進」。我們的企業要不斷地開拓、進取，用超前的意識去開發產品，用跨越的思想去開拓人才，重視學習，善於學習，不斷提高員工的自身素質。不求做大官，不圖發大財，只為謀大事，有了這種精神，我們就不會重蹈歷史的覆轍。隨着加入 WTO 在即、世界經濟一體化的今天，正確認識和把握國際國內兩個大局，從容應對知識經濟時代的機遇與挑戰，我堅信：覺醒了的中國人民，一定能夠在新世紀實現中華民族的偉大復興，再創歷史的輝煌！偉大的中華民族一定能走向世界，屹立於世界民族之林！

（作者係廣東省南海市科派企業有限公司董事長、南海市政協委員）

三　多一份警醒和自奮

——讀《落日的輝煌》有感

蔣壽建

回良玉書記向我省黨政領導幹部推薦的《落日的輝煌》一文，現已作為我們揚州全市各級幹部的學習材料。這篇文章的發表，又一次給我們敲了警鐘。

身為揚州人，有理由為這座歷史文化名城而自豪。《落日的輝煌》展示了這樣的史實：將近 200 年前，全世界十座 50 萬人的大城市中，中國就有六座，其中揚州榮居第三。問題在於，後來的揚州怎麼又落伍了呢？

有一點毋庸置疑：康乾盛世在一片戰爭的廢墟上——清兵南下，屠城十日，民間傳説幸存者僅「賈家、馬家」而已——創造了揚州復興的奇跡，得益於揚州江河交匯的特定區域地位。發達的水運使之為東南各省漕糧北運之要道，成為清代前期的兩淮鹽運樞紐。這裏有必要對揚州鹽商大書一筆。乾嘉年間揚州八大鹽商中，徽商即佔其四；山西客商亦搶灘揚州。這些巨商大賈富甲天下，史稱其鹽業資本一度為國家年財政收入的兩倍以上，時有「全國金融幾可操縱」之説。富商的競逐使當時的揚州呈現出相當開放的氣氛。除達官貴人之外，一大批不為時尚所容的文人墨客相繼匯聚揚州，「揚州八怪」「揚州學派」、揚州戲曲、揚州書院由是興起。當時揚州最高學府為安定、梅花兩書院，所謂「東南書院之盛，揚州得其三焉」。

引人深思的是，生機勃勃的揚州鹽商在積聚了雄厚的資本之後，並沒有像西方商人那樣興辦實業、開拓市場，而是附庸朝廷、極盡奢華。清初詩人張符驤的《竹枝詞》，描述了康熙第五次南巡揚州、身為兩淮鹽運監督御史的曹寅描述接駕的情景：「三岔河幹築帝家，金錢濫用比泥沙；宵人未懲江南獄，多分癡心想賜麻」。至今流傳民間的故事，不少與揚州鹽商接駕有關，諸如為迎合乾隆，一夜建成揚州白塔，無非是爭勝誇富罷了。待到洋務運動，近代工業、運輸、郵政在長江沿線率先舉辦，而揚州似乎一片沉寂。相反卻有這樣的記載，揚州鹽商為害怕「震擾」祖墳而籲請「火車改道」。

真可謂「成亦蕭何，敗亦蕭何」！揚州鹽商作為封建官僚資本家，沒有也不可能跳出思想的禁錮和對科技的鄙薄，沒有也不可能跳出「天朝上邦」的意識去了然「全球變局」。他們的落後保守、故步自封給後人釀造的只能是一杯「苦酒」。一位金融界的前輩告訴我，百餘年來揚州人才和資金幾度外流，僅辛亥革命和抗戰期間就有兩次移民高潮；到解放前夕，鼎盛時期的上百家錢莊已所剩無幾。

幾年前有人曾發表文章，抨擊揚州的「小城意識」。其實，「小城意識」還不足以概括揚州傳統文化中的負面積澱，如自大、封閉、守舊、清淡——揚州鹽商的凡此種種，難道不能在後來的揚州人身上找到一點影子？以淮揚菜肴為例，當年之所以名震天下，無非是集徽菜等南北名菜之長處，自成風格，可惜在被列入「全國四大菜系」之後，逐漸模式化了。對形式的過度講究和中庸調和的思維使之守成有餘、創新不足，以至於在川菜、粵菜、杭菜等進逼下疲於應付。當初海納百川的氣度到哪裏去了？當初敢為天下先的勇氣到哪裏去了？

歷史把揚州推到了一個新的振興時期。如今的揚州，正以開拓進取的姿態大踏步地走上改革開放的前台。從現在算起，四年建成大橋，兩年建成鐵路，幾代人的願望即將在我們手上夢想成真。萬事俱備，只欠東風。這個「東風」不是別的，就是揚州人的博大胸懷、氣魄。當此之際，讀一讀《落日的輝煌》，想一想揚州興衰的軌跡，照一照揚州鹽商這面鏡子，實在是不無裨益的。

（作者係揚州市委副祕書長、研究室主任）

四　吸取歷史教訓　堅持改革開放

——讀《落日的輝煌》有感

鄧祐才

《落日的輝煌》一文是中共中央黨校《學習時報》奉獻給我們的警世之作，它為我們展示了清朝康乾時代這段帶有厚重悲劇色彩的歷史畫卷，深刻地揭示了其由盛而衰的歷史原因。今天我們有幸重溫這段刻骨銘心的歷史，旨在吸取歷史教訓，以世界眼光和戰略思維觀察和審視世界，把握今天的歷史發展機遇。感謝中共中央黨校《學習時報》及本文（書）的作者為我們做了一件很有意義和價值的事情。

清朝康乾時期是中國封建王朝中最輝煌的時代，社會穩定，經濟繁榮，文化發展。其時農業、手工業、貿易和城市發展水平均為世界之最。然而，清朝在歷經康乾100餘年的繁榮之後便迅速淪落為落後、貧窮、愚昧的衰弱國家，昔日「天朝物產豐富，無所不有」的輝煌盛世一夜之間便消失了。從此，清朝在「落日」的短暫「輝煌」之後便是「長夜無歌」。

從康乾盛世到晚清的衰敗，其主要原因是清朝統治者思想保守、安於現狀、拒絕變革圖新，國內矛盾激發，政治腐敗。而同時期，歐洲資產階級革命、工業產業革命、文化思想啟蒙運動風起雲湧。對這一世界性的歷史大轉折和國際環境形勢的變化，清朝統治者缺乏應有的警覺，充耳不聞，視而不見，甚至不屑一顧，拒絕對外開放，閉關鎖國，拒絕與世界各國來往交流。從此，中國與西方世界的差距迅速擴大。

清朝的這段歷史從反面印證了我國政府當前實行的改革開放政策的英明正確。我是這場改革開放的見證人和受益者。1978 年中國開始實行改革開放政策之後，大批港澳企業家和海外華人紛紛湧向大陸投資建廠，我在 1983 年先後在廣東惠州和南海投資數千萬港元開辦皮革廠。經過近 20 年的發展，我的企業由一家發展到五家，成為擁有上億資產的大型企業。我的企業吸納了上千名員工就業，每年為當地政府和國家納稅數百萬元，每年為國家出口創匯近千萬美元。我的皮革生意通過香港公司遠銷歐美國家，帶動了南海乃至廣東皮革製品的出口。我在南海投資辦實業，也把我在香港學到的製革技術和經營管理知識和經驗帶回內地，培養了一批技術人才和經營人才。我還協助南海市政府到香港招商引資，介紹多位港商來大陸內地投資設廠。此外，我以南海市港澳政協委員的名義向南海市提交了《南海應制定一套穩定及更吸引三資企業的政策》及《廣泛團結海內外鄉親，熱情支援家鄉經濟建設》等提案。我的建議被當地政府採納。據估計，改革開放 20 多年來，像我這樣回內地投資辦企業的港澳企業家及海外華人華僑數以萬計，由此帶動了大批歐美外商來華投資經商，引進外資上千億美元，吸納了成百上千萬人就業，每年為國家上繳的各種稅費上千億元。實行改革開放政策 20 餘年，我國的綜合國力和國際形象得到了顯著提升。人民群眾的物質文化生活得到了顯著的改善，而我們港澳企業家及海外華人華僑投資家鄉辦企業，實現了報效國家的願望，同時祖國內地這個大市場，為我們提供了施展聰明才智的大舞台，我們企業自身也得到了發展，增強了進軍全球市場的競爭力。可以說，改革開放利國利民、富國強民。我衷心擁護黨和政府的改革開放政策。

當今科學技術迅猛發展，經濟全球化趨勢明顯加快，我國即將加入 WTO，這是我國發展史上又一次大轉折、大變革，我們中國人尤其是我們的領導幹部和企業家們應該以更敏銳而開闊的世界眼光觀察世界格局的變化走勢，吸取歷史教訓，繼續堅持改革開放政策，牢牢把握發展機遇，把國家建設得更美好，讓中國早日屹立於世界強國之林。

（作者係中港皮業有限公司董事長，
廣東佛山市、南海市政協委員）

五　1644—1840 年中外大事年表

年代	中國	外國
1644 年 清順治元年	李自成攻克北京，建立大順國號，明亡。 清軍入關佔領北京。	英國正值資產階級革命，克倫威爾率領鐵騎軍在馬斯頓草原戰役中戰勝王軍。
1648 年 清順治五年	清禁止民間養馬及收藏兵器。	歐洲三十年戰爭結束。 英國第二次內戰爆發。
1649 年 清順治六年	山西、山東、陝西、甘肅義軍多為清軍所敗。	英國宣佈為共和國。英國的自由企業得到國家的支持。 據官方財產目錄，國王查理一世擁有 139 匹種馬和 37 匹母馬。 英國第一艘海軍快速帆船「康斯坦特・沃里克號」建成。
1651 年 清順治八年	明魯王走廈門，依鄭成功。	英國頒佈「航海條例」。 荷蘭人定居好望角。
1652 年 清順治九年	李定國攻入湖南。 順治帝召見五世達賴喇嘛。	第一次英荷戰爭爆發（1652—1654 年）。 荷蘭建立好望角殖民地。
1660 年 清順治十七年	清軍攻廈門，鄭成功抵禦。 清禁官吏私交、私宴、慶賀、饋送。	英國斯圖亞特王朝復辟。 英國皇家學會成立。 皇家非洲公司成立，抽水馬桶從法國傳入英國。
1661 年 清順治十八年	清世祖卒，子玄燁繼位。 鄭成功驅逐荷蘭人，收復台灣。	日本制定與荷蘭通商新令。 俄羅斯與瑞典締結《加底斯和約》。
1663 年 清康熙二年	文字獄「《明史》案」定罪。	英頒佈主要商品法令。 法頒佈有關財政、工業和商業改革法令。

續表

年代	中國	外國
1665年 清康熙四年	令明宗室複舊回籍。	英國法律和政體傳入紐約。 新澤西殖民地建立。 伊薩克・牛頓進行引力試驗；發明微分學。
1668年 清康熙七年	清定外國非貢期不許貿易。	英、荷、瑞典締結三國同盟，共同反法。 英東印度公司獲得對孟買的控制權。
1672年 清康熙十一年	俄商隊至北京。	第三次英荷戰爭爆發（1672—1674年）。
1683年 清康熙二十二年	清收復台灣。 清開海禁。	英國航海家威廉・丹皮爾（1652—1715年）開始環繞世界航行。
1684年 清康熙二十三年	清設台灣府，歸福建管轄。 中、俄雅克薩戰爭爆發。 康熙巡遊南方。	英國牛頓（1643—1727年）發現萬有引力定律和力學的基本定律。
1685年 清康熙二十四年	英在廣州設商館。 開粵海、閩海、浙海、江海四處對外通商口岸。	印度尼西亞蘇拉巴端反荷起義。
1686年 清康熙二十五年	清政府創設「洋貨行」，後稱「洋行」。 中、俄第二次雅克薩戰爭爆發。	荷、奧、西、瑞典、巴伐利亞等結成反法同盟。
1688年 清康熙二十七年	改定宗室王公將軍襲爵法。 噶爾丹攻佔喀爾喀地。	英國發生宮廷政變，資產階級革命結束。
1689年 清康熙二十八年	中、俄簽訂《尼布楚條約》。 清令滿人考試生員、舉人、進士皆試騎射。	英議會通過《權利法案》。 俄國彼得一世（1682—1725年）親政。
1696年 清康熙三十五年	康熙帝親征噶爾丹。	彼得大帝派送50名俄國青年到英國、荷蘭、威尼斯學習造船學和築城學。首家英國財產保險公司建成。

續表

年代	中國	外國
1698 年 清康熙三十七年	疏浚永定河。 清令湖廣等九省禁造燒酒。	倫敦證券交易所成立。 彼得一世開始改革。
1705 年 清康熙四十四年	停廣東開礦。	英紐可門改制蒸汽機用於礦井抽水。
1712 年 清康熙五十一年	清政府宣佈「滋生人丁，永不加賦」。	葡與西、法分別簽訂《烏特勒支和約》。
1720 年 清康熙五十九年	清政府平定準噶爾軍策妄阿拉布坦之亂。	俄、土訂立《永久和平條約》。
1721 年 清康熙六十年	台灣朱一貴等起義反清。	俄國宣佈為帝國。
1722 年 清康熙六十一年	康熙病逝，雍正即位。	R.A. 雷奧米爾寫成關於煉鋼的論著《把鍛鐵變成鋼的技術》。
1726 年 清雍正四年	大規模「改土歸流」開始。	英國鐘表匠約翰·哈裏森發明鐘擺架。 俄國設立科學院。 中國醫士趙相陽到日本傳醫。
1727 年 清雍正五年	中、俄簽訂《恰克圖條約》。	德同英、法、荷等國簽訂《巴黎和約》。
1732 年 清雍正十年	清設立軍機處。 瑞典人開始到中國通商。	伊朗和俄國簽訂《勒什特條約》。 伊、土簽訂《哈馬丹和約》。
1733 年 清雍正十一年	各省建立書院。 「大清會典」成書。	英國凱伊發明織布飛梭。 啟蒙思想家伏爾泰（1694—1788 年）所著的《哲學通信》出版。
1735 年 清雍正十三年	《明史》修成。 雍正卒，弘曆即位。	英國開始用煤煉鐵。
1740 年 清乾隆五年	《大清律例》《大清一統志》編成。	奧地利發生王位繼承戰（1740—1748 年）。
1744 年 清乾隆九年	定各省錄科名額。	法國里昂紡織工人罷工。
1751 年 清乾隆十六年	弘曆巡遊江南。	法國狄德羅（1713—1784 年）的《百科全書》開始出版。

續表

年代	中國	外國
1752 年 清乾隆十七年	允許開墾浙江南海諸島。	美國富蘭克林（1706—1790年）發明避雷針。 英改用教皇格累戈裏的新曆法。
1755 年 清乾隆二十年	清軍入伊犁，平定達瓦齊叛亂。琉球王尚穆接受清封號。	英、法在北美進行戰爭。 德國哲學家康德著《自然通史與天體論》出版。 法國摩萊裏《自然法典》發表。
1760 年 清乾隆二十五年	廣東重建公行。	英國工業革命開始（1760—1830 年）。
1762 年 清乾隆二十七年	中、俄查勘邊界。 荷蘭在廣州設商館。 清政府在新疆設置伊犁將軍。	英國對西班牙宣戰，佔領西班牙殖民地馬尼拉和哈瓦那等地。 盧梭的《社會契約論》出版。
1764 年 清乾隆二十九年	停止在恰克圖與俄貿易。 重修《大清一統志》。	英國人哈格里夫斯發明「珍妮紡紗機」。 伏爾泰《哲學辭典》出版。 詹姆斯．瓦特（1736—1819年）發明凝汽器，向蒸汽機的問世邁開了第一步。
1769 年 清乾隆三十四年	清朝與緬甸講和。 台灣黃教起義被鎮壓。	英國瓦特製成第一部蒸汽機。
1770 年 清乾隆三十五年	圓明園建成。 《平定準噶爾方略》成。	波士頓發生屠殺事件。 英國向新西蘭殖民。
1773 年 清乾隆三十八年	命設「四庫全書」館。 解散耶穌會。 英國首次向中國販賣鴉片。	首座鐵鑄大橋在希羅普郡的考爾布魯克達爾建造（至 1792 年）。
1775 年 清乾隆四十年	禁止廣西商民出口貿易。	美國獨立戰爭（1775—1783年）。
1776 年 清乾隆四十一年	禁止漢人流入遼寧、吉林。 清軍平定大小金川叛亂。	北美發佈《獨立宣言》，宣佈建立美利堅合眾國。 英國斯密《國富論》出版。

續表

年代	中國	外國
1777 年 清乾隆四十二年	禁止人民使用火器。 禁止洋船運棉進口。	法與英屬北美殖民地訂立同盟條約。
1779 年 清乾隆四十四年	齊齊哈爾添設官屯。	西班牙對英宣戰。 英國工人克朗普頓（1753 —1827 年）發明「騾機」。
1782 年 清乾隆四十七年	清政府在廣州設立「十三公行」。 第一部《四庫全書》編成。	英國瓦特製成聯動蒸汽機。
1783 年 清乾隆四十八年	田五領導回民起義。	英、美簽訂和約，英承認美國獨立。
1784 年 清乾隆四十九年	烏魯木齊實行保甲法。 暹羅派使進貢請封。	英國實行攪拌煉鐵法。 美船「中國皇后號」駛進廣州。
1789 年 清乾隆五十四年	清軍逐廓爾喀入侵軍出國境。	法國資產階級革命爆發（1789—1794 年）。 華盛頓當選美國第一任總統。 法國制憲會議通過《人權宣言》。
1792 年 清乾隆五十七年	福康安率清軍擊敗廓爾喀入侵，對西藏頒行《金奔巴掣簽制》。	巴黎人民起義，推翻君主立憲派，廢除君主制，法國成立共和國。 奧、普聯軍武裝干涉法國革命。
1793 年 清乾隆五十八年	頒佈《欽定西藏章程》。 英使馬戛爾尼至京，要求擴大貿易，被拒絕。	俄、奧、普第二次瓜分波蘭。 英、普、奧、荷、西等國組成第一次反法聯盟（1793 —1794 年）。
1794 年 清乾隆五十九年	禁止鹽政令商人供應飯食銀及雜費銀。	第一條電報線出現於巴黎—裏爾之間。
1799 年 清嘉慶四年	弘曆卒，罪誅和珅，抄其家產。	拿破侖發動「霧月政變」。
1804 年 清嘉慶九年	洋盜蔡牽攻擾台灣鹿耳門。 減各省諸吳盈餘稅課。	拿破侖稱帝，法蘭西第一帝國建立。 拿破侖公布「法國民法典」。
1805 年 清嘉慶十年	禁止西方人在華刻書、傳教和設立學校。	英、奧、普、俄組成第三次反法聯盟。

續表

年代	中國	外國
1813 年 清嘉慶十八年	林清、李文成領導天理教起義。 申禁宗室、覺羅與漢人為婚。	英國廢止東印度公司的商業壟斷權。
1814 年 清嘉慶十九年	英船侵入虎門。 定整飭洋行及限制外洋商船章程。	反法聯軍佔領巴黎，拿破侖退位。
1816 年 清嘉慶二十一年	英使臣阿美斯德到京。	法國醫師勒內·雷奈克（1781—1826 年）發明聽診器。
1828 年 清道光八年	禁止使用外國貨幣。	德國化學家弗裏德裏希·維勒（1800—1882 年）因人工合成了尿素，開創了合成有機物的新時代。
1829 年 清道光九年	禁止私貨進口和銀兩出洋。	希臘獨立。 塞爾維亞自治。
1830 年 清道光十年	減外國船進口規銀。 定查禁內地行銷鴉片章程。 禁止回空漕船夾帶私鹽。	利物浦—曼徹斯特鐵路正式通車。
1831 年 清道光十一年	重修《康熙字典》完成。	法國里昂紡織工人起義。 英國科學家法拉第（1791—1861 年）發現電磁感應現象。
1836 年 清道光十六年	英國派人至廣東總管本國商人和水手。	德國「正義同盟」在巴黎成立。 英國工人發動憲章運動。
1838 年 清道光十八年	林則徐前往廣東查禁鴉片。 廣州萬餘群眾為抗議英美鴉片煙的暴行舉行示威。	阿富汗爆發反英戰爭（1838—1842 年）。
1839 年 清道光十九年	林則徐在虎門銷毀鴉片。	詹姆斯·羅斯和 F.R.M. 格羅澤率領兩艘英國船隻「厄爾布斯號」和「特羅爾號」開始南極航行。
1840 年 清道光二十年	第一次鴉片戰爭爆發。	

資料來源：《世界七千年大事總覽》，東方出版社 1990 年版。

六　插圖索引

1. 清聖祖康熙皇帝像
   《新編圖説世界歷史》第 7 冊，（台）光復書局，第 64 頁。
2. 遊獵歸來的康熙皇帝
   《新編圖説世界歷史》第 7 冊，（台）光復書局，第 62 頁。
3. 清世宗雍正皇帝像
   《新編圖説世界歷史》第 7 冊，（台）光復書局，第 65 頁。
4. 壯年時的乾隆
   朱大渭主編：《中國通史圖説》（九），九州圖書出版社 1999 年版，彩版五。
5. 清代疆域圖
   龔延明主編，餘麗芬、董建萍、周岩夏撰文，丘瑋、馬方路等繪畫：《繪畫本中國通史 第6卷 明清》，浙江少年兒童出版社 1991 年版，第 247 頁。
6. 布秧
   北京歷史博物館主編：《中國近代史參考圖片集》上集，教育圖片出版社 1958 年版，第 3 頁。
7. 灌溉
   北京歷史博物館主編：《中國近代史參考圖片集》上集，教育圖片出版社 1958 年版，第 4 頁。
8. 登場
   北京歷史博物館主編：《中國近代史參考圖片集》上集，教育圖片出版社 1958 年版，第 4 頁。
9. 冶鐵圖
   北京歷史博物館主編：《中國近代史參考圖片集》上集，教育圖片出版社 1958 年版，第 9 頁。
10. 南方挖煤
   北京歷史博物館主編：《中國近代史參考圖片集》上集，教育圖片出版社 1958 年版，第 10 頁。

11. 織錦

北京歷史博物館主編:《中國近代史參考圖片集》上集，教育圖片出版社 1958 年版，第 6 頁。

12. 錢塘江上的茶船

北京歷史博物館主編:《中國近代史參考圖片集》上集，教育圖片出版社 1958 年版，第 8 頁。

13. 東印度公司在澳門設立的商館

朱大渭主編:《中國通史圖説》(九)，九州圖書出版社 1999 年版，第 133 頁。

14. 葡萄牙入侵澳門

朱大渭主編:《中國通史圖説》(九)，九州圖書出版社 1999 年版，第 132 頁。

15. 英國東印度公司鴉片運輸船

朱大渭主編:《中國通史圖説》(九)，九州圖書出版社 1999 年版，第 134 頁。

16. 鴉片煙館

《新編圖説世界歷史》第 7 冊，(台)光復書局 1991 年版，第 155 頁。

17. 英國東印度公司在印度的鴉片倉庫

《新編圖説世界歷史》第 7 冊，(台)光復書局 1991 年版，第 154 頁。

18. 廣東十三行

中國歷史博物館編:《中國古代史參考圖錄》(清朝時期)，上海教育出版社 1991 年版，第 143 頁。

19. 清代算籌

中國歷史博物館編:《中國古代史參考圖錄》(清朝時期)，上海教育出版社 1991 年版，第 185 頁。

20. 北京觀象台・天文儀

中國歷史博物館編:《中國古代史參考圖錄》(清朝時期)，上海教育出版社 1991 年版，第 187 頁。

21—22. 清頒行的《西洋新法曆書》 地球儀

中國歷史博物館編:《中國古代史參考圖錄》(清朝時期)，上海教育出版社 1991 年版，第 188 頁。

23. 清代全圖

朱大渭主編:《中國通史圖説》(九)，九州圖書出版社 1999 年版，第 121 頁。

24. 謁見威尼斯首領
《新編圖說世界歷史》第 5 冊，(台) 光復書局 1991 年版，第 26 頁。

25. 凡爾賽宮
《新編圖說世界歷史》第 5 冊，(台) 光復書局 1991 年版，第 72 頁。

26. 倫敦國會議事堂
《新編圖說世界歷史》第 5 冊，(台) 光復書局 1991 年版，第 56 頁。

27. 鴉片戰爭前北京後門大街的市容
北京歷史博物館主編:《中國近代史參考圖集》上冊，教育圖片出版社 1958 年版，第 13 頁。

28. 蘇州網師園全景
中國歷史博物館編:《中國古代史參考圖錄》(清朝時期)，上海教育出版社 1991 年版，第 223 頁。

29. 17 世紀的廣州
《新編圖說世界歷史》第 7 冊，(台) 光復書局 1991 年版，第 153 頁。

30. 從景山南望紫禁城
單霽翔著，周高亮攝影:《故宮的聲音》，故宮出版社 2022 年版，第 17 頁。

31. 曹雪芹像
董乃斌、錢理群主編，劉揚忠等著:《彩色插圖本中國文學史》，貴州人民出版社 2004 年版，第 271 頁。

32—34. 黃宗羲像　顧炎武像　王夫之像
中國歷史博物館編:《中國古代史參考圖錄》，上海教育出版社 1991 年版，第 172—173 頁。

35. 王翬繪《江南早春圖》
中國歷史博物館編:《中國古代史參考圖錄》(清朝時期)，上海教育出版社 1991 年版，彩頁第 7 頁。

36. 克倫威爾像
南京大學歷史系世界歷史教研室編:《世界歷史教學參考圖片集》，上海教育出版社 1991 年版，第 113 頁。

37. 華盛頓像
《新編圖說世界歷史》第 6 冊，(台) 光復書局 1991 年版，第 24 頁。

38. 攻巴士底獄
《新編圖說世界歷史》第 6 冊，(台) 光復書局 1991 年版，第 45 頁。

39. 亞歷山大二世像
俄羅斯國家歷史博物館。

40. 天皇像
南京大學歷史系世界歷史教研室編:《世界歷史教學參考圖片集》，上海教育出版社 1991 年版，第 197 頁（右）。

41. 哥白尼像
《辭海》第 1 冊，上海辭書出版社 1999 年版，第 152 頁。

42. 伽利略像
《辭海》第 1 冊，上海辭書出版社 1999 年版，第 648 頁。

43. 牛頓像
《辭海》第 3 冊，上海辭書出版社 1999 年版，第 3896 頁。

44. 珍妮紡紗機
南京大學歷史系世界歷史教研室編:《世界歷史教學參考圖片集》，上海教育出版社 1991 年版，第 152 頁。

45. 1790 年的紡紗廠
南京大學歷史系世界歷史教研室編:《世界歷史教學參考圖片集》，上海教育出版社 1991 年版，第 153 頁。

46. 由瓦特發明的第一台蒸汽機（聯動式）
南京大學歷史系世界歷史教研室編:《世界歷史教學參考圖片集》，上海教育出版社 1991 年版，第 154 頁。

47. 瓦特像
南京大學歷史系世界歷史教研室編:《世界歷史教學參考圖片集》，上海教育出版社 1991 年版，第 153 頁。

48. 康熙海禁諭
曹大為、郭小淩主編:《歷史必修（Ⅲ）文化發展歷程》，嶽麓書社 2004 年版，第 128 頁。

49. 康熙御製威遠將軍炮
朱大渭主編:《中國通史圖說》（九），九州圖書出版社 1999 年版，第 252 頁。

50. 馬戛爾尼像
朱大渭主編:《中國通史圖說》（九），九州圖書出版社 1999 年版，第 128 頁。

51. 英國使團赴避暑山莊覲見乾隆皇帝圖
朱大渭主編:《中國通史圖說》(九),九州圖書出版社 1999 年版,第 129 頁。

52. 傳教士湯若望像
《新編圖說世界歷史》第 7 冊,(台)光復書局 1991 年版,第 71 頁。

53. 戴震像
朱大渭主編:《中國通史圖說》(九),九州圖書出版社 1999 年版,第 301 頁。

54. 秦始皇像
《辭海》第 4 冊,上海辭書出版社 1999 年版,第 4354 頁。

55. 宋太祖像
《辭海》第 2 冊,上海辭書出版社 1999 年版,第 2718 頁。

56. 明太祖像
《辭海》第 3 冊,上海辭書出版社 1999 年版,第 3739 頁。

57.《康熙字典》
朱大渭主編:《中國通史圖說》(九),九州圖書出版社 1999 年版,第 294 頁。

58. 文津閣
朱大渭主編:《中國通史圖說》(九),九州圖書出版社 1999 年版,第 296 頁。

59.《欽定四庫全書》
故宮博物院編:《天祿珍藏: 清宮內府本三百年》,紫禁城出版社 2007 年版,第 251 頁。

60. 呂留良像及手稿
朱大渭主編:《中國通史圖說》(九),九州圖書出版社 1999 年版,第 299 頁。

61. 英國的蒸汽船「大東方號」
《新編圖說世界歷史》第 6 冊,(台)光復書局 1991 年版,第 190 頁。

62. 來往於口外的經商車隊
朱大渭主編:《中國通史圖說》(九),九州圖書出版社 1999 年版,第 233 頁。

63. 清政府出賣路權的漫畫
朱大渭主編:《中國通史圖說》(九),九州圖書出版社 1999 年版,第 242 頁。

64. 道光皇帝在紫禁城閱兵的情景
《新編圖說世界歷史》第 7 冊，(台)光復書局 1991 年版，第 169 頁。

65. 馬克思像
南京大學歷史系世界歷史教研室編:《世界歷史教學參考圖片集》，上海教育出版社 1991 年版，第 163 頁。

66. 恩格斯像
南京大學歷史系世界歷史教研室編:《世界歷史教學參考圖片集》，上海教育出版社 1991 年版，第 163 頁。

67.《德意志意識形態》手稿
南京大學歷史系世界歷史教研室編:《世界歷史教學參考圖片集》，上海教育出版社 1991 年版，第 164 頁。

68. 伏爾泰像
南京大學歷史系世界歷史教研室編:《世界歷史教學參考圖片集》，上海教育出版社 1991 年版，第 120 頁。

69. 萊布尼茨像
《辭海》第 2 冊，上海辭書出版社 1999 年版，第 1593 頁。

70. 孟德斯鳩像
南京大學歷史系世界歷史教研室編:《世界歷史教學參考圖片集》，上海教育出版社 1991 年版，第 120 頁。

71. 亞當・斯密像
南京大學歷史系世界歷史教研室編:《世界歷史教學參考圖片集》，上海教育出版社 1991 年版，第 161 頁。

72. 清太祖努爾哈赤像
朱大渭主編:《中國通史圖說》(九)，九州圖書出版社 1999 年版，彩版一。

73. 清太宗皇太極像
朱大渭主編:《中國通史圖說》(九)，九州圖書出版社 1999 年版，第 212 頁。

74. 順治皇帝像
朱大渭主編:《中國通史圖說》(九)，九州圖書出版社1999年版，第89頁。

75. 嘉慶皇帝像
朱大渭主編:《中國通史圖說》(九)，九州圖書出版社 1999 年版，第 123 頁。

76. 道光皇帝像
朱大渭主編:《中國通史圖説》(九),九州圖書出版社 1999 年版,第 136 頁。

77. 咸豐皇帝像
朱大渭主編:《中國通史圖説》(九),九州圖書出版社 1999 年版,第 218 頁。

78. 同治皇帝像
朱大渭主編:《中國通史圖説》(九),九州圖書出版社 1999 年版,第 221 頁。

79. 慈禧太后像
朱大渭主編:《中國通史圖説》(九),九州圖書出版社 1999 年版,第 221 頁。

80. 光緒皇帝像
朱大渭主編:《中國通史圖説》(九),九州圖書出版社 1999 年版,第 172 頁。

81. 年幼的宣統皇帝
朱大渭主編:《中國通史圖説》(九),九州圖書出版社 1999 年版,第 222 頁。

初版後記

2000 年 6 月 19 日《學習時報》以頭版整版篇幅發表了署名本報編輯部的文章《落日的輝煌》。這篇受到中央領導同志高度重視的文章一經發表，引起了社會的廣泛關注。據不完全統計，《人民日報》《光明日報》《新華文摘》等國內外幾十家報刊予以轉載；中央、國家有關部委和許多省、區、市黨委把它作為學習參考資料，要求廣大幹部閱讀、領會。

這篇文章深刻揭示了康乾盛世之後，中國社會驟然下跌及至近代在西方列強的堅船利炮面前不堪一擊的歷史原因。我們要汲取歷史教訓，按照鄧小平理論和「三個代表」重要思想的要求，善於把握世界大勢，適應世界發展進步潮流，堅持不懈地加強黨的建設，堅定不移地推進改革開放，為在 21 世紀中葉實現民族振興，把我國建設成為一個民主、文明的社會主義現代化國家而奮鬥。

應廣大讀者要求，我們將《落日的輝煌》編輯成書，增加了「見證與文獻」部分大量資料，以幫助大家進一步了解有關這個時期的情況。

徐偉新

2001 年 2 月 16 日

再版後記

轉眼之間就是 15 年。

2000 年 6 月 19 日《落日的輝煌》在《學習時報》和《光明日報》頭版頭條同時發表。2001 年 2 月，在原文基礎上按文章邏輯增加了一些資料，進一步延展了閱讀的信息量和歷史感，《落日的輝煌》一書由中共中央黨校出版社出版。這些年，不斷有人向我索要此書，陸陸續續僅存的幾本很快就送完了，尋遍京城書店也是一本難覓。一本書，十幾年之後仍不斷有人要、讀，書中所闡發的觀點持續地保持着某種影響力和警醒作用，令我們對那一段歷史不得不保持一份尊重的心意，自然，也是今日再版的主要原因。

此次再版，原文基本不動，只是對某些錯字和標點符號作了修正。那一段緣起和行進的過程已經定格在歷史中，沉澱在我們的記憶裏。

唯一想向讀者説明的是書的署名。

1999 年初，在時任中共中央黨校常務副校長鄭必堅的倡導下，校委決定創辦一份報紙，旨在把學術的講壇延伸擴展，讓黨校進一步走向社會，走向世界，同時，也把世界眼光和全球變局及時反饋到校內來，反饋到教學中來。我奉命調至黨校報社，負責籌備新報紙的創刊。1999 年 9 月 17 日，《學習時報》正式創刊。鄭校長對面向 21 世紀的黨校教學目標、教學體系、教學佈局有一整套深思熟慮的想法，作為這個大理念、大佈局的一部分，他對《學習時報》的定位、選題策劃等也有明確的要求。其中，他談到要聯繫全球化進程總結康乾盛世的經驗教訓。我是學哲學出身，自覺歷史功底淺薄，不敢應接此事。他說，請德福同志也幫幫忙，盡快寫出一稿。

我的先生劉德福博士，時任中央金融工委研究室主任，其時正在中共中央黨校培訓部第16期中青年一年制班學習（鄭校長兼任培訓部主任），只好硬着頭皮幹了。2000年3—4月，寫出第一稿；5月初，經鄭必堅校長、李君如副校長指點、修改，《落日的輝煌》一文定稿。5月下旬，將《落日的輝煌》報時任中共中央黨校校長胡錦濤同志。上報時，商議文章的署名，有幾個方案，我提出的《學習時報》編輯部的署名被採納。當時，作為一個新創刊報紙的總編輯，我很希望《落日的輝煌》能擴大《學習時報》的影響，讓《學習時報》響起來。後來事實證明，這個初衷達到了。

中央領導同志對《落日的輝煌》一文作出重要批示。2000年6月召開的全國黨校工作會議上，中央領導同志在講話中談及康乾盛世及其經驗教訓，令人震動，發人深思，給人以深刻啟發和長久回味。《落日的輝煌》一文，在世紀之交、千年之交的特殊歷史時期，在中國改革開放20年取得重大成果、中華民族欣逢又一個盛世之時，對於廣大幹部進一步堅定走中國特色社會主義道路，進一步堅持全球化視野和世界眼光，增強憂患意識發揮了作用。

改革開放之初，鄧小平曾用「小康社會」來詮釋中國式的現代化，黨的十八大以來，習近平總書記提出「中國夢」的美麗願景。「小康社會」「中國夢」體現了每一個中華兒女的共同期盼，也凝聚了中國人的千年夙願。幾百年前「萬國來儀」的天朝之夢在康乾盛世的急劇衰敗中破碎的聲音不時警醒着我們。

15年過去了。值此再版之際，回首當年編寫過程，還原那一段經歷，文章的署名也隨之一起還原吧。

再有幾天，就是2016年。新年將始，祝福我們的國家繁榮昌盛，祝福我們的人民夢想成真。感謝所有參與《落日的輝煌》撰寫、資料提供和出版發行的朋友們。

徐偉新

2015年12月22日

修訂版後記

「冬天來了，春天還會遠嗎？」千百年來，春天給人們帶來無限暇想與期盼，而 2023 年的春天格外引人嚮往。「鶯啼燕語報新年」。一些早該做的因新冠疫情而耽擱的事，趕緊做起來；一些計劃中要實施的事，也不能再遲滯了。恰在此時，中共中央黨校出版社決定再版《落日的輝煌—— 17、18 世紀全球變局中的「康乾盛世」》一書，這是今年春天裏的又一個佳訊。

中共中央黨校出版社於 2001 年 6 月出版了《落日的輝煌——17、18 世紀全球變局中的「康乾盛世」》，2016 年 4 月人民出版社再版本書。現在中共中央黨校出版社決定再次修訂出版這本書，我萬分感激。近年來，仍不斷有人向我索要此書，而我堅持家中要收藏一本，卻再也不能拿出更多。感謝中共中央黨校出版社為我解除了無書可送的無奈與尷尬。

當今世界面臨百年未有之大變局，走出迷局，面向未來，實現中華民族偉大復興，康乾盛世及其後的歷史教訓，也許能給我們以不斷的警醒。

徐偉新

2023 年 5 月 17 日

繁體字版後記

今年的春天裏，我被告知香港中華書局決定出版本書的繁體字版本。一時間心裏五味雜陳。

《落日的輝煌》以 17、18 世紀的康乾盛世及之後百餘年巨變為主要研究對象，旨在通過歷史比較為當代提供鏡鑒。2000 年 6 月 19 日《學習時報》發表《落日的輝煌—— 17、18 世紀全球變局中的「康乾盛世」》，受到中央領導同志高度重視，引起了社會的廣泛關注。本書以此文為基礎擴充而成，由中共中央黨校出版社於 2001 年首次出版並多次再版。

康乾盛世之後 100 多年魔術般的變化令全世界大為震驚，馬克思曾稱之為任何詩人想也不敢想的「奇異的悲歌」，而香港的沉淪就發生在這一時期。

第一次鴉片戰爭，清廷戰敗，於 1842 年被迫簽訂近代中國第一個不平等的條約《南京條約》，永久割讓香港島給英國。第二次鴉片戰爭，英法聯軍攻佔北京，火燒圓明園，1860 年清政府被迫簽訂《北京條約》，割讓九龍半島界限街以南地區。中日甲午戰爭後，英國趁清廷衰弱，以「防衛需要」為由強租土地，於 1898 年簽訂《展拓香港界址專條》，租借新界及 235 個離島，租期 99 年。香港，一割再割，一讓再讓，這就是整個近代中國遭受外國侵略者蹂躪的一個縮影。近代中國烽煙四起，民不聊生，曾經「萬國來朝」的天朝之夢在康乾盛世的急劇衰敗中破碎一地。直至 1997 年 7 月 1 日，中國恢復對香港行使主權，香港重新回到祖國的懷抱，開啟了香港歷史的新紀元，開創了香港發展的新局面。

今天，重讀這部著述，回望那段歷史，仍能感受到 25 年前寫作時的心跳加速。中華民族從盛世中跌落，又從被動捱打中驚醒。孫中山先生說，「世界潮流，浩浩蕩蕩，順之則昌，逆之則亡」。順應世界革命的潮流，中國站了起來；順應世界改革的潮流，中國富了起來；今天我們順應世界和平發展的潮流，中國將強大起來。此次繁體字版在香港印發，令更多的人了解這段歷史，銘記歷史的沉痛教訓，清醒面向未來。集中力量辦好自己的事，中華民族將成就世界的另一番氣象。

感謝香港中華書局，感謝中央黨校出版社。

徐偉新

2025 年 8 月 12 日

落日的輝煌：
17、18世紀全球變局中的「康乾盛世」（修訂版）

徐偉新　劉德福　著

責任編輯　黃嗣朝
裝幀設計　鄭國偉
排　　版　黎　浪
印　　務　劉漢舉

出版　中華書局（香港）有限公司
香港北角英皇道499號北角工業大廈一樓B
電話：（852）2137 2338　傳真：（852）2713 8202
電子郵件：info@chunghwabook.com.hk
網址：http://www.chunghwabook.com.hk

發行　香港聯合書刊物流有限公司
香港新界荃灣德士古道220-248號
荃灣工業中心16樓
電話：（852）2150 2100　傳真：（852）2407 3062
電子郵件：info@suplogistics.com.hk

版次　2025年8月初版

規格　16開（240mm×170mm）

ISBN　978-988-8912-92-6